Education Research and Evaluation

教育研究与评价

第二辑

王振存　主编

河南大学出版社
HENAN UNIVERSITY PRESS
·郑州·

图书在版编目（CIP）数据

教育研究与评价. 第二辑 / 王振存主编. -- 郑州 ：
河南大学出版社，2024.12. -- ISBN 978-7-5649-6174-9

Ⅰ. G4-53

中国国家版本馆 CIP 数据核字第 2024EM5505 号

JIAOYU YANJIU YU PINGJIA

教育研究与评价

责任编辑 赵海霞
责任校对 张玉梅
封面设计 马　龙

出　版 河南大学出版社
地址：郑州市郑东新区商务外环中华大厦 2401 号　邮编：450046
电话：0371-86059701（营销部）　网址：hupress.henu.edu.cn
排　版 河南大学出版社设计排版中心
印　刷 广东虎彩云印刷有限公司
版　次 2024 年 12 月第 1 版　**印　次** 2024 年 12 月第 1 次印刷
开　本 787 mm×1092 mm　1/16　**印　张** 13.25
字　数 267 千字　**定　价** 45.00 元

教育研究与评价

顾　问:顾明远　周洪宇
主　编:王振存
副主编:张务农　王洪席　王海凤

河南中山大學教育季刊第一期

教育季刊

黃際遇題

教育研究与评价

顾明远题

发展学术
繁荣教育

周洪宇

真诚祝愿《教育研究与评价》坚守学术标准，凸显亮点特色，发挥引领作用，为教育强国建设贡献智慧力量。

王定华

繁荣发展教育科学

服务教育强国建设

韩震付

千秋伟业、教育为本。

中国教育学会
高书国

学术为本
创新发展

[illegible]

汇集精品佳作，打造优秀书刊；
引领学术潮流，服务强国建设。

——[illegible]

办出特色，办出水平！

[illegible]

办刊促教，办刊兴学，办刊育人。

朱政涛

推进教育研究
完善教育评价

刘海峰

扎根中原大地
培育学术沃土

刘铁芳

为中国教育学术贡献更大力量！
期待重振中原教育学术雄风！

华中师大德育所
杜时忠

繁荣教育学术，建设教育强国。

广州大学教育学院

[illegible]

期待刊发更多优秀学术成果，

做出特色、做出质量，茁壮成长！

《教育发展研究》编辑部

林岚

祝贺《教育研究与评价》！期盼促进我国教育研究与评价领域学术发展，推动我国教育研究与评价事业进步！

李涛

《教育报》编辑部

建设教育强国，壮大学术力量。

鲍丹禾

《教育科学研究》编辑部

前 言

“办刊不容易，办刊有意义。”这是2022年萌发恢复创办《教育季刊》（结合教育学科发展实际，凸显学科发展特色，现更名为《教育研究与评价》）想法至今最为深刻的感受。学科发展受多种因素影响，其中有高端研究平台和成果发表平台，由于种种原因，学校没有教育类专业期刊。一次偶然的机会了解到1929年，河南中山大学时期创办了《教育季刊》，刊名“教育季刊”四个字由时任校长、著名教育家、数学家黄际遇先生题写。曾留学美国哥伦比亚大学、时任校长的查良钊先生亲自撰写《我对于本刊的希望》的发刊词。第一期除发刊词外，有12篇论文，内容涉及教育方针、欧美教育、小学教育、教育观、直观教学、职业教育、孟荀教育比较、社会调查与教育调查、论文写作、乡村教育等主题，这些论题在近100年后的今天来看依然有重要研究价值，对今天的教育研究与实践依然有很大启发意义。

我们深知教育研究与教育评价对于教育改革发展的重大意义，因此希望通过《教育研究与评价》为所有关心教育的人士提供一个深入探讨、交流与学习的平台。《教育研究与评价》将致力于推动教育研究和评价改革的前沿发展，关注教育实践中的评价问题，以及探索教育研究与评价改革的新理念、新方法与新视角。我们希望通过汇集国内外优秀的研究成果，为教育实践提供科学依据和指导，促进教育的持续改进和发展。在内容上，我们将聚焦于教育研究与评价改革的最新进展，开设特约稿件、教育基本理论研究、教育评价研究、基础教育研究、高等教育研究、国际比较研究、学术评论等专栏刊发优秀成果。我们希望通过深入剖析教育问题，为教育工作者、研究者、政策制定者等提供有益的启示和借鉴。同时，我们也鼓励跨学科的研究成果，以助力全面深化教育综合改革，促进教育高质量发展。

《教育研究与评价》将以严谨的学术态度、科学的评价标准以及专业的研究分析为读者提供高质量的教育资讯和思考。我们的作者和编委来自全国各地，他们大都是在教育研究与评价领域有深厚造诣的专家学者。他们的研究成果和经验分享，将帮助我们更好地理解教育的本质和发展趋势。我们还将积极开展与读者的互动，包括举办线上线下研讨会、专题讨论等活动，以促进学术交流和教育领域的合作。

在学校领导、学校党委宣传部、人文社科研究院、财务处等部门领导的大力支持下，在学界前辈和同仁的鼓励指导帮助下，《教育研究与评价》（第一辑）已经出版，第二辑即将付梓。特别要感谢顾明远先生题写“教育研究与评价”，并欣然同意做本书刊的顾问和编委，大力支持初创书刊的发展，周洪宇教授、王定华教授、高宝立教授等全国知名专家学者在接受作为编委邀请的同时，又为本书刊题词。非常感谢为我们投稿的专家学者，非常感谢为本书刊付出心血的赵海霞编辑、马龙老师等。

在我国加快教育强国建设的关键时期，热烈欢迎国内外专家学者赐稿并多提宝贵意见，恳请国内外同仁一如既往地关心支持书刊的发展！期待她在大家的关心关注和大力支持下，早日茁壮成长为一棵参天大树，为中国乃至人类教育发展贡献智慧和力量！

目 录

特约稿件

教育基本理论研究

教育评价研究

高等教育研究

课程思政研究

教育史研究

国际比较研究

特约稿件

现代化强国建设应重视“培养劳动者”的价值内核

李桂荣 李文华

摘要:劳动者是社会成员的主体,是社会主义现代化建设的根本力量。新中国成立以来,培养劳动者始终是我国社会主义教育目的的根本取向。然而,在实践中,培养劳动者却面临着价值迷失和现实困境,表现为:思想认识上劳动者被窄化为体力劳动者,学校教育中各类人才目标消释了培养劳动者的目标价值,就业市场上大学毕业生不屑于成为普通劳动者,工作场域中劳动者的获得感被“内卷”冲蚀。面向未来,在现代化强国建设的新征程上,需要从国家政策层面增强对培养劳动者的重视程度,从理论研究层面丰富对培养劳动者的认识理解,从新闻媒体层面重视对培养劳动者的舆论引领,从教育实践层面重塑培养劳动者的教育价值观,以强化培养劳动者的时代价值向度。

关键词:劳动者;培养劳动者;新时代;教育目标;教育价值观

作者简介:李桂荣,河南大学教育学部教授、河南省教育政策研究院软科学基地主任,博士,博士生导师;李文华,河南师范大学教育学部讲师。

新中国成立以来,党和国家高度重视广大劳动者在社会主义建设中的重要作用,确立了培养社会主义劳动者、建设者和接班人的教育方针,并在不同时期与时俱进地赋予其新的时代内涵。在党的二十大精神指引下,我国开启了现代化强国建设的新征程。教育作为全面建设社会主义现代化国家的一个基础性、战略性支撑,肩负着"办好人民满意的教育……全面贯彻党的教育方针,落实立德树人根本任务,培养德智体美劳全面发展的社会主义建设者和接班人"[1]的历史重任,面对教育领域当前存在及全社会高度关切的"双减"之忧、"内卷"之困、普职分流之痛、家长焦虑之重等教育问题,需要重新审视教育目标的基本要求,围绕"培养什么人",重新思考"社会主义建设者和接班人"的"劳动者"本质,深入理解"培养劳动者"的目标任务,深刻认识"培养劳动者"价值迷失带来的危害,探索重塑"培养劳动者"价值的意义及行动路向,为培养脚踏实地、爱岗敬业的新时代劳动者提供理论借鉴和实践遵循。

一、历史回溯:"培养劳动者"是我国教育目的的基本内涵

教育目的是教育要达到的预期目标,从理论上可以分为价值性教育目的和操作性教育目的,其中,价值性教育目的表示人才培养所具有的某种价值取向,是指导教育活动最根本的价值内核。[2]从价值取向看,教育目的首先要对教育期望培养具有何种社会价值的社会成员作出规定。[3]新中国成立以来,党和国家高度重视教育目的的社会价值取向,明确提出了"培养劳动者"的教育目标任务,创造性地回答了教育要为社会培养什么人的问题。随着时代的发展,相继提出了培养"四有新人""建设者和接班人""时代新人"等目标,丰富完善了"培养劳动者"这一教育目标的时代内涵和现实意义。

(一)社会主义革命和建设时期:培养有社会主义觉悟的有文化的劳动者

新中国成立之初,党和国家继承发展了新民主主义性质的文化教育内容,提出了"人民政府的文化教育工作,应以提高人民文化水平,培养国家建设人才"[4]的教育目标任务。随着社会主义改造的完成,1957 年 2 月,毛泽东在《关于正确处理人民内部矛盾的问题》中,明确提出"我们的教育方针,应该使受教育者在德育、智育、体育几方面都得到发展,成为有社会主义觉悟的有文化的劳动者"[5]。反映到"培养什么人"这一教育问题上来,首次提出了"培养劳动者"的教育目标任务,表明我国是人民当家作主的社会主义国家,每个人都应成为推进社会进步的"劳动者",体现了人民民主思想,具有深刻的平等主义特征。1958 年 9 月,中共中央、国务院《关于教育工作的

指示》指出:“党的教育工作方针,是教育为无产阶级的政治服务,教育与生产劳动相结合。”[6]在此基础上,党和国家将“教育与生产劳动相结合”和“培养劳动者”紧密结合起来,完整勾勒出了社会主义建设时期教育方针的主要内容。

(二)改革开放新时期:培养有理想、有道德、有文化、有纪律的“四有新人”,德智体美全面发展的社会主义建设者和接班人

“文化大革命”给我国的教育事业造成了巨大破坏,严重阻碍了培养高素质劳动者的教育任务。改革开放以后,以邓小平同志为核心的党中央将教育工作摆在了优先发展的战略位置,重申强调毛泽东提出的培养“有社会主义觉悟的有文化的劳动者”[7]104教育目标任务。在随后的人才培养工作中,邓小平根据经济社会发展对人才的现实需求,提出了“立志做有理想、有道德、有知识、有体力的人”[7]369的教育目标。这是邓小平首次以“四有”格式提出的人才培养目标。在此基础上,1985 年 3 月,邓小平在全国教育科学工作会议上系统完整地提出了培养“四有新人”的教育目标,即“教育全国人民做到有理想、有道德、有文化、有纪律”。[8]“四有新人”教育思想是以邓小平同志为核心的党中央,面对国内外形势对我国教育事业进行深刻反思的理论结晶,体现了“教育要面向现代化,面向世界,面向未来”的时代精神。

随着改革开放的不断推进,经济建设对教育目标任务提出了新要求。1990 年 12 月,《中共中央关于制定国民经济和社会发展十年规划和“八五”计划的建议》指出:“教育必须为社会主义现代化服务,必须同生产劳动相结合,培养德、智、体全面发展的建设者和接班人。”[9]“培养劳动者”作为长期以来指导人才培养的基本价值方向,在这一阶段正式转变为培养“建设者和接班人”的目标任务,更加凸显了教育的社会功能取向。1994 年 6 月,江泽民在全国教育工作会议上进一步指出:“只有培养一代又一代有理想、有道德、有文化、有纪律的献身有中国特色社会主义事业的建设者和接班人,才能保证我国长治久安。”[10]这一论述继承了邓小平关于“四有新人”的重要论述,赋予了“建设者”和“接班人”更深层次的社会属性。1999 年 6 月,江泽民在第三次全国教育大会上首次提出了“德育、智育、体育、美育等全面发展的社会主义事业建设者和接班人”[11]的教育目标任务,随着“美育”要求的提出,全面发展的人才培养理念得到进一步完善。进入新世纪,党的十六大、十七大报告都重申并强调了“培养德智体美全面发展的社会主义建设者和接班人”的教育目标,并赋予了“育人为本,德育为先”的新教育理念,表达了对教育本真性的积极追求,突出了以人民为中心的教育发展观。

(三)中国特色社会主义新时代:培养德智体美劳全面发展的社会主义建设者和接班人、担当民族复兴大任的“时代新人”

中国特色社会主义进入新时代,以习近平同志为核心的党中央继承了新中国成立以来教育事业的积极发展经验,并根据现实要求和时代特点,对党和国家的教育目标任务做出了新的部署和规定。党的十八大报告明确提出:“把立德树人作为教育的根本任务,培养德智体美全面发展的社会主义建设者和接班人。”[12]站在“为党育人,为国育才”的新高度,提出了以“立德树人”引领人才培养目标的教育发展理念。党的十九大报告又提出了“以培养担当民族复兴大任的时代新人为着眼点”[13]的理论观点,赋予了所培养人才的新时代内涵。2018 年 9 月,习近平在全国教育大会上强调“培养德智体美劳全面发展的社会主义建设者和接班人”[14],将“劳动”和“劳动教育”纳入人才培养规格的具体要求之中,明确提出了德智体美劳“五育并举”的全面育人体系,这是对党和国家教育理论的重大突破。2022 年 10 月,习近平在党的二十大报告中再次明确指出“全面贯彻党的教育方针,落实立德树人根本任务,培养德智体美劳全面发展的社会主义建设者和接班人,”“深化爱国主义、集体主义、社会主义教育,着力培养担当民族复兴大任的时代新人。”[1]至此,党和国家将培养“建设者”“接班人”和“四有新人”作为新时代教育目标的根本方向,回应了培养“劳动者”的价值意义,丰富了培养“劳动者”的新时代内涵,对于培养适应社会主义现代化建设、实现中华民族伟大复兴目标的新时代劳动者具有重要意义。

总之,新中国成立以来,党和国家创造性地回答了教育目标定位问题,概括起来,主要经历了培养“劳动者”(1957 年)、“四有新人”(1985 年)、“建设者和接班人”(1990 年)、“时代新人”(2017 年)等变迁轨迹。虽然培养目标在不同历史时期的具体要求和表述上存在差异,但都是对时代发展所需人才的积极回应,不仅体现了时代的特殊性要求,而且具有高度的连续性和内在一致性。就教育培养人的具体素质规格而言,“培养劳动者”是在我国社会主义革命和建设时期确定的教育目标任务,是在当时人才紧缺的历史条件下确立的具有普遍意义的和一般性质的人才规格要求。“四有新人”的人才培养目标不仅继承了德智体全面发展的要求,而且是中国特色社会主义精神文明建设的重要组成部分。培养社会主义事业的“建设者和接班人”是对培养“劳动者”内容的继承和发展,是具有“建设者”和“接班人”特质的“劳动者”,即是说“建设者”和“接班人”同样是“劳动者”。培养担当民族复兴大任“时代新人”的教育目标在强调青年一代应具备理想信念和本领担当等基本素质的同时,更加突出人才培养的社会属性和社会价值取向,尤其强调要勇于担负为中华民族伟大复兴服务的历史使命和神圣职责。从人才培养的素质结构而言，经历了从“德智体”到“德智体美”再到“德智体美劳”的演进历程，丰富完善了教育目标的具体内容，尤其是进入新时代以来“劳动教育”的提出，突显了重视劳动、重视劳动者的价值诉求，对于在全社会形成崇尚劳动、尊重劳动、尊重劳动者的时代风尚具有重要意义。总之，“劳动者”作为推进社会进步的重要力量，在社会主义现代化建设中发挥了重要作用，“培养劳动者”始终是我国社会主义教育目标的基本内涵。

二、现实审视：“培养劳动者”面临着价值挑战和实践困境

随着经济社会转型发展，市场竞争加剧了社会各界对“高素质人才”的重视与渴求，“培养劳动者”的教育价值在一定程度上被忽视，出现了劳动者缺位现象，引发了一系列错误认识和现实问题。

（一）思想认识：“劳动者”被窄化为体力劳动者

长期以来，人们把体力劳动和脑力劳动对立起来，把“劳动者”单纯理解为“体力劳动者”，学校里开展的劳动教育也多以体力劳动的形式呈现。从本质上讲，“劳动”不仅表现为体力劳动，而且表现为脑力劳动，劳动者是综合运用体力劳动和脑力劳动的社会生产者和建设者。马克思早已指出：“我们把劳动或劳动能力，理解为……每当人生产某种使用价值时就运用的体力和智力的总和。”[15]在现代化进程中，随着自然经济到工业经济再到知识经济的转变，先进社会生产力的中坚力量由以体力为主的劳动者转向以脑力为主的劳动者，社会对传统劳动者的需求越来越少，单纯依靠体力劳动的传统劳动者将不复存在。体力劳动者和脑力劳动者之间的身份界限逐渐被打破，体力劳动者通过学习新技术可以成为脑力劳动者，脑力劳动者如果不能适应科技革命发展需要，将会成为体力劳动者，不同类型劳动者之间的关系变得模糊和多元。因此，将“劳动者”片面理解为“体力劳动者”不仅忽视了智力因素在现代化建设中的核心作用，而且窄化了“劳动者”的范围，不利于形成对“劳动者”本质内涵的科学理解，进而不利于形成符合现代化建设要求的教育价值观和劳动价值观。

（二）学校教育：各类人才目标消释着“培养劳动者”的目标价值

教育是有目的、有计划、有组织地培养人的社会活动，即在进行教育活动之前，人

们对于要把受教育者培养成什么样的人已经有了预期的结果和理想的形象。[16]新中国成立之初,我们国家基于人民民主专政的国体,以马克思主义人的全面发展学说为依据确立了“培养有社会主义觉悟的有文化的劳动者”的目标定位。这里的“劳动者”显然是一个哲学和政治学意义上的概念,是指从事体力劳动和脑力劳动的一切人民群体。随着市场经济的发展,劳动岗位的竞争日益加剧,社会心理中对“劳动者”的理解开始偏离其哲学和政治学意义,逐渐对接到了劳动场域中具体的劳动者,尤其是具体的体力劳动者,而职场精英则被冠以“高水平人才”“拔尖人才”等名号。随之,培养人才成为学校教育的核心目标,“培养劳动者”被标语化、边缘化。在“万般皆下品、唯有读书高”等传统观念和“文凭至上”时代思潮的影响下,为了让下一代能够成为进入“精英阶层”的各类人才,家庭、学校开始将考试分数、成绩等级、学校层次视为评判教育质量的核心标准,把教育目标进一步异化为获得高分数,取得好成绩。并且,人才培养的发条越动越早,越拨越快,谁都不愿意输在起跑线上。虽然国家的教育供给越来越充足,教育质量越来越高,但全社会的教育焦虑却越来越严重。

(三)就业市场:大学毕业生不屑于成为普通劳动者

习近平总书记指出:“人民是历史的创造者,是决定党和国家前途命运的根本力量。”[17]无论是加快推进社会主义现代化建设,还是实现人的自身发展价值,都需要通过辛勤劳动、诚实劳动、创造性劳动来实现。在任何时代和社会,劳动作为推动社会进步的重要力量都需要被人们推崇和尊重。由于劳动形态和劳动形式存在较大差别,大学生普遍不愿意成为普通劳动者。一方面,不愿意到基层就业,都想进入“体面”的工作岗位,成为“管理者”“精英人才”“领军人物”;另一方面,普遍认为只有在大城市或经济发达地区就业才能发挥自身价值,如果停留在小城市或落后地区则是“大材小用”。对于大学毕业生来说,如果找不到高薪体面的工作,他们就认为自己是失败者,有的自嘲为“骑驴找马”,有的甚至选择失业。青年学生积极上进值得肯定,但是眼高手低,过度追求物质利益,并将财富、名望、权力作为成功标志,不利于树立正确的劳动价值观,也不利于在全社会形成尊重劳动、热爱劳动的社会风尚。

(四)工作场域:劳动者的获得感被“内卷”冲蚀

由于对劳动本质的曲解和错置的劳动价值观,一些人在工作场域中好高骛远、焦虑浮躁,体会不到辛勤劳动带来的获得感和幸福感。“内卷”一词从学术领域转向大众视野,广泛传播,愈演愈烈,不仅揭示出劳动者出现的内旋纠缠、内耗加剧的自我锁定状态[18],也反映出劳动者的心理压力、群体焦虑与劳动浪费。[19]并且,与“内卷”相对,又出现了“躺平”“摸鱼”“糊弄”“划水”等消极现象,严重违背了爱岗敬业、勤奋努力、刻苦钻研、精益求精的劳动精神,贬损了劳动创造的个体价值和社会价值,产生了不良影响。

三、面向未来:新时代重塑“培养劳动者”价值的行动路向

“劳动”是马克思主义哲学的基础性概念。马克思不仅认为劳动是人的生存根据和内在规定,而且批判了资本主义条件下的雇佣方式及其带来的异化劳动,主张通过共产主义革命将劳动者从雇佣劳动中解放出来,通过自由劳动为人的全面发展创造条件。[20]在马克思恩格斯看来,劳动是确证人与世界关系的一种最具体、最现实的形式,是人为了自身需要而进行的积极的、创造性活动。人与动物的根本区别,在于动物的生命活动只是适应环境生存的本能活动,而人类的生命活动则是超越本能意识有目的的创造性活动。劳动从本质上说是人之为人的根本依据,是促进劳动者全面发展的独特方式和基本要求。教育和劳动均是以人为核心的生命实践,教育与生产劳动相结合是实现人的全面发展的根本途径。因此,将“培养劳动者”作为教育的根本要求,可以更好地体现教育本质和劳动本质,加强学校教育与家庭教育和社会教育的有机衔接,促进人与社会的全面、和谐、可持续发展。为此,在以中国式现代化全面推进中华民族伟大复兴的新起点上,我们要从国家政策、理论研究、新闻媒体、教育实践等多个层面提高对“培养劳动者”的重视程度,弘扬“培养劳动者”的目标价值。

(一)政策倡导:增强对“培养劳动者”的重视程度

政策是权威性意见表达,体现着国家意志和时代要求。党的二十大报告指出“坚持尊重劳动、尊重知识、尊重人才、尊重创造”“在全社会弘扬劳动精神、奋斗精神、奉献精神、创造精神、勤俭节约精神,培育时代新风新貌”“消除影响平等就业的不合理限制和就业歧视,使人人都有通过勤奋劳动实现自身发展的机会”“健全劳动法律法规,完善劳动关系协商协调机制,完善劳动者权益保障制度,加强灵活就业和新就业形态劳动者权益保障”[1]。这里对“劳动”的理解体现了马克思主义的劳动本质,为形成尊重社会百业的劳动风尚、改良劳动者的生命样态指明了方向。学习党的二十大精神,在相关的政策体系中,也要进一步明确和坚定劳动者的时代价值,强化对普通劳动者的重视程度,不误用、不窄化劳动者概念,通过政策引领不断提升全社会对

"培养劳动者"的价值认同。

(二)理论研究:丰富对"培养劳动者"的认识理解

理论研究和理论思维是指导社会实践的重要思想武器。回归理论视野,学界对培养劳动者这一内容的研究不够系统深入。在已有的相关研究中,主要表达了对劳动者的重视和赞美,缺乏对劳动者内在价值和培养实践的讨论,亟须围绕劳动及劳动者的本质意蕴加强理论研究。马克思主义理论具有强大的真理性和实践性,马克思主义劳动学说为我们深入理解"培养劳动者"的时代价值提供了理论指引。新时期我们要继续加强对马克思主义劳动学说的研究,同时,要结合现代化建设要求和教育实践存在的育人困境,加强对"培养劳动者"价值意蕴和实践路径的探讨,为落实"培养劳动者"的目标价值提供充分的理论支持。

(三)新闻媒体:重视对"培养劳动者"的舆论引领

新闻媒体对于引领社会舆论具有重要导向功能。长期以来,新闻媒体在保护劳动者权益,讲述劳模故事,营造劳动光荣、创造伟大、技能宝贵的劳动价值,弘扬社会主义劳动精神和工匠精神等方面发挥了主阵地作用。在党的二十大精神指引下,新闻媒体要继续做好宣传工作,尤其要加强劳动观念的宣传,要让广大人民群众在思想观念深处认识到不管是大学教授、科技工作者、政府工作人员,还是快递员、环卫工人、建筑工人,或是偏远地区乡村教师、社区工作人员,都是社会需要的劳动者,劳动者只要勇于担当,甘于奉献,都能得到社会的尊重和认可。通过媒体宣传和社会舆论,宣传普通劳动者的获得感、幸福感、安全感,激发广大劳动者克服焦虑、浮躁的心理状态,在各自的工作岗位上脚踏实地,爱岗敬业,永葆干事创业的积极性、主动性和创造性。

(四)教育实践:重塑"培养劳动者"的教育价值观

当前,我国高等教育毛入学率已达59.6%[21],大学生群体中不少都要走上普通的劳动岗位,学校教育目标必须从培养精英人才彻底转向培养劳动者,这不仅是新时代的现实要求,更是立德树人的精神实质。在社会主义国家,劳动无高低贵贱之分,只要爱岗敬业,乐于奉献,人人都有出彩的机会。在以产业结构转型升级和高质量发展为特征的现代化建设新征程上，知识技能已是劳动者的基本素养，因为多读了几年书就放不下成为"社会精英"的执念，就不甘于从事生产一线的工作，这只会加剧错失焦虑，无益于个人成长和国家发展。因此，在学校教育、家庭教育、社会教育的全时空中，要重塑"培养劳动者"的教育价值观。要在深入理解劳动本质及意义的基础上，通过有目的、有计划、有重点、有实效的劳动教育，加强劳动技能、劳动观念、劳动精神的整体养成，避免将劳动教育片面化、表面化、形式化、模式化、表演化、游戏化。通过五育融合，培养健全人格，为现代化建设培养出一批批尊重劳动、热爱劳动、享受劳动的社会主义现代化建设者和接班人。

参考文献

[1]习近平.高举中国特色社会主义伟大旗帜 为全面建设社会主义现代化国家而团结奋斗[N].人民日报,2022-10-26(001).

[2]全国十二所重点师范大学联合编写.教育学基础[M].北京：教育科学出版社,2022:57.

[3]黄济,王策三.现代教育论[M].北京：人民教育出版社,1996:252.

[4]中央教育科学研究所.中华人民共和国教育大事记(1949-1982)[M].北京：教育科学出版社,1984:3.

[5]人民教育出版社.毛泽东论教育：第3版[M].北京：人民教育出版社,2008:272.

[6]中共中央文献研究室.建国以来重要文献选编：第11册[M].北京：中央文献出版社,1995:490.

[7]邓小平.邓小平文选：第2卷[M].北京：人民出版社,1994.

[8]邓小平.邓小平文选：第3卷[M].北京：人民出版社,1993:110.

[9]中共中央关于制定国民经济和社会发展十年规划和"八五"计划的建议[J].中华人民共和国国务院公报,1991(2):37-65.

[10]江泽民.江泽民文选：第1卷[M].北京：人民出版社,2006:370.

[11]江泽民.江泽民文选：第2卷[M].北京：人民出版社,2006:332.

[12]胡锦涛.坚定不移沿着中国特色社会主义道路前进 为全面建成小康社会而奋斗[N].人民日报,2012-11-18(001).

[13]习近平.决胜全面建成小康社会 夺取新时代中国特色社会主义伟大胜利[N].人民日报,2017-10-28(001).

[14]习近平.坚持中国特色社会主义教育发展道路 培养德智体美劳全面发展的

社会主义建设者和接班人[EB/OL]. http://www.moe.gov.cn/jyb_xwfb/s6052/moe_838/201809/t20180910_348145.html.

[15]马克思,恩格斯.马克思恩格斯全集:第23卷[M].北京:人民出版社,1972:190.

[16]王栴,雷安娜,马玮岐.中国共产党百年人才培养的目标定位与价值取向[J].国家教育行政学院学报,2022(5):9-17.

[17]习近平.在"七一勋章"颁授仪式上的讲话[N].人民日报,2021-06-30(002).

[18]杨晓奇.学校发展的"内卷化"表征与破解[J].教育研究与实验,2017(5):60-66.

[19]赵洁."自我异化"与人的复归:"内卷化"的实质、成因和纾解[J].理论导刊,2021(10):101-105.

[20]汪信砚,刘冬冬.马克思劳动概念的三重维度及其生存论意蕴[J].兰州大学学报(社会科学版),2022,50(1):39-47.

[21]中华人民共和国教育部.2022年全国教育事业发展统计公报[EB/OL]. http://www.moe.gov.cn/jyb_sjzl/sjzl_fztjgb/202307/t20230705_1067278.html.

The construction of a modern powerful nation should emphasize the value core of "cultivating workers"

Li Guirong Li Wenhua

Abstract: Workers are the main body of social members and the fundamental force of socialist modernization. Since the founding of New China, "Cultivating workers" has always been the fundamental orientation of the purpose of socialist education in China. However, in practice, the cultivation of workers is facing the loss of value and realistic dilemma, which is manifested as that workers are narrowed into manual workers in ideological understanding, the target value of cultivating workers is eliminated by the various goals of various talents in school education, university graduates disdain to become ordinary workers in the job maket, and the sense of gain of workers in the workplace is eroded by "involution". Looking toward the future, on the new journey of building a modernized powerful nation, it is necessary to enhance the emphasis on cultivating workers from the national policy level, enrich the understanding and interpretation of cultivating workers from the theoretical research level, attach importance to the public opinion guidance for cultivating workers from the news media level, and reshape the educational values of cultivating workers from the educational practice level, in order to strengthen the temporal value orientation of cultivating workers.

Key words: worker; cultivating workers; new era; educational goal; educational values

教育基本理论研究

符号教育学笔谈

本组笔谈共计 3 篇文章(以作者姓名音序排列):

特邀主持:崔岐恩*

主持人语:

符号学与教育有着内在关联,即关涉意义。符号学是世界呈现的意义表征之学,教育是以人生幸福为直接目的的符号化,教育学最终指向人生意义问题。符号学与教育学都历史悠久,文献浩如烟海,二者交叉融合定会发生奇妙化合反应,无论是符号教育学或是教育符号学,都值得探究其奥义。符号教育学以人工智能和虚拟符号为基质,在教育情境、教育活动中观察和解释符号意义,探究教育符号行为的心理动机、意义,认知教育现象,思考教育问题,从符号学视角描述、解释、预测、改进教育。人人都具有"符号学家"的潜力,而人类教育的本质和突出特征,就是让人基于符号本身的底层逻辑进行深刻理解和自如运用,进而实现"符号自由"。

* 通讯作者:崔岐恩,浙江省温州市瓯海区茶山温州大学教育学院。

(1/3)中国古典符号思想中的“言传”与“身教”

崔久成

摘要:言语传授与以身示范是教育活动中重要的两类符号表意途径,可以用“言传身教”这一成语来概括。孔孟老庄四子都将言语与行为、语言与自我的关系贯彻到日常生活及著述里,体现在人与人的交往、教化性的跨代传承中。在具体的教育交流场景中,语言发挥描述、表达、感召、审美四种功能,而行为则不断检验语言的真实性和可信性。两者共同作用于施教者与受教者的身体与心灵。在当代信息化浪潮中,人的身体成为处理诸多言语与行为的主体,并需要面对不断被异化的挑战。

关键词:语言问题;行为意义;身体;符号

作者简介:崔久成,中山大学中国语言文学系博士生,研究方向为符号学理论。

尽管现代符号学理论形成已是晚近以来的事,但有关符号与意义本质的探讨古已有之,古希腊衰落期柏拉图、亚里士多德的符号思想探讨,先秦道术已裂时诸子争鸣的场景,都关乎语言与身体、共时的理念与历时的愿景寄托。这些思想也折射出古典符号学与教育的问题,“言传身教”便是其中具有恒久生命力的一个论题。

一、语言问题:语言与意义的二分

语言与行为的二分,今人析取成语“言传身教”予以概括。此成语本出自《后汉书》,但其意涵被普遍用来总结先秦诸子教育思想,孔孟老庄四子都将言语与行为、语言与自我的关系贯彻到日常生活及著述里,体现在人与人的交往、教化性的跨代传承中。正如学者屠友祥在《言境释四章》总结诸子的符号学思想,“道与言往往相并而论,谈言即论道”“语言问题不仅是诸子的深思对象,而且往往是其思想的立足点”[1]。老子“道可道,非恒道”(《道德经》),孔子“辞达而已矣”(《论语・卫灵公》),庄子“世之所贵道者书也,书不过语,语有贵也。语之所贵者意也,意有所随。意之所随者,不可以言传也”(《庄子・天道》)[2]三者,说的都是语言与意义的关系。言辞指向意义,却不能尽显意义,语言是通向意义的桥梁,而语言与意义之间永远存在距离,具有不可言传性。于是,古人在对话中用“机语”“禅语”或者“不语”来进行表意。对语言的琢磨与把玩,显示出汉语本身的魅力所在。

语言符号又可分为书面语言与语音语言。先秦书面文字可以用“卷”“帛”等作为媒介进行传递,而语音则主要依托人与人的交流展开。作为一种身体在场的话语交流,言语行为和身体姿势在一定的时间和空间中就融合到一起了。《论语》作为一部语录体与对答体的经典,其特点便是对交流(教育)场景的还原。

二、行为意义:言语与行为的集合表意

春秋战国时期,礼崩乐坏,名与实不相符,新的意义与旧的意义彼此替换,如何重建符号与意义的秩序是当时孔子的理想和抱负。这种秩序的重建理念最后落到了育人上。人是符号的发出者,也是意义的接受者。符号与意义不断交流与传递,在足够长的时间里形成价值体系的彼此辨识与认同,成为推动社会实践的力量。语言符号与个人行为的一致性与示范性是孔子教育思想的出发点,身体参与到教育的过程,“言传”与“身教”共同承担意义的传递与解读,正如《论语》中记载“子以四教:文、行、忠、信”(《论语・述而》),这在孔子的教育场景中,显然书面之典制行文比口头之言,在行为与情感中所占的分量小很多。

回归教育交流场景,可以借用德国心理学家卡尔・比勒(Karl Bühler)总结的语言交流过程的三个主体,即说者、听者和事物,他曾提出语言“符号工具论模式”的三重功能,即:描述功能、表达功能和感召功能。[3]以此为基础,语言学家雅各布森(Roman Jakobson)提出了众所周知的“符号表意六要素公式”。实际上20世纪30年代布拉格学派另一代表人物穆卡若夫斯基(Jan Mukařovský)还在比勒的基础上提出了语言交流的第四重功能:审美功能,其图式如下[4]:

教育交流场景中,话语的听者与说者是彼此来往交替的,而被谈论的“事物”则起到居间性,事物的意义也在这种交替过程中被理解、记忆、存储、再解读,在更长时间的相处中不断阐释、反思、回味,融入个体的行为之中。诸如“君子与小人”之分,“言与信”的统一与矛盾。交流过程里,语言的描述、表达、感召三种功能交替发挥主导作用。描述功能是语言基础的“象征”与指称功能,针对具体事物的言说;感召功能则是

引出听者的反应和对话;而表达功能则针对所言说内容的内心态度。穆卡若夫斯基的审美功能并非外在的一种功能添加,而是认为比勒这三种功能都可能蕴含一种纯粹语言美学的审视。例如,把孔子的"浴乎沂,风乎舞雩,咏而归"(《论语·先进》)看成一种诗歌美观便体现语言的审美功能。

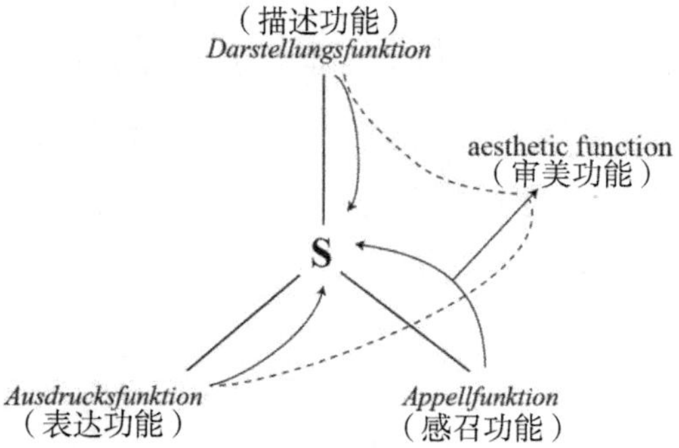

在具体的教育交流场景中,施教者与受教者作为"自我"的主体性便得到了凸显。可贵的是在《论语》中,施教者与受教者并非单向的,正如孔子倡导的"三人行,必有我师焉",其身份可能会随着对话而展开一种心态上的互换,是互为主体的过程。在这个教育场景中,话语的教育,也是行为的教育;语言是符号系统,身体姿势也成为符号语言;孔子的符号教育体现出两端:人的身体、人的言辞。"十年树木,百年树人",强调了教育的时间观念。在一定的时间,其意义与符号是不断传递、不断修正的。言语与行为是"修身"之道,这种修身之道于仕人而言体现在"正心、修身、齐家、治国、平天下"的追求,于劳动者阶层则体现在"耕读传家"这一自我教育的朴素观念,"耕"侧重身体,"读"关注语言,协同交替方才是修身晋阶之道。言语与身体之间的交流,情感彼此的"情动",还体现为"美"的交互,因此"耕读"之美,又体现为中国古代文人所称的"逸"的精神。

而一旦言语与个人行为相矛盾、相冲突,那么教育的无效和虚伪的一面就显现出来。言行不一、言而无信,便反馈到人格、人的精神和肉体的感受上。在特定的历史变革时代,当"道路以目"(《国语·周语上》)的境况出现,"谎言"与"禁言"成为常态,身体与行为的表意便占据了主导地位。汉代"罢黜百家,独尊儒术"以后,孔子被抬升到圣人的地位,原有平等日常的教育交流场便被这种抬升规训为另外的形式,历代"受教育"的身体也不免感受到了禁锢与钳制。

三、行为与身体:意义诞生之场

重返中国古典符号学中"身体"与"话语"的关系,在信息化的浪潮中我们能发现身体所主导的意义之场面临不断被异化的窘境。文字、语音都已变为多媒介的信息，成为一种“组织体”。因此，德勒兹(Gilles Deleuze)提出“无器官的身体”，斯蒂格勒(Bernard Stiegler)将科技媒介称为人“身体外的器官”。这些都把身体与符号之间的意义连接变得多样化，以人的身体组织的意义场，开始关注更广阔的意义交流，诸如人与人感受上的“情动”关注主体之间的情感影响，人与生态之间的符号学关系开始反思人类中心主义。教育与符号学之间的连接关系也因此变得更为多元而紧密，教育的核心价值也容易在这种多元符号链接中得到潜能释放，而这恰如老子所言的“道可道，非恒道”，人居于充盈着符号的天地之间，敬畏万物而不妄自托大，遵循身体与精神的感受，教育之浸染便顺其自然了。

参考文献

[1]屠友祥.言境释四章[M].上海：上海古籍出版社，2004：404.

[2]陈鼓应注译.庄子今注今译[M].北京：商务印书馆，2007：413.

[3]比勒.卡尔·比勒语言哲学集[M].温仁百，译.北京：商务印书馆，2017：208.

[4]Sládek O. Jan Mukařovský: The Semiology of Art[J]. Estetika: The European Journal of Aesthetics, 2016, 53(2): 207.

Speech and practice in classical chinese semiotics

Cui Jiucheng

Abstract: Verbal instruction and personal demonstration are two important types of symbolic representations in educational activities, which can be summarized by the idiom of "teaching by word and example". Confucius, Mencius, Laozi and Zhuangzi have all implemented the relationship between speech and behavior, language and self into their daily lives and writings, and have reflected it in the intergenerational transmission of human interactions and the nature of education. In specific educational communication scenarios, language serves the four functions of description, expression, inspiration and aesthetics, while behavior constantly tests the authenticity and credibility of language. They exert a profound influence on the body and mind of both the educators and the learners. In the contemporary wave of informatization, the human body becomes the subject that deals with many words and behaviors, and also needs to face the challenge of being constantly alienated.

Key words: language issues; behavioral meaning; body; semiotics

(2/3)符号教育学的使命是揭示人生意义

王文平

摘要:教育是濡养品德、塑造人格的社会活动。符号学就是意义学。符号教育学以人工智能和虚拟符号为基质,在教育情境、教育活动中观察和解释符号意义,探究教育符号行为的心理动机、意义,认知教育现象,思考教育问题,从符号学视角描述、解释、预测、改进教育。在传道、受业、解惑等教学环节,挖掘符号承载信息中的意义,体悟符号携带的精神内容、理念世界,感受其含义和价值,濡养品德。符号教育学在融媒体、智媒体、泛媒体沉浸式体验中,多角度阐释学科蕴涵,着力解读文本味外之旨、言外之意;优化教学效果;培养创新能力、思辨能力。因此,符号教育学的本质和使命是揭示人生意义。

关键词:符号学;符号教育学;媒体融合

作者简介:王文平,重庆对外经贸学院文学与创意传播学院教授,研究方向为符号教育学。

一、教育及其本质、符号学、符号教育学

教育是影响人身心发展的社会活动,是民族生存的命脉。中国道统、学统教育,源远流长,成就斐然。[1]德国教育家雅斯贝尔斯认为,教育的本质是信仰。[2]中国符号学专家赵毅衡教授指出,符号学就是意义学,是研究意义活动的学说,是人类历史上

有关意义与理解的所有思索的综合提升。[3]符号学的主要研究对象就是为何人追求意义的生存,为什么这种追求使他成为一个文化的人。[4]德国视觉哲学的开山鼻祖恩斯特·卡西尔(Ernst Cassire1876-1945)论断,人是世界上唯一运用符号进行创造的动物。[5]

崔岐恩博士认为,符号教育学特指以人工智能和虚拟符号为基质的高级教育形态。符号教育学(Semiotic Pedagogy/Education)是以符号学为工具研究教育现象和问题的教育学流派。符号教育学者在教育符号域(教育情境和教育活动)中观察和解释符号及其意义,探究教育符号行为的心理动机、意义及各种指称关系中的认知和释义,并通过对符号的研究来认知教育现象和思考教育问题,从符号学视角描述、解释、预测、改进教育。[6]

综上所述,教育濡养品德,塑造灵魂;符号教育学是在教育情境教育活动中解释符号意义,从符号学视角描述、解释、预测、改进教育。

二、传道、受业、解惑,教学环节在于揭示人生意义

意义是语言文字或其他信号所表示的内容。[7]符号教育学的基因是揭示人生的意义。意义的显现可以是准确的、真实的,比如巴尔扎克的艺术表现;也可以是似是而非,是非而是的,比如马尔克斯。教育是挖掘符号承载信息中的意义,体悟符号携带的精神内容、理念世界,感受其含义和价值。崔岐恩博士梳理符号教育学中符号、信息和意义的关联。信息是精确化的意义,意义是广延化的信息。[8]信息是符号科学范式的表达,意义是符号人文范式的表达[9];信息对应于客观世界,意义对应于主观对象[10];信息体现符号的信度之纬,意义体现符号的效度之纬。[11]信息具有负熵性(意义是准确、确定、有序的),意义具有熵性(混沌的、自由的、无序的)。[12]

易经中"离"符号是文明之象。符号教育学的功能传道、受业、解惑的每一个环节都是对人生意义的阐释。文明遗存,文化典籍,经验总结,现代科技,各个学科门类,是教育范本,为阐释提供无限空间。人们诟病对人生的过度诠释,但是正如真理的发现永无止境,所以对人生意义的阐释没有穷尽。

中国教育部课程思政战略,就是在意义阐释中对大学生进行思想观、政治观、社会观的教育。崔岐恩博士等认为,新课程三维目标融会贯通了三次教育浪潮的主旋律。"知识与技能"对应于第一次教育浪潮(语言符号为主),"过程与方法"对应于第二次教育浪潮(科学符号为主),"情感态度价值观"对应于第三次教育浪潮(虚拟符

号为主)。[13]

三、符号教育学在融媒体、智媒体、泛媒体沉浸式体验中,优化教学效果

中国教育部提出建设新文科、新理科建设,就是在媒体融合形势下寻求创造的跨界意义探索。符号教育学运用移动互联,虚拟仿真,线上线下交互融合方法,借助媒体融合时代传播媒介,给予新时代互联网受众、互联网原住民的新学习方式开辟教育传播新视域,激发学生主体积极学习的主观能动性和生成式的创造性学习。西北师范大学郭绍青教授主张主题化、大项目,任务导向,关联生活教学。建设知识资源,工具资源,虚拟类资源,智能资源。推动知识体系向核心素养培养转型。符号教育学要求优化教学内容;多角度阐释学科蕴涵,着力解读文本味外之旨、言外之意;培养创新能力、思辨能力。符号教育学将媒体融合信息技术传播媒介与理论结合,建树专题性—系列性,动态性—融合性,交互性—创新性课程。在教学内容、教学过程、课程体系,打破学习者的自我设限,为其插上腾挪多姿的想象翅膀。

符号教育学运用媒体融合搭建教学平台。发挥移动端、新媒体、轻媒体的重要作用;利用大屏、智能电视、互联网、移动轻媒体、VR 终端设备,作为可承载学科传播介质;提供丰富、系统、可供选择的学习资源;运用统合教学方式,优化教学效果。

龙宝新教授提出本体性素养培养,提升教育目标。借助 ChatGPT,人类可以获得海量知识,完成一般性艺术创作活动。由此,基本的读写算能力、文案编辑能力、基础知识应用能力、文化艺术创造能力容易被机器取代。但是,ChatGPT 不可替代人特有的创造力、想象力、复杂推理能力等。因此,学校教育目标必须定位在人的本体性素养培育、潜能开发上,更加关注不可替代性生存能力、发展核心素养的培育——这是教育助力社会人在人机大战中取胜的特有途径。[14]这是新形势下符号教育学功能的意义探索和解释的超常功能发挥与创造性应用。

符号教育学意义揭示功能,基于信息技术平台,实现教学目标多元化,课程体系规范灵活,教学过程迭代,线上线下教学资源协同,建设教学改革共同体,在教育改革澎湃大潮中获得长足发展。

参考文献

[1]王文平.李白凤的为师之道[J].大学书法,2023(03):52-58.
[2]雅斯贝尔斯.什么是教育[M].邹进,译.北京:生活·读书·新知三联书店,

1991:44.

[3]赵毅衡.符号学原理与推演[M].南京:南京大学出版社,2011:27.

[4]赵毅衡.认知差:解释的方向性[J].南京社会科学,2015(05):111.

[5]卡西尔.人论[M].甘阳,译.上海:上海译文出版社,2009:48.

[6]崔岐恩.符号教育学导论[M].长春:吉林大学出版社,2022:149.

[7]中国社会科学院语言研究所词典编辑室.现代汉语词典[M].第7版.北京:商务印书馆 2016:1556.

[8][9][10][11][12]崔岐恩.符号教育学导论[M].长春:吉林大学出版社,2022:51-56.

[13]崔岐恩,王志荣,赵敏.符号教育学:教育的意义使命[J].当代教师教育,2021,14(03):18.

[14]龙宝新.ChatGPT对学校教育活动的重塑与升级[J].苏州大学学报(教育科学版),2023,11(02):14.

The mission of symbolic pedagogy is to reveal the meaning of things

WangWenping

Abstract: Education is a social activity that cultivates morality and shapes personality. Semiotics is the science of meaning. Symbolic pedagogy is based on artificial intelligence and virtual symbols, observes and interprets the meaning of symbols. In educational situations and activities, it can explore the psychological motivation and significance of educational symbolic behavior, recognize educational phenomena, think about educational issues, and describe, explain, predict and improve education from a semiotic perspective. In the teaching processes of transmitting wisdom, imparting knowledge and resolving doubts, it is essential to explore the meaning embedded in symbols, to comprehend the spiritual content and ideological world carried by the symbols, to appreciate their implications and values, thereby cultivating one's moral character. In the immersive experience of fusion media, intelligent media and pan-media, symbolic pedagogy offers multi-angle interpretations of subject implication. It focus on interpreting the meaning outside the text and explaining the implication between the lines. This approach optimizes the teaching effect and cultivates innovative and critical thinking abilities. Therefore, the essence and mission of symbolic pedagogy is to reveal the meaning of life.

Key words: semiotics; symbolic pedagogy; media convergence

(3/3)符号与精神建构:学校文化建设的本质与实践

徐洁 钟振华

摘要:学校文化本质上是一种具有客观精神属性的符号体系,它能够让学生在与学校文化的互动过程中实现自我精神生命的成长。因为学校文化主要由学校物质文化、学校制度文化、学校行为文化和学校精神文化所构成,它们在本质上都是符号本身或者是符号的载体;与此同时,学校文化的生成过程及对学生精神世界的涵育也都是经由符号且通过符号方式呈现的。从实践体系上来看,学校文化对学生精神世界的润泽主要是通过感觉沉浸、认知唤醒、情感依恋、精神归属四个维度来实现的,由此实现以符号促进学生精神生命成长的价值目标。

关键词:学校文化建设;符号;精神建构;文化育人

作者简介:徐洁,杭州师范大学经亨颐教育学院副教授、博士,研究方向为符号教育学;钟振华,杭州师范大学经亨颐教育学院硕士研究生,主要从事教育学原理研究。

学校文化本质上是一种具有客观精神属性的符号体系,它能够让学生在与学校文化的互动过程中实现自我精神生命的成长。为了深入了解学校文化的符号学意义,挖掘其中所蕴含的教育意义,我们需要从理论与实践层面对学校文化的本质与实践进行深入探索。

一、符号:学校文化的本质诠释

人的本质是什么?人的本质与文化有何种关联性?关于上述问题的哲学阐述种类繁多。德国哲学家、文化哲学创始人恩斯特·卡西尔在总结和反思前人相关研究的基础上,提出了一个极具创新性且被广泛认可的观点:“我们应当把人定义为符号的动物来取代把人定义为理性的动物。只有这样,我们才能指明人的独特之处,也才能理解对人开放的新路——通向文化之路。”言下之意是人在本质上是一种“符号的动物”,语言、神话、宗教、艺术、科学、历史都是人类符号的表达方式,人通过生产符号、学习符号与传播符号来建构人类的文化,故而,人类整个文化体系就是其符号活动与劳动的结果。人通过创造符号而产生文化,同时,以符号为载体的文化也生成了人。

学校教育作为人与符号、文化三者交互作用的场域,在人的培育过程中具有举足轻重的作用,而彰显这种作用的最为有效的载体之一便是学校文化建设。学校文化在本质上是符号活动的过程,学生经由与符号互动而习得学校文化,同时也创造学校文化。

之所以说学校文化本质是符号,主要基于两点原因。一是,从形态上看,学校文化主要由学校物质文化、学校制度文化、学校行为文化和学校精神文化所构成,它们在本质上都是符号本身或者是符号的载体。在学校中,校徽、校歌、办学理念、育人目标、名人名言、办学宗旨,以及各项制度规范等都是显性的且具有精神与制度属性的文化符号,校史馆、亭台楼阁、宣传栏、石刻等都是学校文化的符号载体,而校长与师生行为、各种仪式活动等都在以与不移动的符号互动的方式诠释着学校的行为文化。诚如项红专教授所说:“校长也是校园里行走的文化符号……校长的一言一行、一举一动都能传达出重要的信息和意义。”

二是,从功能上看,学校文化的生成过程及对学生的涵育也都是经由符号且通过符号方式呈现的。学校文化具有充实的教育属性,它来源于学校在长期办学历史中所传承下来的经典文化符号,也来源于特色地域文化以及师生全体对学校当前和未来发展所构想出来的现实文化符号,二者共同构成了学校文化符号系统,并且随着教育实践的推进而不断走向“生产”。这一“生产”过程既表现为让每个在场的学生感知与内化该校所独具的文化特色,也表现为对该校文化的进一步淬炼与生成,由此实现学校文化符号体系与学生价值符号系统的双向生成。

二、以符号涵养精神:学校文化育人的理论逻辑

学校文化符号体系以何种方式影响教育场域中的学生?对这个问题的回应涉及学校文化育人的理论逻辑。根据认知社会学的相关理论,随着学校文化与学生符号互动频次递增,其引发的符号互动可以分为四个层次:感觉沉浸、认知唤醒、情感依恋、精神归属,由此实现以符号促进学生精神成长的价值目标。

首先,“感觉沉浸”意味着每一位学生每当步入学校场域,就能够从听觉、视觉、触

觉、味觉等直观层面感知学校文化的符号体系及其背后所蕴隐的教育意蕴。学校的铃声、建筑设计与教室布置、各种教育标语、空气中校园味道等都在潜移默化地滋养着学生的精神世界，让每位学生在视觉信息的刺激与整理中感知学校的文化符号。

其次，“认知唤醒”意味着学生对学校文化进行认知表征的过程，即其对学校文化进行自主地、主动地和创造性地建构的过程。在这一过程中，学生有意识地择取与处理与其认知体系相耦合且具有浓郁认知兴趣的文化符号。在这一过程中，学校的规章制度、知识体系等都会进入学生的认知视野，学生通过对学校各类符号进行加工处理，一方面在深入了解学校文化过程中提升自己，另一方面也在提升自己的过程中创造出新的文化符号，由此促进自身成长与学校符号的创造性发展。

再次，“情感依恋”意味着学生在感知与认识学校文化符号系统之后，能够在情感上对学校文化符号体系产生认同感与共鸣感，进而在心理层面完成对学校文化的情感依恋。一个毕业多年的学生之所以能够在情感上依恋母校，主要是因为母校的学校文化与其内在的精神契合。学生与学校文化的互动过程使文化符号具有真实的生命力，学生也由此完成了外在符号与内在情感的匹配，实现了互动参与的精神价值。

最后，“精神归属”意味着学生在经由符号感知、情感依恋而对学校文化具有真正意义上的价值认同，并继续将之上升为自己的内在意志和文化图腾，这种基于精神归属的心理源自学生对学校文化符号体系的深度认同与自觉汲取。须知，精神是对人之本质最为根本的汇聚，基于“精神归属”的学校文化对学生的影响是整体性的、全方位的，它能够赋予学生在与学校符号体系的互动中探寻自我的生命意义。

三、基于符号的精神互动：学校文化育人的实践体系

从文化的抽象意义来讲，学校文化本质上也是学校历史与现实精神的客观载体。经由文化符号体系，学生的内在主观精神在与学校文化这一客观精神的互动过程中，实现了学生精神生命的发育与成长。但是，这一过程并不是自发产生的，它需要以学校良好的育人体系为前提。

为了塑构良好的客观精神空间，构建良好的学校文化符号体系，我们需要对学校育人的实践体系提出要求。具体可以从学校的管理文化、德育文化、课程文化、课堂文化、教师文化和景观文化六个方面来展开。其中，景观文化聚焦的是学生对学校文化符号的“感觉沉浸”，管理文化、课程文化、课堂文化聚焦的是学生对学校文化的“认知唤醒”，德育文化和教师文化聚焦的是学生对学校文化的“情感依恋”，它们最终汇聚于学生对学校文化的精神认同与归属。

具体而言，良好的班级与学校管理文化能够提供制度支持，为学生精神建构提供具有“制度规范”属性的符号体系；德育文化可以从实践活动、家校社协同育人等方面让学生感受家国情怀、责任担当的道德魅力，为学生精神建构提供具有“德性教化”属性的校园符号体系；课程文化与课堂文化是学校文化最具“实践力”的两块内容，二者分别通过文本型和对话型的符号体系让学生濡染学校文化的特色体系；教师文化以师生交往为主题，让学生在被关爱、呵护乃至惩戒中体验学校的“行为文化符号及其表达方式”；景观文化是学校文化和精神的外显符号，它以校园建筑、教育标语等物质方式对学生的精神世界产生潜移默化的教化作用。

上述六大实践体系是学校文化和学校精神的实践载体，它们或显性或隐性呈现着学校独特的文化符号，并赋予学生在与学校文化互动的过程中，实现自我精神生命的成长。

Symbols and spiritual construction: the essence and practice of school culture construction

Xu Jie　Zhong Zhenghua

Abstract: School culture is essentially a symbolic system with an objective spiritual attribute, which enables students to achieve the growth of their own spiritual life through interaction with it. This is because school culture is primarily composed of school material culture, school institutional culture, school behavioral culture and school spiritual culture, all of which are essentially symbols themselves or carriers of symbols. Meanwhile, the formation process of school culture and its nurturing of students' spiritual world are both presented through symbols and in symbolic ways. From the perspective of the practical system, the nourishment of students' spiritual world by school culture is mainly achieved through four dimensions, including sensory immersion, cognitive awakening, emotional attachment and spiritual belonging, thereby realizing the value goal of promoting the growth of students' spiritual life through symbols.

Key words: school culture construction; symbols; spiritual construction; cultural education

重申教育目的——学会生存

李先军　孙莉

摘要:《学会生存:教育世界的今天和明天》作为一份具有划时代意义的教育发展报告,在发表的50年中对世界各国教育发展产生了广泛而深刻的影响。报告对世界教育最重要的贡献在于对传统的、不符合时代发展的旧教育的深刻揭露与批判,和对新教育、新理念、新观点的深入研析。50多年来,该报告有关教育民主、终身教育和学习化社会建设的思想一直影响着世界各国的教育政策和教育实践。然而,教育的功利化、工具化倾向,教育的隐形负功能,将教育的工具理性置于价值理性之上,必然导致当下教育对"学会生存"教育目的的偏离,具体表现为"培养完人"的理念被架空,"终身教育"目的被异化,以及"教育团结"关系被改写。在深刻认识教育功利化倾向的基础上,文章提出重申《学会生存》中对现实教育发展仍具指导意义的理念与思想。

关键词:学会生存;完人教育;终身教育;教育团结

作者简介:李先军,华中师范大学教育学院教授,博士生导师;孙莉,华中师范大学教育学院博士研究生,研究方向为外国教育史、比较教育。

1972年国际教育发展委员会主席埃德加·富尔(Edgar Faure)向联合国教科文组织提交了具有划时代意义的《学会生存:教育世界的今天和明天》(以下简称《学会生存》)报告。报告指出科学技术革命推动了知识的不断变革,社会和经济在革新的作用下日新月异,没有人可以仅依靠启蒙教育过完一生。在深刻批判传统教育的弊病和缺陷的同时,《学会生存》为未来提出了教育改革的方向,即为未来的学生提供基于国际团结与合作的、民主的、完善人格和全面发展的终身教育体系和建设"学习化社会"。50多年来,从《学会生存》呼吁扫除文盲、提供更多的教育机会,到《共同重新构想我们的未来:一种新的教育社会契约》提倡提供高质量、更优质的教育,教育目标的转变,体现了教育发展的脉络。可见,教育改革取得了一定的成绩。然而,社会、经济、政治、科技等因素促进教育发展的同时,也制约着教育的变革,随着时间的推移,教育似乎并未完全按照报告中以人文主义教育为理念的方向发展,而是受社会、经济等因素的影响,逐渐显现出功利化、工具化和隐形负功能的弊端。《学会生存》发表之后,联合国教科文组织的历次报告,对其核心内容的强调,对当今的教育产生了深刻的影响。诚然,目前教育中存在的教育功利化倾向,致使教育未能从学生的个性、兴趣、道德与情感出发,引导学生选择适宜的工作,帮助学生在社会中"学会生存";导致"培养完人"的理念被架空,"终身教育"目的被异化,以及"教育团结"关系被改写,此现状与《学会生存》中的教育目的相背离。因此,文章从教育的功利化倾向入手,重申教育的目的——学会生存。至今,该报告已发表50余年,其提出的教育理念仍然具有指导现实教育发展的意义。

一、《学会生存》的重要贡献

《学会生存》作为一份具有划时代意义的教育改革报告,其最重要的贡献在于对传统的、不符合时代发展的旧教育的深刻揭露与批判,和对新教育、新理念、新观点的深彻研析。为当时腐朽的教育制度打入了彻底革新的针剂,并为未来教育的发展指明了方向。

(一)对旧教育的深刻揭批

科学与技术的进步推动了社会与经济的发展与变革,环境与产业结构的革新对旧的教育结构提出挑战。陈旧的教条、精英主义的教育特权,以及西方主导的教育模式等问题已经沉重地压在了教育之上,严重阻碍教育适应新环境,社会各界对旧的教育制度的批判层出不穷,物议沸腾。联合国教科文组织催发了一场全球辩论,其综括性报告《学会生存》结合实地考察、相关论文研究和联合国教科文组织对全球教育的思考与研判,对当时教育的旧制度和旧观念进行了深刻的揭露和尖锐的批判。

首先,报告对旧的教育制度和教育观念已经不能满足新的社会、经济与科技发展的需求,进行了深刻的剖析。第二次世界大战结束后,全球进入经济复苏与发展的黄金时期,科学与技术的发展催生了新媒体、新技术,信息爆炸式地涌入日常生活,知识以一种前所未有的速度增加;而传统的教育形式、落后的教育观念与过时的课程计划,导致社会进步与教育发展之间严重脱节。在此阶段,教育已经展现出先于经济发展的趋势,并且“教育历史上第一次出现为尚未存在的社会培养新人的趋势”[1]。然而,这种“教育先行”和“教育预见”的趋势却被传统教育的抱残守缺所阻碍。“日益加快的社会发展与结构上的变化使得正常存在于基础结构与上层建筑之间的鸿沟加深”,教育体系难以满足日益发展的社会的需要,导致“社会拒绝使用学校的毕业生”[2]。旧教条、旧观念、旧模式以其根深蒂固的稳定性阻碍着教育的革新。教育落后于时代发展的步伐,其教育成果也必定被时代所拒绝。

其次,报告指出被精英阶层把控的传统教育极易造成人类的两极分化,极度不平等的教育资源正走在把“人类分裂成为优等集团与劣等集团、主人与奴隶、超人与下等人”[3]的危险之路上。传统教育的自我保存功能使其拒绝接受新的教育内容,固执地偏爱理论知识,牢牢固守死板的等级观念,轻视技术教育与实用学科。精英主义路线坚守“杰出人才论”,将学校视为为精英阶层筛选“入会”成员资格的工具,考试、文凭成为跨越阶层的门槛。被控制的教育不允许统治阶层以外的人享有受教育的权力,只从自己的后代或权力所有者中选取杰出人才,以及在处于不利地位的阶层中选取少量杰出人才。这种行为既保证了统治阶级高地位的稳定性,也一定程度上降低了低阶层的不满。[4]这种精英主义路线,通过教育垄断加深了等级分化。

最后,由于殖民统治强硬的教育模式移植造成了以西方国家为主导的、千篇一律的教育结构,殖民国家通过文化侵略和教育模式移植对被殖民国家实施文化、思想、价值观上的侵略,将教育体系原封不动地移植于被殖民国家,灌输其为宗主国的利益服务的价值观,造成被殖民国家的传统文化、文明、哲学被遗忘失传,甚至毁灭歪曲。[5]另外,年青的、新独立的国家迫切地希望通过教育摆脱落后的状态,然而,由于政治上的不稳定和经济的短缺状态,以及经验的缺乏,导致其只能一味地模仿与套用西方发达国家的成功案例,却忽视了本国国情与文化,其结果只能是移植的教育模式既解决不了本国的发展问题,也不能满足人民和社会发展的需要。

(二)对新教育的云霓之望

为应对社会与经济发展对教育提出的挑战,《学会生存》报告表现出对教育革新的迫切期望。埃德加·富尔主席在向联合国教科文组织呈送《学会生存》报告的信件中,以简洁的方式总结了报告的“四个基本设想”,即各国政府和各个民族之间的基本团结,对民主主义的信仰,以使人日臻完善为人类发展的目的,全面的终身教育是培养完善的人的关键;总结来说即四个关键术语:“团结”“民主”“完善”和“终身教育”。[6]可以更恰当地将其分为三个中心主题,即民主与个体完善、终身教育以及国际团结与合作。报告以这三个中心主题为核心理念,由此拉开了对传统教育彻底改革的序幕。用约阿希姆·诺尔(Joachim Knoll)的话说《学会生存》是一份广泛而有远见的宣言,旨在“开创国际教育政策改革的乐观阶段,也是关于终身教育辩论的开始”[7]。

《学会生存》报告将民主主义信仰作为所有教育改革的基础与指导思想。民主意味着平等、自由、公正,意味着每一个个体都有实现其个人潜力和享有创造其未来的权力,民主与个体的完善表里相依。民主与教育的关系紧密相连,教育是实现民主的有力方式,民主意识随着教育水平的提升而增强;同时,民主主义下的教育是人人都可享有的权利,民主是促进教育公平的思想基石。民主的理念与个体实现自身潜能的权利密切相关。报告中对民主的解读与其说是将民主作为一种政治理念,不如说是关于第三个设想,即“人的日臻完善”的理念(这是作为“发展的目标”而不是教育的目标提出的)。[8]也就是说,民主为个人的最佳发展提供了理想的环境和条件。这两个设想明确地以人文主义的方式将教育定位于自由、平等的位置,而不是被控制的角色。该报告本身使用了“科学人文主义”一词,甚至将学习称为“人文主义宣言”,将教育定义为一种人性化的活动,这与联合国教科文组织一贯的人文主义取向相一致。并且,报告认为个人的完善,是促进社会和民主进步的前提。“……在我们看来,教育是在环境中进行的,因而它提供了有关环境的知识,于是教育便可以运用这种知识,帮助社会觉察到它的问题,而且如果人们集中力量培养‘完善的人’,而这种人又会自觉地争取他们个人和集体的解放,那么,教育就可以对改变社会和使社会具有人性作出巨大贡献。”[19]这一切的解释都表明,报告基于明确的民主立场,反对传统教育的等级制、集权主义和精英主义,将“完善”视为每个人的权利。

“终身教育”与“学习化社会”是《学会生存》报告提出的两个最核心的理念,也是报告为世界教育的未来指明的发展道路。在报告发表之前,终身教育概念就已出现。例如,杜威认为教育不会随着一个人离开学校而结束。[10]20世纪70年代,在福利国家危机的背景下,世界的经济、政治和社会现实都处于极不稳定的状态,联合国教科文组织发挥其教育领域的国际舞台核心作用,在关于教育的辩论中重新提出终身教育的概念,即教育应贯穿人的一生。《学会生存》报告所重申的终身教育概念对整个教育改革过程具有巨大的影响,目的是确保在全球儿童和青年的教育中实施创新战略,并使成年人具备在社会的不断变革下追求自主和自由的能力。对终身教育概念的理解主要包括三个基本方面,一是对守旧的正规教育学校模式的严厉批评;二是需要确保一种“终身”教育形式,这种教育能够保持知识的更新,并使成年人能够跟上社会技术发展的脚步;三是促进平等的教育机会,并保障个体可以获得永久的和有效的社会晋升的机会。[11]在终身教育理念下,为成年人提供相互交流的最佳手段,提高其独立获取信息的能力,并逐步创建一个更具凝聚力的社会。在这个社会中,个体可以自由地相互交流与合作，终身教育成为可能，即建设一个新的“学习化社会”。报告中的“学习化社会”事实上是社会变革的一种手段，其根本目的是实现教育和民主本身的民主化，即“教育不可能像过去那样局限于培养未来社会的领导人……教育不再是精英的特权”[12]。教育不再是被限制于学校范围之内，而是拓宽和扩大了范围，把教育的功能扩充到整个社会的各个方面。不仅要发展其他类型的学校，还要创新教学模式；同时，创建各种不同类型的公立或私立机构，保证这些机构能够最大限度地发掘所在地区的教育潜力，并在社会生活的各个方面发挥教育作用。[13]

第三个中心主题是关于“团结”的思想，即在教育上开展国际合作。虽然关于《学会生存》的研究多将注意力放在“终身教育”和“学习化社会”这两个核心概念之上，但鼓励国际的团结与合作也是报告的一个重要方面。报告认为，虽然不同的国家和民族具有不同的文化、意识形态和发展程度，但依然存在一个国际共同体，即便存在暂时的“分歧与冲突”，但最终都将走向共同的命运，即各国政府和各个民族之间的基本团结。[14]国际合作不仅有助于发展中国家尽快脱离教育落后的处境，也有利于发达国家在援助他国教育发展的过程中积累经验，进而对本国腐朽的、教条的旧教育制度进行改革。随着经济全球化的程度逐步加深，“发达国家即使拥有庞大的资源，但如果它们在真空中发展，他们雄心勃勃的教育事业至少在一定程度上会陷入毫无结果的危险”[15]。通过充满改革、革新、发明、创造精神的国际合作，各个国家都能增强其改进现有教育体系的能力，激发他们发明、设计、革新适合于自己文化与资源的教育实验的能力[16]；在世界范围内形成保护环境、珍爱地球的共同价值观，并在此过程中培养个体的社会责任感，那么在不久的未来将会建设成真正的学习化社会。

二、教育功利化对《学会生存》教育目的的偏离

经济发展的增速不断推进劳动分工形式的进化，也不断要求教育为其输送与经济发展相适配的、具备其所需职业技能与素质的人才和劳动力。久而久之，教育成为为社会与经济发展培养后备军的附属机构，教育的工具功能被夸大并逐渐极端化，形成教育的功利化倾向，教育的隐形负功能逐渐显现。将教育的工具理性置于价值理性之上，忽视教育的客观规律，必然导致当下教育对“学会生存”教育目的的偏离，具体表现为“培养完人”的理念被架空，“终身教育”目的被异化，以及使教育与社会各子系统之间、国与国之间的“教育团结”关系由平等互助改写为附庸从属。

(一)教育功利化对“培养完人”理念的架空

《学会生存》认为教育的最终目的是培养完善的人,即对个体智力、体力、情绪、美感、道德、伦理等方面进行综合教育。[17]然而,随着经济的飞速发展,现代效率主义成为社会信守的金科玉律,社会功利化渗透到教育领域,导致了教育的功利化倾向。[18]教育并非存在于真空之内,在社会功利化的现实影响下,教育作为社会的子系统之一,不可避免地与政治、经济、文化产生联系,并相互影响。片面性地追求短期目标与局部收益,使教育狭隘地侧重对个体经济收益、人才选拔效率、社会资源分配等方面的功效,却疏略了对个体思想道德、人格修养、情感价值观,以及真理的追求等方面的培育,致使教育实践过程中个体发展“偏科”严重。[19]在《学会生存》报告发表之前就有学者提出,要警觉经济对培养全面发展的人的影响,“有必要平衡经济压力,使终身教育不仅能够培养更高效的物质利益生产者和消费者,而且能够培养具有高度审美和精神感受力的个人,并使其具有创造和维持一个能够满足整个人类个性的社会的知识和良知”[20]。然而,在《学会生存》发表后的50多年里,虽然多部由国际组织或不同国家发表的,面向世界人民或本国国民的教育指导报告中,仍然将培养全面发展的人作为教育最重要的目的,但效果并不理想。

重成才,轻成人;重智育,轻德体;重特长,轻全面发展;关注成名成家,忽视如何做人的教育功利化倾向日益严重,致使当前的教育陷入循环性的怪圈。即大规模的毕业生进入劳动力市场,供给大于需求的现实致使雇佣方将“学历”“文凭”“名校”作为选拔的门槛,从而导致家长与学生对名校的追求;社会与政府部门也将“升学率”“就业率”“名校率”作为衡量与评价学校的硬性条件。而学校领导在政绩和教育资源的驱使下,教师在过度的绩效考核压力下,迫使学生在有限的时间内快速提升升学所需的狭窄的学科知识,大量压缩音体美课程的课时,窄化了培养完人的育人目标,教育目标指向了“单向度的人”[21]。而这种仅具备升学与就业知识的学生在被劳动力市场拒绝后,凭借其片面性的知识也很难找到合适的工作,并且不愿意放下“身段”选择大众意识中的“低级”职业,致使失业率大幅上升。现实的教育并没有教会学生“学会生存”。“培养德智体美劳全面发展的社会主义建设者和接班人”一直是引领我国教育发展的基本方针。然而,“唯文凭”“唯分数”“唯升学”的顽瘴痼疾使教育评价更偏向于可量化的、更功利性的方向,评价的压力迫使教育向着追求“分数至上”的道路越走越远,忽视对学生除智力以外的其他能力的培养,个体全面发展的目标被架空。并且这种现象不只在发展中国家,在发达国家也比比皆是。

(二)教育工具化对"终身教育"目的的异化

在现代教育制度演变的历史进程中,20世纪60年代末的世界教育危机标志着对传统教育制度的认识发生转变,更确切地说,是对教育本身实际性质认识的转变,改革意识逐渐兴起。由此,基于教育的世界性和社会政治立场,此时兴起的终身教育运动代表了对教育思考的真正转折点。1972年联合国教科文组织在《学会生存》报告中重新提出终身教育的概念,并提倡建立一个新的"学习化社会",试图为未来的教育发展指明方向。报告中的终身教育理念基于一种坚定的政治意识形态立场,具有明确的社会改革性质,指出在终身教育理念的指导下教育不再是精英阶层的特权,每个人的一生中都有受教育的权力。然而,在报告发表后,终身教育的承诺并没有兑现,无论是在教育改革方面还是在社会改良方面,终身教育的转化力量并没有得到利用。[22]林德曼(Paul Lengrand)认为,从理论的角度来看,"终身教育"的理念已经取得了相当大的进展,但在实践中,结果却不尽如人意,事实上,传统的教育结构并没有被实质性地修改。[23]随着社会经济环境的转变,本应由社会、政治、经济等因素合力赋予个体的终身教育权利逐渐被个体被动适应劳动力市场的终身学习义务所取代。[24]这一学习义务在德语中被称为"教化"(Bildungspflicht)[25],其主要目的是使个人在快速变化的劳动力市场中保持自己的就业能力。在以经济增速为目标的环境影响下,教育工具化倾向使终身教育的权力在实践的过程中被异化为个体的学习义务,终身教育的目的由培养完善的人异化为培养促进经济发展的人,终身教育、终身学习、学习化社会都成为调整和促进经济增长的工具。教育过程从人文主义到经济主义的转变,以及终身教育从权利到义务的转变,意味着教育正在沦为社会和经济发展的工具。[26]

1996年,由雅克·德洛尔(Jacques Delors)主持的21世纪国际教育委员会为联合国教科文组织撰写《教育——财富蕴藏其中》报告被解读为对迅速出现的另一种政策话语的回应,这种话语的特点是以经济为基础,以终身学习作为人力资本发展的重点。[27]在经济合作与发展组织(以下简称经合组织)1996年发表的《全民终身学习》(Lifelong Learning for All)报告中,其核心观点认为终身学习首先是为了发展人力资本,以确保竞争力和经济增长;终身学习"从学前教育到退休后的积极学习"被认为是"促进就业和经济发展的一个重要因素"[28]。如果说《学会生存》强调的是主体性和赋予个体权利的话,那么经合组织则仅仅将教育和学习的目的狭隘地定义为获取进入劳动力市场的资格。在20世纪90年代和21世纪第一个十年,欧盟(EU)的文件和声明中也清楚地体现了教育对经济发展的必要性。特别是欧盟2004年[29]和2009年[30]关于"教育与培训"的政策文件中,终身学习仍然被定位为调整和适应的手段,更具体地说,是开发人力资本的手段。ELLI开发团队(ELLI Development Team)2008年在《欧洲终身学习指标概念框架》(European Lifelong Learning Indicators: Developing a conceptual framework)中将终身学习表述如下:"在一个对技能、知识和职业素质的需求不断增加和变化的知识社会中,终身学习是调整人力资本以适应新需求(例如技术变革引起的需求)的关键战略。更一般地说,人们可以认为终身学习是对社会、经济和技术变革加速的一种反应。"[31]这一表述以一种极为明确的方式表达了与《学会生存》报告完全相反的观点,提出终身学习是调整人力资本以适应新需求的关键战略,这一观点似乎将终身学习仅仅视为推动全球资本主义发展的工具,却并不关心教育是否为个体提供了追求自由和抱负的途径,是否有助于个体的日臻完善。

(三)教育负功能化对"教育团结"关系的改写

《学会生存》认为教育正面临着严峻的挑战,教育必须整个地重新加以仔细考虑,团结合作是未来教育发展的必然结果。[32]此处的团结可理解为两方面,一是社会各子系统与教育平等、团结、协作,二是教育上的国际团结和世界合作。首先,《学会生存》强调建设终身教育体系以及学习化社会需要社会各界的参与和团结协作,从而实现教育的目的,即使人成为他自己,"变成他自己"[33]。也就是说,教育与社会其他子系统的关系是平等、协作、互助的,其他子系统应帮助教育构建终身教育体系,建设学习化社会。然而,随着经济进程的加快,教育功利化倾向致使教育的实际性质逐渐与教育的理想功能渐行渐远,教育产生一种只为社会经济发展服务、忽视个体全面发展的隐性负功能。而社会对教育重要性的评估也仅基于教育在短时间内为社会经济发展所作贡献的"现时效用",呈现一种"功利性判断"[34]。这既不符合"社会交换"的基本原理[35],也不符合教育促进个体全面发展、终身教育、建设学习化社会的目的。克劳斯·莫伦豪尔(Klaus Mollenhauer)提出教育功能障碍理论,即教育的育人功能被屏蔽,沦为社会和经济议程目标达成的工具;他提出要警惕教育功能障碍,教育的目的绝不仅仅是让新一代融入现有的社会秩序,还是一种适应,在于帮助儿童和年轻人找到自己的社会地位,教育是一种解放。[36]新一代不应被简单地视为社会的"招聘池",而教育也并不只是为了"填满"这个池。在《学会生存》发表后的50多年中,教科文组织所坚持的人文议程已经被其他机构如经合组织和世界银行提出的完全经济议程所取代,教育和社会之间的关系并没有向报告所畅想的平等、团结、协作的方向发展,经济议程将教育变成了实现社会议程的工具,一种完全社会经济功能主义的教育已经兴起。教育与社会各子系统之间平等、团结、协作的关系已经被改写为工具、服从、附庸关系。

其次,“教育团结”还包含另一层含义,即国际团结与合作。“教育的发展主要依靠各个国家团体提供给教育的资源。各个发展水平上的一切国家都应该共同努力走向国际团结的道路。”[37]这是《学会生存》报告对不同国家、不同民族共建一个交流合作的教育世界共同体的美好愿景。然而,和平并没有随着时代、经济、科技的进步随之而来,国际的团结协作也并没有想象中的无私奉献。相反,为了争夺资源,霸权主义国家随意干涉他国内政,实施文化殖民主义,肆意挑起战争;种族歧视、民主倒退、气候变化、生物多样性丧失、破坏性技术自动化、日益扩大的社会和经济不平等已经成为当前历史时刻的标志。[38]多重重叠的危机和挑战限制了个体和集体的人权,发达国家与发展中国家之间的教育资源、质量、公平等方面的差距逐渐加大。在经济利益的驱使下,教育援助国企图在援助的外衣下夺取被援助国政治上、军事上和商业上的利益,并把文化模式强加于被援助国,从而实现文化价值观上的侵略。在这一文化霸权倾向下《学会生存》报告所呼吁的国际求同存异、团结协作的教育交流与合作关系已经被利益关系所左右。重新思考教育与学习、学生、教师、社会、经济、科技和世界之间的关系应成为世界各国、各民族共同关注的议题。

三、重申《学会生存》的教育理念与目的

传统教育制度延续百年,其稳定性和不可撼动性阻碍了旧教育的改革和新教育的发展;经济与科技的飞速发展在对教育产生积极影响的同时,也刺激了功利主义的盛行。在多重复杂因素的阻碍下,《学会生存》报告发表后的 50 多年中,其所提倡的人文教育理念和终身教育思想虽有一定的进展但并没有完全实现报告中的设想。但现实的阻碍并不是说明终身教育体系的不合理和不适用,只是教育发展与改革是一项长期且缓慢的进程,它需要全世界、全社会和全人类的共同努力和潜移默化地逐渐改善。终身教育仍然是应对飞速发展的社会最有力的教育手段,事实上,继《学会生存》后,联合国教科文组织所发表的一系列重要教育指导文件,如《教育——财富蕴藏其中》《反思教育:向“全球共同利益”的理念转变》《共同重新构想我们的未来:一种新的教育社会契约》等,其基本理念继承了《学会生存》的人文思想和终身教育理念,在融合时代精神的基础上对《学会生存》教育目的进行重申与再强调。《学会生存》作为一份促进现代教育改革与发展的基础性文件,重申它所提出的教育理念、思想和目的,不仅是对未来教育发展方向的重新思考,也是对当前教育功利化、工具化和负

功能的深刻反思。

(一)对"培养完人"教育理念的重申

《学会生存》所提出的最基本的教育主张即"科学的人道主义"。所谓"科学的人道主义"它的目的是关心人、人的幸福和人的完善。透过科学的人道主义揭示当代教育目的是"把一个人在体力、智力、情绪、伦理各方面的因素综合起来,使他成为一个完善的人"[39],即全面发展的人,也是"为新世界培养新人"。这个"新人"必然能够"在他个性的情感与道德方面建立一种和谐状态,他仅具有人类智慧(Homo sapiens)和人类技巧(Homo faber)是不够的,还必须感到他自己和别人之间融洽无间:具有一种人类和谐(Homo concors)"[40]。《学会生存》将人的发展视为教育的中心环节,强调人的主体性和全面性,培养完善的人即对个体智力、体力、情绪、美感、道德、伦理等方面进行有机综合教育。这一促进个体全面发展的人道主义教育理念在后续的教育文件中被不断地重申,如1996年的德洛尔报告《教育——财富蕴藏其中》指出,教育必须通过涉及身心、智力、敏感性、美感、个人责任和精神价值观等多个方面,促进每个人的全面发展,使教育的重心重新回到人的发展,强调"人既是发展的第一主角,又是发展的终极目标"[41];《反思教育》指出,"维护和增强个人在其他人和自然面前的尊严、能力和福祉,应是21世纪教育的根本宗旨"[42]。《学会生存》在培养完人的几个方面的论述中,尤其重视对个体的情绪和情感教育,并提出"教育的一个特定目的就是要培养感情方面的品质,特别是在人和人的关系中的感情品质",这种教育有利于"消除各种思想障碍"[43]。

然而,在社会与经济的庞大系统中,在功利主义盛行的时代,教育功利化倾向致使教育内容强调智力训练而忽视德育、美育、体育、情感等方面的培养,教育过程被异化为片面追求"分数""名校"的机械式、功利性活动。功利主义的态度是把教育当作达成短期物质目标的一种手段,学校教育似乎就是要培养能促进经济发展的人,或只为了社会需要的职业培养相应的职业人,而忽视了个体作为人的精神需求。社会和经济的发展促使教育越来越重视对个体灌输科学和技术知识,但过度的重视科学技术又会使教育走向另一个极端,即人与人之间的情感越来越冷漠,交往越来越功利,对社会责任冷眼旁观。情感教育、道德教育、艺术教育以及体育的缺失致使个体在这个日益扩大的社会和经济不平等的时代产生越来越大的经济、生活和精神压力。近年来,社会暴力事件频发,抑郁症、失眠症、焦虑症等精神疾病的发病率逐年增长。教育对智育的过度关注,损害了个体智力上和情感上的同一性,造成了个体的片面发展,只有知识而没有面对困境的勇气和能力,极易导致个体精神错乱。正如裴斯泰洛齐所描述的“一个恶魔般的幽灵带给这个时代的最可怕的礼物是:有知识而没有行动的能力,有知识而没有实干、克服困难的能力”[44]。教育忽视了教人如何在社会中生活和热爱生活的能力。

促进人的全面发展,应重申《学会生存》中所强调的“培养完人”的理念。“教育所关心的是整个的人,而不只是作为产品的人;教育所关心的是富有创造性的生活,而不只是物质生产的生活……教育应朝着社会的、情感的、智力的、美感的方面发展。”[45]“知识并不是文化所要求的一切”[46],教育的任务不只是发现人的才能,更应尤其重视对性格、情感、道德、态度的培养;强调通过德智体美劳全面教育培养日臻完善的人。关注人的情感、情绪的观点在《学会生存》中被反复提及,并提出通过艺术教育培养个体的想象力和对美的兴趣,领悟美、感受美,并把美吸收到性格中去,成为对抗逆境的一种情绪疏导手段;利用体育培养竞争精神,提升耐力和品德修养等。情感健康、情绪稳定、从容淡定是个体在这个经济扩张、功利主义盛行的时代保持平稳心态的关键。美国研究人员戈尔曼(Daniel Goleman)认为教育应包含一定的社会情感能力训练,包括自我意识,即准确识别自己的感受和想法及其对行为的影响的能力;自我管理,即在不同情况下有效调节自己情绪、认知和行为的能力;同理心,理解他人的观点与感受的能力;社交技能,即将所有这些技能结合起来,建立和谐关系,并利用这些情商技能,在生活中做出正确的决定。[47]对《学会生存》“培养完人”教育目的的重申,是对人的主体地位的进一步澄清,是对教育功利化倾向的扭转,强调教育具有目的是让个人在思维上更加自主和独立[48],能够从内在价值观中驾驭世界,更有利于个体适应这个经济、生活、工作压力倍增的时代。

(二)对“终身教育”目的的再强调

终身教育理念,是《学会生存》报告的核心,也是教育帮助个体应对飞速变化的社会的手段。面对经济的迅速扩张、科学技术的急速发展,信息和知识的更新速度日新月异,那种想在早年时期一劳永逸地获得一套终身有用的知识或技术的想法早已过时。同时,教育具有两面性,即一方面,教育是促进和保障民主、创造力、合作、自我发展、树立正确价值观、个人和群体的言论自由、公民权的重要力量;另一方面,教育是压迫、控制、隔离、隐蔽的种族主义和官僚化的工具。[49]在这种辩证思维的指导下,70年代,终身教育的研究、理论、政策和实践逐渐发展起来。1972年《学会生存》正式以国际报告的形式提出终身教育和学习化社会两个重要观点。报告提出,未来教育的目的就是建立终身教育体系,建设学习化社会,即突破传统教育空间的制约,冲出正规学校教育的范围,扩展教育和学习在时间、空间、群体上的边界,将正规教育、非正

规教育、非正式教育联合起来，实现人人学习、时时学习、处处学习的学习型社会愿景。

终身教育的概念被正式提出后在世界范围内受到广泛关注，各国纷纷将终身教育理念纳入本国教育改革与发展的政策与实践中去，终身教育在幼儿教育、小学教育、中学教育、高等教育、成人教育、正规教育和非正规教育等各个方面被广泛接受、研究与实践。然而，由于国家政策、社会观念受意识形态、经济、利益等因素的影响，终身教育理念在50多年的实践过程中逐渐被功利化的教育目的所改写。在经济发展中，市场意识形态占据主导地位，导致了教育和学习的狭隘工具性目的，即获得劳动力市场资格。1993年欧洲发布的政策文本《竞争力、就业和增长》(Competitiveness, Employment and Growth)，被认为是致使90年代以后"终身教育"理念向狭隘的经济主义转变的证据。[50]在"终身学习"中普遍存在的经济主义，改写了"终身教育"的人文主义基底，迫使终身教育的目的由为个体的未来生活做准备和培养完善的人，转变为为社会与个体对金钱、利益、权力的追求；同时，"终身教育"向"终身学习"的转变，也表现出社会和教育系统应承担教育责任被下放到个体的学习中去，个体的受教育权利转变为学习的义务。故此，《学会生存》发表后的50多年中，终身教育体系并没有如报告所期望的那样，"在双边与多边国际援助"的帮助下，在发达国家与发展中国家实现。正如英国学者马尔科姆·塔尔特(Malcolm Tight)所言"纵使许多发达国家都无法将终身教育真正地付诸实践，更何况经济刚刚起步的发展中国家"[51]。

对终身教育理念的重申，即是对民主的、公正的、人道的教育事业的重新强调，是对个体受教育权力和官方教育责任的重述。在终身教育体系下，教育的目的是为人的未来生活做准备，是培养完善的个体，而不仅是职业上的追求、经济发展的工具和国家竞争的武器；它涉及整个教育活动范围内发展个性的各个方面，即智力的、道德的、情绪的、美感的、社会的和政治的修养。教育应从社会经济的牵制中挣脱出来，回归人的自我追求，帮助个体不断完善，提升生活质量和人生境界。正如联合国教科文组织教育研究所的戴维(Dave)认为，终身教育就是教育"一个人有意识地不断提高自己和其所在社会的生活质量"[52]。就像《学会生存》中强调"在教育这一进程中人通过各种经验学会如何表现他自己，如何和别人进行交流，如何探索世界，而且学会如何继续不断地——自始至终地——完善他自己"[53]。2021年11月，联合国教科文组织于第41届大会期间面向全球发布《共同重新构想我们的未来：一种新的教育社会契约》报告，其中提出要确保个体终身接受优质教育的权利，"受教育权仍然必须作为新的教育社会契约的基础，并扩大到终身教育的权利。它还必须包括接受信息、文化和科学的权利，以及获取和为创造人类社会的知识共享做贡献的权利，这些知识是人类几代人积累并不断变化的集体知识资源”[54]。将终身教育作为个体的受教育权重新提出，是对将个体终身教育权力改写为学习义务的拨乱反正，也是对政府和教育系统应履行的终身教育责任的重申。正如《学会生存》强调“教育不是一种义务，而是一种责任”[55]。

（三）对“教育团结”关系的再审思

《学会生存》报告中讨论的第三个中心主题是关于“团结”的思想，文中表述为“在教育上开展国际合作”。通过对报告全文进行分析发现，这一“团结”的思想还包括教育与社会其他子系统的平等、团结、互助关系。在此，将教育上的国际团结和教育与社会各子系统的团结关系统称为“教育团结”关系。教育身处社会的巨型场域之网中，自然不可避免地受政治、经济、文化等其他社会因素的影响。同时，教育本身也是一个复杂的大型场域，教育过程中的每个环节都将对教育的结果进行改写。[56]关于教育与社会各子系统之间的合作关系，报告指出，“社会不能通过一个单独的机构对它的所有一切组成部分发挥其广泛而有效的作用”，因此，想要建设成为真正的学习化社会就要“把教育的功能扩充到整个社会的各个方面”，“所有的部门——政府机关、工业交通、运输——都必须参与教育工作”[57]。因此，“未来的教育必须成为一个协调的整体，在这个整体内，社会的一切部门都从结构上统一起来”，“社会作为一个整体将有更重要的教育作用”[58]。这是一场时代性的“文化革命”，需要国际性的团结合作才有可能实现。关于教育上的国际团结报告认为，虽然不同的国家和民族具有不同的文化、意识形态和发展程度，但依然存在一个国际共同体，“教育的发展主要依靠各个国家团体提供给教育的资源”[59]。将单向的“教育援助”转变为双向的“国际合作”，有助于发展中国家尽快脱离教育落后处境的同时，也有利于发达国家在援助他国教育发展的过程中积累经验，进而对本国腐朽的、教条的旧教育制度进行改革。并且，随着经济全球化程度的不断加深，“发达国家即使拥有庞大的资源，如果它们在真空中发展，他们雄心勃勃的教育事业至少在一定程度上会陷入毫无结果的危险”[60]。因此，教育上的国际合作将成为未来教育走向的必然道路，这是《学会生存》为各国如何处理教育上的合作问题提出的解答。

经济的迅速扩张带来了功利主义和经济效益至上的时代特色，效率主义致使生产系统要求任何投入都能获得立即回报，而教育本身就是一种缓慢前进、潜移默化的活动，其缓慢的收益过程并不符合经济时代的快速收益观念。同时，意识形态的控制、社会形态的制约、经济对教育功能的选择性支持，以及教育系统本身僵化的行政结构和等级观念都对终身教育的实施和学习化社会的建设造成了严重的阻碍。故此,“教育团结”虽然加强了社会对教育发展的参与度,促进了国际的教育合作,但在教育公平上的进展并不理想,教育发展不平等、不均衡,以及发达国家与发展中国家在教育发展上的差距等问题仍然不可忽视。《学会生存》报告中提出“教育不是一种义务,而是一种责任”,是社会一切部门共同参与的教育运动。然而,在以经济增速为目标的环境影响下,社会各界负有的建立终身教育体系的责任,逐渐被改写为个体为获得更好的工作和更高的经济收益的学习义务,这一责任主体的异化将终身教育的责任推卸给了个体。虽然在报告中强调社会、经济、科技、大众通讯、国际合作对建设终身教育体系的责任,但现实并没有遵循报告中无私的设想。

联合国教科文组织在致力于推进“教育团结”关系上孜孜不懈。2015 年《2030 年教育行动框架》中强调整合世界资源,加强国际合作;并督促世界各国承诺发达国家向发展中国家提供占其国民生产总值(GNP)0.7%的教育援助,并释放资源增加对最不发达国家的教育支持,以确保人人享有包容和公平的优质教育,让全民终身享有学习机会。[61] 2021 年 11 月教科文组织发表的《共同重新构想我们的未来:一种新的教育社会契约》报告强调,将教育作为一项共同利益,将教与学视为公共的社会事业和社会利益;强调教育不应再单方面去追赶社会、经济和科技发展,相反,教育是社会、经济、科技乃至社会各子系统的责任,是一项有利于各方的事业,需要各界的广泛积极参与。[62] 此外,《教育——财富蕴藏其中》和《反思教育:向“全球共同利益”的理念转变》等文件中都曾对“教育团结”关系有所强调。这一系列观点并不是上述报告的首创,而是对《学会生存》报告中的“教育团结”关系的重申。对“教育团结”关系的重申,首先,有利于进一步加快“学习化社会”的建设,这是社会整体的责任,也是世界各国的责任;其次,“教育团结”关系是防范在经济效益至上和功利主义盛行的时代文化中将教育置于社会经济发展背后的有力保障,谨防教育功利性和工具化倾向;最后,对“教育团结”关系的重申有利于在多方参与的教育中加强对个体社会责任感、道德感和全球公民意识的教育。在现代文明高度发达的背后种族歧视、民主倒退、暴力、自然灾害和流行疾病等在暗处不断滋生,如何阻止邪恶的滋生不仅是教育的责任,更是整个社会、整个世界的责任,也是生活在地球上的每个个体的责任。正如齐格蒙·鲍曼在《现代性与大屠杀》中给我们的启示所言,从极端理性走向极端不理性,从高度文明走向高度野蛮的拯救之途也许就在于:在任何情况下,个体都无条件地承担起他的道德责任。[63]

参考文献

[1][2][3][4][5][6][9][12][13][14][15][16][17][32][33][37][39]

[40][43][45][46][53][55][57][58][59][60]联合国教科文组织.学会生存:教育世界的今天和明天[M].北京:教育科学出版社,1996:35-36,37,3,87-88,34,2,84,199-200,201,2,279,309,3+195,19,14,279,195,21,194,226,21,180,203,201,202-203,279,279.

[7]Knoll J. Lebeslanges Lernen' und Internationale Bildungspolitik - Zur Genese Eines Begriffs und Dessen Nationale Operationalisierungen[M]. Neuwied: Luchterhand, 1998:38.

[8][26][27]Biesta G. Reclaiming a Future That has Not Yet Been: The Faure Report, UNESCO's Humanism and the Need for the Emancipation of Education[J]. International Review of Education, 2022, 68:655-672.

[10]Dewey J. Education and Democracy[M]. New York: The Free Press,1916.

[11][22]Barros R. From Lifelong Education to Lifelong Learning: Discussion of Some Effects of Today's Neoliberal Policies[J]. European Journal for Research on the Education and Learning of Adults, 2012, 3(2):119-134.

[18][34][56]吴康宁.教育究竟是什么——教育与社会的关系再审思[J].教育研究,2016,37(8):4-12.

[19][21]崔保师,邓友超,万作芳,等.扭转教育功利化倾向[J].教育研究,2020,41(8):4-17.

[20]Titmus C. France-current problems and prospects[J]. Adult Education, 1969, 42(2):78-83.

[23]Lengrand P. Lifelong Education: Growth of the Concept[M]. Oxford: Pergamon press, 1989:9.

[24]Biesta G. Have Lifelong Learning and Emancipation Still Something to Say to Each Other? [J]. Studies in the Education of Adults, 2012, 44(1):5-20.

[25]Messerschmidt A. Educate further? Notes on Lifelong Learning from the Perspective of Adult Education and Education Theory[M]. Weinheim/Munich: Juventa, 2011:18.

[28]OECD. Lifelong Learning for All:Meeting of the Education Committee at Ministerial Level, 16-17 January 1996[EB/OL]. (1997-01-16). [2022-06-21].https://www.voced.edu.au/content/ngv%3A25305.

[29]EC. Education & Training 2010[EB/OL]. (2004-04-30). [2022-06-21]. https://eur-lex.europa.eu/legal-content/EN/TXT/?uri=celex:52004XG0430(01).

[30]EC. Notices from European Union institutions and bodies[EB/OL]. (2009-05-280. [2022-06-21]. https://eur-lex.europa.eu/legal-content/EN/ALL/?uri=CELEX%

3A52009XG0528%2801%29.

[31]ELLI Development Team. European Lifelong Learning Indicators: Developing a Conceptual Framework[M]. Gütersloh: Bertelsmann Stiftung, 2008:8.

[35]布劳.社会生活中的交换与权力[M].北京:华夏出版社,1988:104-134.

[36]Mollenhauer K. Erziehung und Emanzipation:Polemische Skizzen[M]. Munich: Juventa Verlag, 1968:22-23.

[38][54][62]联合国教科文组织教育的未来国际委员会.一起重新构想我们的未来:为教育打造新的社会契约(执行摘要中文版)[EB/OL].(2021-11-10).[2022-06-30]. https://zh.unesco.org/courier/2021-5/yi-qi-chong-xin-si-kao-wo-men-wei-lai.

[41]联合国教科文组织.教育——财富蕴藏其中[M].北京:教育科学出版社,1996:71.

[42]联合国教科文组织.反思教育:向"全球共同利益"的理念转变?[M].北京:教育科学出版社,2017:36.

[44]裴斯泰洛齐.裴斯泰洛齐教育论著选[M].夏之莲,等译.北京:人民教育出版社,1992:167.

[47]Goleman D, Senge P. The Triple Focus: a New Aapproach to Education[M]. Florence, MA: More Than Sound, 2014:15.

[48]Biesta G. Good Education in an Age of Measurement: Ethics, Politics, Democracy[M]. New York: Routledge, 2016:22.

[49]Gelpi E. Lifelong Education: Opportunities and Obstacles[J]. International Journal of Lifelong Education, 1984, 3:79-87.

[50]Brine J. Lifelong Learning and the Knowledge Economy:Those That Know and Those That Do Not—The Discourse of the European Union[J]. British Educational Research Journal, 2006, 32(5):649-665.

[51]Tight M. Utopia and the Education of Adults[J]. International Journal of University Adult Education,1994,33(2):29-44.

[52]Dave R H. Lifelong Education and the School Curriculum[M]. Hamburg: Unesco Institute for Education, 1973:11.

[61]联合国教科文组织.2030 年教育:仁川宣言和行动框架[EB/OL].(2015-11-04).[2022-07-04]. https://www.gcedclearinghouse.org/sites/default/files/resources/245656c.pdf.

[63]鲍曼.现代性与大屠杀[M].南京:译林出版社,2011:270-286.

Reaffirm thepurpose of education—learning to be

Li Xianjun Sun Li

Abstract: As an epoch-making report on education development, *Learning to Be: The World of Education Today and Tomorrow* has had a wide and profound impact on education development around the world in the past fifty years. The most important contribution of the report to world education lies in the profound exposure and criticism for the old education that does not conform to the development of the times, and the in-depth study and analysis of new education, new ideas and new perspectives. For more than fifty years, the report's ideas about educational democracy, lifelong education and the construction of a learning society have been influencing the educational policies and practices of countries all over the world. However, the utilitarian and instrumental tendencies of education, as well as the invisible negative functions of education, put the instrumental rationality of education above the value rationality. This will inevitably lead to the deviation of current education from the educational purpose of "learning to be", which is specifically manifested in the emptiness of the concept of "cultivating perfect people", the alienation of the purpose of "lifelong education", and the rewriting of the relationship of "educational solidarity". Based on a profound understanding of the utilitarian tendency of education, the article proposes to reaffirm the ideas and thoughts in *Learning to Be* that still have guiding significance for the development of practical education.

Key words: learning to be; holistic education; lifelong education; educational solidarity

教育评价研究

大数据技术应用于综合素质评价研究的热点主题与未来展望*

王洪席　李婷婷

摘要：大数据技术应用于综合素质评价研究是新时代开展专业化、高质量学生评价的焦点论域与核心范畴。运用 CiteSpace 软件对其时空知识图谱以及热点主题进行可视化分析，结果表明：该领域发文量总体呈逐年递增态势；研究机构之间尚未形成稳定的协同关系和共享机制；研究热点包括“大数据思维和技术”“评价模型”“评价保障机制”“评价安全困扰”等主题。在新时期，应探寻大数据技术与综合素质评价实施的深度融合路径以攻克“难点”，创新学生数据采集及交互共享的技术手段以疏通“堵点”，强化学生信息安全的制度保障以消除“盲点”。

关键词：大数据技术；综合素质评价；知识图谱

作者简介：王洪席，河南大学教育学部教授，教育学博士，博士生导师，主要研究方向为课程与教学论研究；李婷婷，河南大学教育学部博士生，主要研究方向为课程与教学论研究。

《深化新时代教育评价改革总体方案》指出，要“创新评价工具，利用人工智能、

---

* 本文系郑州市 2024 年度社会科学调研课题“中小学生综合素质评价区域推进的实践探索研究”（项目编号：ZSLX20240136）研究成果之一。

大数据等现代信息技术，探索开展学生各年级学习情况全过程纵向评价、德智体美劳全要素横向评价”。有学者强调，将“现代信息技术，如大数据、云计算、人工智能等与教育评价深度融合，利用它们来挖掘收集、甄别整理、统计分析海量数据，推动教育评价方法手段革新，是加快教育评价现代化的不二路径”[1]。可见，在新时期，利用大数据技术开展专业化、高质量学生评价已成为新型时代议题。其中，如何将大数据技术应用于综合素质评价研究是其焦点论域与核心范畴。“大数据的整体思维、复杂思维和相关思维是方法论的变革，正引领着学生综合素质评价的范式转型。”[2]基于此，本研究以中国知网（CNKI）收录的 86 篇论文为研究对象，采用文献计量法，并借助 CiteSpace 的可视化功能从时间频次、空间分布、关键词聚类等方面加以分析，以探寻两者的内在耦合机制与深度融合路径，进而为推进学生综合素质评价“落地”提供智力支持和方法论借鉴。

一、数据来源与研究方法

为确保原始数据的权威性、代表性和学术性，本研究在 CNKI 中选择“高级检索”类型，以“综合素质评价”并含“大数据”为主题，截至 2023 年 2 月 19 日，共检索出 133 篇相关文献。通过对标题、摘要等内容进行人工筛选，排除不相关的会议、简讯、通知、新闻、访谈等非研究性文献，最终共计 86 篇符合纳入标准。本研究借助 CiteSpace5.7.R5 软件工具对其进行可视化分析，主要包括年度发文量、研究作者、研究机构等维度，以科学知识图谱的形式呈现该领域的热点主题与前沿趋势。

二、研究的时空知识图谱

（一）研究的时频分析

对研究的时频分析有利于宏观把握目前研究成果的产出、热度以及发展趋势等情况。基于此，本研究绘制了历年文献发文量趋势折线图，如图 1 所示。在 2015 年初次出现简要谈及将大数据技术应用于综合素质评价研究的文章后，此类研究的发文量总数从整体上看呈上升趋势，并在 2020 年达到峰值。究其原因，随着大数据技术在教育教学领域中的广泛应用，以及综合素质评价在此次新高考改革中“参考”作用的发挥，诸多学者敏锐地感知到大数据技术在综合素质评价信息收集创新[3]、数据加工处理与诊断反馈[4]等方面的重要价值和实践意义。由此，大数据技术应用于综合素质评价研究日益受到学界的重点关注与持续讨论。

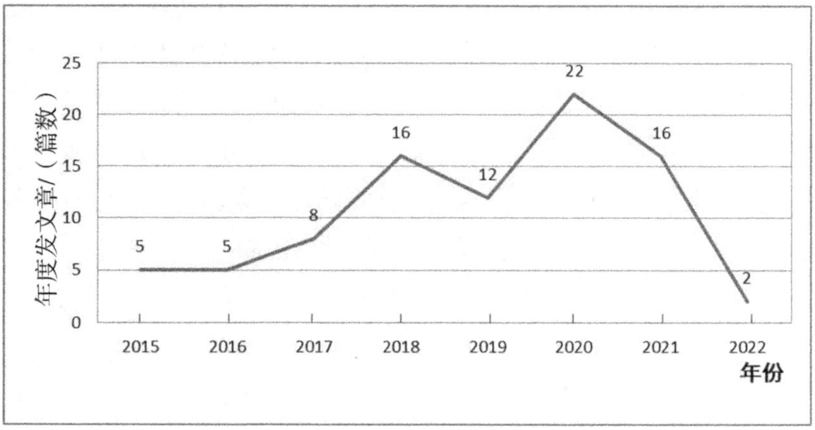

图 1　历年文献发文量趋势折线图

(二)研究的空间分布

(1)作者分布

对文献作者的分析有利于读者了解、知悉该领域处于顶端的高水平研究群，以便开展更具针对性的跟踪和学习。在 CiteSpace 运行主窗口通过设置节点类型和标签阈值将研究该主题的作者筛选出来，最终得到研究者合作网络图谱，如图 2 所示。结果显示出 131 个节点及 96 条作者间连线，网络密度为 0.0113。这表明有 131 位研究者关注此领域，且他们之间共存在 96 次合作。通过对文献作者分析发现，发文量在两篇以上的作者共有 10 位，排在前五位的分别是王殿军、张治、戚业国、杨现民、何怀金。总体而言，关注该主题的学者还较少。

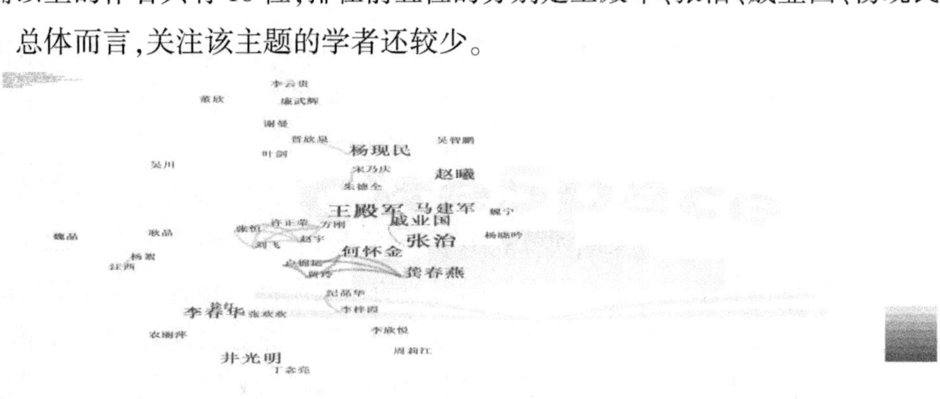

图 2　研究者合作网络图谱

(2)机构分布

对研究机构分布及不同机构间合作情况的分析有利于明晰该主题研究的地域特征以及团体间的交流沟通情况。在 CiteSpace 窗口选择节点类型“机构”,将标签阈值设置为 2,最终得到研究机构共现图谱(见图 3)。图中总节点数为 92 个,连线数为 39 条,密度为 0.0093。由图 3 可知,全国有 92 个机构关注该领域,其中发文量领先的研究机构主要有江苏师范大学智慧教育学院、清华大学附属中学、华东师范大学教育学部、上海市电化教育馆、重庆市教育评估院、浙江省慈溪市教育局教研室等。总体来看,该主题得到了诸多研究机构的关注,且相关研究成果较为丰硕,但机构分布较为分散,还没有形成稳定的、高质量的协同关系和共享机制。

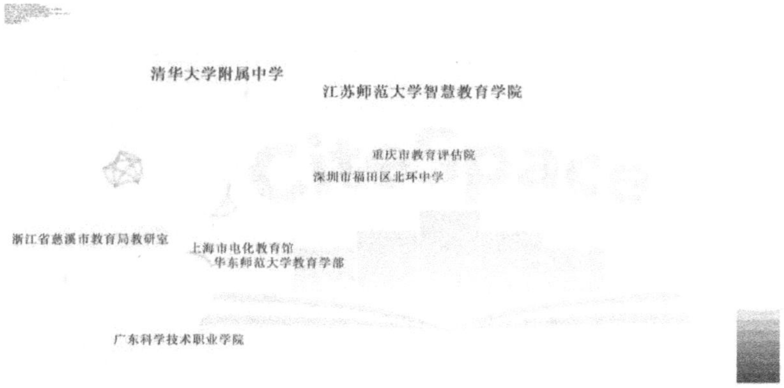

图 3 研究机构共现图谱

三、研究的热点主题

CiteSpace 软件可以通过对出现频次高的词语的总结、提炼,绘制出关键词共现网络图谱,进而反映出一段时间内研究者关注的焦点,即研究热点。本研究将表达意思相近的词语(如“学生综合素质评价”与“综合素质评价”,“综合素质”与“学生综合素质”等)进行人工合并操作,并将其归入频次较靠前的词语中,最终生成关键词共现网络图谱,如图 4 所示。其中,关键词节点 169 个,连线数 367 条,密度为 0.0259。每个节点对应的圆圈和字体的大小表示关键词出现的频次高低。结合关键词出现的词频统计表(见下表)可知,出现频次较高的关键词有“学生综合素质评价”“大数据”“综合素质”“综合素质评价体系”“学习评价”“评价机制”“教育大数据”“发展性评价”“高职学生”“区块链”“核心素养”“智慧校园”“教育信息化”“人工智能”“新高考”“教育综合改革”“增值评价”“信息管理系统”“指标体系”“教育决策”“学生数字画像”等。这反映出大数据技术应用于综合素质评价研究中学术界关注领域的聚焦点和“轨迹图”。

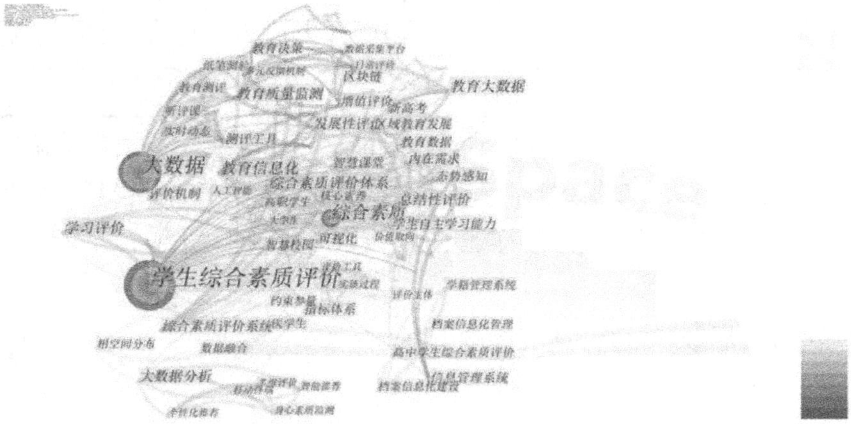

图 4　关键词共现网络图谱

关键词共现频次、中心性及年份(部分)统计表

序号	频次	中心性	年份	关键词	序号	频次	中心性	年份	关键词
1	38	0.94	2015	学生综合素质评价	17	3	0.02	2017	大学生
2	34	0.59	2015	大数据	18	3	0.07	2019	新高考
3	15	0.29	2017	综合素质	19	2	0.03	2015	教育综合改革
4	7	0.05	2017	综合素质评价体系	20	2	0.01	2015	教育质量监测
5	5	0.14	2017	学习评价	21	2	0	2020	高中学生综合素质评价
6	5	0.02	2016	评价机制	22	2	0.05	2015	增值评价
7	5	0.08	2016	教育大数据	23	2	0.1	2015	信息管理系统
8	4	0.04	2017	发展性评价	24	2	0.02	2017	测评工具
9	4	0.06	2017	高职学生	25	2	0.04	2021	指标体系
10	3	0.06	2020	区块链	26	2	0.01	2020	校本化
11	3	0.01	2019	高职院校	27	2	0	2018	生成性评价
12	3	0.04	2018	核心素养	28	2	0.07	2015	教育决策

续表

序号	频次	中心性	年份	关键词	序号	频次	中心性	年份	关键词
13	3	0.07	2017	综合素质评价系统	29	2	0.01	2019	学生数字画像
14	3	0.04	2018	智慧校园	30	2	0.08	2019	大数据分析
15	3	0.04	2015	教育信息化	31	2	0	2018	总结性评价
16	3	0.01	2020	人工智能					

结合图4、上表以及具体的研究内容,经过归纳分析,发现学界对大数据应用于综合素质评价的相关研究主要集中在“大数据思维和技术”“评价模型”“评价保障机制”“评价安全困扰”四个热点主题,详述如下:

(一)“大数据思维和技术”研究主题

该主题包括“教育信息化”“发展性评价”“生成性评价”“增值评价”“学生数字画像”“大数据分析”等关键词。

综合素质评价是切实转变学校人才培养模式,促进学生全面而有个性发展的重要制度举措。但其自提出以来就面临种种争议,目前正处于“攻坚区”“深水区”。而大数据思维和技术的引入在一定程度上贡献了解决方案,形成了“全样本数据+复杂模型+归纳分析+可视化反馈”[5]的评价路径,进而促进综合素质评价实践朝着智能化和专业化发展。其一,在大数据思维运用方面。传统学生综合素质评价依据个别事例、“表现性结果”或学业成绩作为学生全面发展状况的“证据”,“以小见大”地推断、评定学生的综合表现,具有一定的片面性和盲目性。而大数据思维的引入,则可有效克服这一流弊与症结。所谓“‘大数据思维’是一种融合现代云计算等相关技术和相关理论学科的理性分析,对一切反映人们社会行为的大数据进行线性与非线性处理的‘多元生态逻辑’”[6]。杨鸿等人认为,大数据的整体性、复杂性及相关性思维丰富了综合素质评价理念,带来了学生评价范式的变革。[7]吴智鹏提出,大数据思维“能充分体现综合素质评价的本质,全面涵盖综合素质评价的内容,有效整合综合素质评价的方式,准确预测综合素质的发展方向”[8]。由此可见,大数据思维注重汇集学生的海量数据,将看似不相关的碎片化数据通过科学化处理、模型分析,建立起网络化的有机联系,全面反映学生的素质发展状况,进而大大提升了评价的科学性和可信度。其二,在大数据技术运用方面。传统综合素质评价以量化评价、终结性评价为主,即便使用电子化管理平台也是一种变相的“记录表”,侧重结果性数据记录、主观判断且评价复杂烦琐、可靠性低,并不能真正实现评价的初衷。而大数据技术则依托先进的数据采集、处理与分析等手段,实现了从传统的主观、总结性成绩评价到客观、全程性、多元智能评价的转变。管华等人认为,大数据技术可解决综合素质评价中信息量小、失真和结构缺失等问题。[9]杨鸿等人认为,大数据技术以记录全过程的形成性评价代替复杂的结果性评价,进而促进评价操作的简便性与评价实施的持续性[10],使评价能够关注到"活生生的人"。总之,大数据技术简化了综合素质评价中重复、繁杂的工作,更关注学生过程性的外在行为表现,使综合素质评价的实操更合理,结果更可信,有效促进了评价由关注"分"到关注"人"的价值转向。

(二)"评价模型"研究主题

该主题包括"综合素质评价系统""评价机制""发展性评价""教育综合改革""新高考""教育质量监测""信息管理系统""测评工具""指标体系""大数据分析""教育决策"等关键词。

随着人们对大数据思维和技术的深入了解与挖掘,研究者尝试利用其与综合素质评价的内在关联性和耦合机理建立综合素质评价模型,以提升评价的客观性、全面性和科学性。如清华大学附属中学借助云计算、大数据技术,采用聚类和相关性分析方法,构建了学生综合素质生成性评价模型。其中包含 9 个模块 46 个维度的行为记录内容,以强化从数据中挖掘学生未来发展的潜能和倾向[11];重庆市研发的学生综合素质评价平台依托一系列数据分析模型,如"多维教学评价模型""学生学习进步增值评价模型"等,将学生"增值"性成长表现生成综合素质评价报告,为学校、区域教育的有效决策提供科学依据[12];张治以上海市中小学生综合素质评价改革工作为背景,构建了"多源多维综合素质评价模型"[13]。纵观已有研究,该模型系统、全面地构建了大数据运用于综合素质评价全过程的评价路径,即进行立体全息的数据采集,智能科学的数据分析,形成个性化的数字画像,最终可视化地反馈给学生、家长、教师、教育主管部门等主体,实现了大数据技术与综合素质评价的深度融合。

(三)"评价保障机制"研究主题

该主题包括"综合素质评价系统""区块链""人工智能""教育信息化""高考综合改革"等关键词。

由于大数据技术的特殊性以及综合素质评价的复杂性与困难性,导致大数据应用于综合素质评价不是简单的技术应用,而需要考虑多方面、多层次因素,这就要求综合素质评价的实施需要多方保障。对此,田爱丽指出,建设全域的数据终端、科学的评价模型,以及给予较强的算力支持并强化对学生隐私的保护是实施基于大数据综合素质评价的保障条件。[14]郑东旭等人建议引入区块链技术,构建以联盟链为核心的学生综合素质评价系统,可在宏观治理层面支持弱中心化的评价联盟运行,在中观评价层面实现安全、可信、溯源的数据录入等,以解决综合素质评价现存问题。[15]无疑,区块链技术的加入,完善了综合素质评价体系的相关功能,可为综合素质评价工作的顺利开展保驾护航。

为保证综合素质评价实施的有效性,管华、薛嘉晖提出,综合素质评价需要实现在高考中"硬挂钩"、采取"底线+个性"评价方式、高校及专业成为评价主体等三大逻辑前提后,才能真正发挥大数据等技术在综合素质评价中的作用[16];张治认为,"政策制度作为保障、管理机制作为支撑、技术手段提供支持、社会文化浸润引导"[17]是综合素质评价模型实施的特定条件。由此可见,要增强大数据技术在综合素质评价中的充分使用需要营造一种良好的评价生态,多方面协同保障综合素质评价从制度设计到有效实施全过程,才能使综合素质评价稳稳"落地"、扎根。

(四)"评价安全困扰"研究主题

该主题包括"综合素质评价系统""区块链""评价机制""校本化""测评工具"等关键词。

通过梳理已有文献,可以看出诸多学者在构建大数据技术应用于综合素质评价的框架时,也意识到了这一设计存在着制度、技术尚不成熟,信息安全存在隐患等问题。对此,万飞、李永义针对大数据时代下的隐私问题进行了反思,认为由于难以对隐私信息进行特殊处理,会给处在特殊境地的学生带来成长发展困扰。[18]事实上,由于大数据的隐私安全保障体系尚未完善,我们在便捷地获取学生全方位信息的同时,也使学生陷入个人信息更大可能被泄露的境地。以美国的教育大数据 inBloom 为例,其短时间内就被迫关闭的主要原因便是存在重大信息安全风险。[19]由此可知,基于大数据技术的综合素质评价实施还面临诸多问题亟待解决。

四、研究的未来展望

1.攻克"难点":探寻大数据技术与综合素质评价实施的深度融合路径

大数据技术是新时期推进综合素质评价常态化实施的重要变革力量。但已有研究显示,国内关于大数据技术应用于综合素质评价实践的研究尚处在萌芽阶段[20],

且尤为缺乏其在教育领域中的融合性探索和实践应用。[21]截至2023年2月19日，也仅有86篇文献就该主题展开论述，且多是理论层面的构想，具体实践的典型案例和有益探索还较少。因此，在新时期，无论是作为理论研究者，抑或是实践探索者，都需要潜心钻研大数据技术与综合素质评价实施深度融合的理论基础、耦合机制、操作模型等核心议题，进而群策群力攻克“难点”，以期为综合素质评价顺利“落地”提供有力支持和重要保障。

2.疏通“堵点”：创新学生数据采集及交互共享的技术手段

在大数据技术的广泛应用下，深入挖掘、收集学生在不同空间场域内的全方位立体化数据，进而精准勾勒学生的数字“画像”成为可能。有研究指出，尽管“三通两平台”建设已经积累了大量学生成长信息，但由于当前尚未形成良好的教育大数据生态体系，因而还不能为学生综合素质评价系统提供多维海量数据。[22]受此局限的束缚与影响，学生活动数据的不足和结构性缺失会阻碍评价内容的全面，进而影响学生评价结果的真实、有效。因此，在未来研究中，非常有必要思考如何拓宽数据采集渠道、开发数据交互共享技术等问题以疏通改革“堵点”，进而为学生综合素质评价的科学化实施提供完整的基础数据和“证据链条”。

3.消除“盲点”：强化学生信息安全的制度保障

信息安全是大数据蓬勃发展背景下社会各界十分关注的议题，是保障大数据优势在综合素质评价中充分发挥的前提。但通过文献梳理发现，学生的信息管理、平台的安全维护等相关制度保障研究尚未有较多涉及。为消除此“盲点”，在未来研究中，应强化以下两点：一方面，要加强使用者对数据的安全意识，在采集数据的过程中要注意保护学生的隐私。尤其对于一些特殊家庭、患病学生，个人信息的泄露极有可能带来自卑、焦虑、抑郁等心理困扰。因此，“平台采集学生信息之前需要告知学生及其家长，在学生和家长同意的情况下与之签订数据使用说明协议书”[23]，做到尊重和维护学生信息安全。另一方面，社会相关部门要做好学生数据的保护工作，使大数据不论是在使用过程中还是使用后，都有相关的规则、制度可以依靠和遵循，保障评价全过程的信息安全。如定期对学生信息系统进行安全检查、防火墙监测，加强技术层面的安全保障等，确保学生的数据不被泄露。

参考文献

[1]储常连.立“五维”破“五唯”推进教育评价现代化[N].中国教育报，2020-10-30(6).

[2][7][10]杨鸿，朱德全，宋乃庆，等.大数据时代学生综合素质评价：方法论、

价值与实践导向[J].中国电化教育,2018(1):27-34.

[3]戚业国.推动学生综合素质评价的四个着力点[J].教育测量与评价(理论版),2015(4):1.

[4]张鹏高,张生,李宣宣.基于大数据的教育质量综合评价[J].中国教育信息化,2015(5):12-14.

[5]朱德全,吴虑.大数据时代教育评价专业化何以可能:第四范式视角[J].现代远程教育研究,2019,31(6):14-21.

[6][8]吴智鹏.高中生综合素质评价新理念及其实现路径:基于"大数据思维"[J].赣南师范大学学报,2018,39(2):114-118.

[9][16][20]管华,薛嘉晖.大数据和区块链技术在综合素质评价中的应用[J].教育与考试,2020(5):5-11+26.

[11]王殿军,鞠慧,孟卫东.基于大数据的学生综合素质评价系统的开发与应用:清华大学附属中学的创新实践[J].中国考试,2018(1):46-52+66.

[12]龚春燕,何怀金,贾玲,等.重庆模式:大数据评估促进教育决策科学化[J].中小学管理,2015(8):7-10.

[13]张治,戚业国.基于大数据的多源多维综合素质评价模型的构建[J].中国电化教育,2017(9):69-77+97.

[14][23]田爱丽.综合素质评价:智能化时代学习评价的变革与实施[J].中国电化教育,2020(1):109-113+121.

[15][21][22]郑旭东,杨现民.基于区块链技术的学生综合素质评价系统设计[J].现代远程教育研究,2020,32(1):23-32.

[17]张治.大数据背景下普通高中综合素质评价研究[D].上海:华东师范大学,2017:256-258.

[18]万飞,李永义.大数据下初中学生综合素质评价研究:以东莞市松山湖实验中学为例[J].中小学德育,2018(3):21-23+28.

[19]张洪孟.教育虚拟社区伦理失范预警模型构建研究[D].山东:曲阜师范大学,2015:2.

Hot spots and future prospects of the application of big data technology in comprehensive quality evaluation research

Wang Hongxi　Li Tingting

Abstract: The application of big data technology in the research on comprehensive quality evaluation is the focus and core category issue of professional and high-quality student evaluation in the new era. Based on CiteSpace, a visual analysis was made of the spatio-temporal knowledge map and hot spots of the application of big data technology in comprehensive quality evaluation in China. The results show that the number of published papers in this field gradually increases with year; stable collaborative relationships and sharing mechanisms between research institutions have not yet been formed; and hot spots of researches mainly include "big data thinking and technology" "evaluation models" "evaluation guarantee mechanisms" "evaluation security problems" and other spots. In the new era, we should explore the deep integration path of implementation of big data technology and comprehensive quality evaluation to overcome the "difficulties", innovate the technical means of student data collection and interactive sharing to clear the "blocking points", and strengthen the institutional guarantee of student information security to eliminate the "blind spots".

Key words: big data technology; comprehensive quality evaluation; knowledge map

高质量发展背景下课堂评价的几对辩证关系*

姬国君 李佳莉 李颖

摘要:进入新时代的新发展阶段,教育评价被赋予了追求高质量的时代使命和价值追求。课堂评价作为教育评价体系的核心要件,也承担着建立高质量评价体系的重要职责。然而目前,在实践中发现课堂评价重心、评价时机、评价标准、评价主体、评价方式等方面存在诸多认知误区和行为失当,制约着课堂评价功能的发挥与教育评价改革的发展。要减少课堂评价实践工作的盲目性、随意性,在课堂评价重心上,需要处理好课堂评价与教学评价的关系;在评价时机上,需要处理好及时反馈与课后反馈的关系;在评价标准上,需要处理好客观评价与主观评价的关系;在评价主体上,需要处理好自我评价与他人评价的关系;在评价方式上,需要处理好单一评价和多元评价之间的关系。

关键词:课堂评价;评价重心;评价时机;评价标准;评价主体;评价方式

作者简介:姬国君,河南大学教育学部副教授,河南大学教育考试与评价研究院研究员;李佳莉,河南大学教育学部硕士研究生;李颖,河南大学教育学部硕士研究生(本文通讯作者)。

党的十九届五中全会明确提出了“建设高质量教育体系”的战略目标,为逐步实现这一目标,加快推进教育高质量发展,中共中央、国务院于2020年印发了《深化新时代教育评价改革总体方案》,强调树立科学的评价理念,重视过程评价在实现育人目标过程中的作用。课堂评价作为一种典型的过程评价,以促进学生高质量学习和发展为核心目标,因其与课程、教学、评价的紧密联系而成为新时代追求高质量教育和推动教育评价变革的突破口。然而,由于人们对课堂评价实践中的一系列核心问

* 本文系国家社会科学基金2020年度教育学青年课题“促进初中生创造力发展的课堂评价研究”(项目编号:CHA200263)研究成果之一。

题缺乏正确的认识,使得课堂评价的价值难以发挥。为此,需要迫切厘清并正确处理课堂评价所涉及的几对基本关系,走出当前教育评价改革认识和实践中的深水期。

一、处理好课堂评价与教学评价之间的关系

随着人们对主体性理念的反思日益普遍,课堂评价的重心问题引起普遍关注。学者们倡导扭转传统课堂教学中学生被动、教师拥有绝对话语权的局面,积极为学生增权赋能,强调学生在课堂中的主体地位,以及在课堂评价中的重心地位。

(一)评价误区:评价重心的异位

一线课堂教学中,课堂教学和评价重心的异位问题历来是教育改革的痛点,教师仍然囿于旧习,难以打破主导课堂的传统,学生成为“悬在半空中”的主体。课堂教学重心下移路径受阻,很大程度上在于评价重心的偏离。评价的调控、引导、激励等功能,制约着课堂教学中师生模式的发展变化。因此,纠偏评价重心、厘清课堂评价与教学评价之间的关系才是突破当前主体性瓶颈的关键。

关于课堂评价与教学评价的内容,学者们众说纷纭。有学者认为,教学评价是在对课堂教学所涉及的各要素优化组合的基础上做出的分析、判断,因此,对教学评价广义的理解,认为应包括学生学业成绩的评价,教师教学质量的评价,课程的评价。[1]而关于课堂评价,一种观点认为它仅仅是对学生的评价。这种观点认为课堂评价的目的是收集学习信息以改善教学,因此,课堂评价应当是对学生学业成就的评价,而不包括对教师教学的评价。[2]也有观点认为,课堂评价即指课堂教学评价,它包括对学生的学、教师的教,以及这两者之间关系的评价。[3]由此可见,教学评价和课堂评价的内容存在一定程度的交叉,这些交叉一方面是由于其评价目的相同,都旨在依托评价来改善课堂教学质量,促进学生发展,最终实现育人旨趣;另一方面则是因为双方评价方式相同,不论是课堂评价还是教学评价,其方式都涉及对课堂教学中各要素信息的收集,包括教师教学行为、学生学习状况、师生关系、教育工具的使用、课堂教学组织方式的选择等。正是这些交叉,造成了实际评价中的混乱,评价者将课堂评价和教学评价混为一谈,课堂评价的地位难以突出,其对学生主体地位的强调作用也难以有效发挥。

(二)意蕴澄清:从教学评价转向课堂评价

我们应当清楚地认识到,虽然课堂评价和教学评价存在交叉,但实际工作中的侧重点不尽相同。教学评价是更加侧重对“教师所教”的评价,而课堂评价的重心则在于“学生所学”。当前课堂虽然有合作探究、有对话研讨,看上去“闹哄哄”的,但是学生的思维却是“静悄悄”的。无法真正从以“教”为主转向以“学”为主,课堂就无法激发学生的潜能和创造力。以“教”为主的课堂从教育评价的偏向上就可以窥见。当前的教育评价在观念和制度上并未彻底从教学评价转向“教—学”双中心的评价模式,过于聚焦教师“教”的结果,“以教评教”,而忽视学生“学”的质量。例如,在调研中发现,许多学校都将课堂教学评价当作教研活动来开展,评价的对象演变成了教师的课堂传授和课堂管理,关注教师在课堂上是否按照教学目标传授教学内容,是否有能力创设秩序井然、和谐融洽的课堂环境,而忽视了学生在课堂中的参与和成长。让学生成为课堂的主角,简单化地把课堂时间、空间留给学生是不够的,还应该在评价中充分彰显学生的主体性。

因此,必须进一步澄清课堂评价与教学评价的关系,评价的一级指标应该包含“教师的教”和“学生的学”两个维度。[4]“以促学习、促发展为目标”的课堂也应该是二维的,应该在重视教学评价的传统之上,突出课堂评价的作用。尽管教学评价也能够通过提高教师的专业素养、改善课堂教学水平来促进学生的成长发展,巩固学生的主体地位,但是要想真正使“悬在半空中”的主体性落到实处,必须走出评价误区,重视高质量的课堂评价。高质量的课堂评价对教育质量的提升及学生的成长起着决定性作用。[5]充分利用高质量的课堂评价来为学生赋能,挖掘和激发学生的各项潜能,使学生能够利用自身意识与能力去掌握课堂的主动权,积极参与到课堂和课堂评价之中,而不是被动地接受下移的“权柄”,以此来扭转学生虚假主体性的局面,真正发挥评价的育人功能。

二、处理好及时反馈与课后反馈之间的关系

课堂反馈通常是指教师在课堂教学过程中根据教学目标,收集和判断学生学习信息并作出反应,再将信息传输回学生的过程。这一过程包含三个环节:(1)收集信息。这些信息包括学生的学习方式与行为、学习技能与水平、学习态度与情绪、学习结果等。(2)编码与评价。教师要对所收集到的学生信息进行编码分析,判断和评价

学生信息所反映出的认知发展水平、思维方式、动机与情感等。(3)作出反应。这是教师反馈的关键环节,教师在对学生的课堂表现作出价值判断后作出言语或非言语反应,并确保学生能够接收到反馈信息。教师可以根据对评价时机的把握选择及时反馈或课后反馈。

(一)评价误区:评价时机的错位

课堂评价时机涉及教师对课堂进程和学生状态的把握,是教师关于课堂反馈的思考与判断。教师反馈的时机能够直接影响课堂教学效果。及时反馈是教师第一时间对学生的课堂表现作出反应,给予学生即时强化,这种反馈伴随着课堂教学的全过程而存在。课后反馈是教师在课堂结束后,运用更多评价方式对学生作出更全面、完善的反馈。及时反馈能够提高学生行为的反应程度,如在课堂上立即对学生的回答作出口头表扬、会心一笑等反馈,能够增加学生回答问题的频率,增强学生的自信心,提高学生参与课堂的积极性和主动性,甚至带动整个课堂形成良好的课堂氛围。除此之外,对课堂中学生注意力不集中、思维进入误区等消极行为,教师及时的反馈和处理也能够快速"唤醒"和点拨学生,确保课堂的高效运转。课后反馈在课堂教学中也具有独特的优势。主要体现在以下几个方面:第一,课后反馈有利于更加准确地编码信息,作出更加理性、深刻的评价。及时反馈要求教师对学生的课堂表现快速作出反应,教师收集信息和编码信息的时间较短,更多的是依据教学经验和主观感受作出反馈,无暇顾及评价的深刻性、全面性。而适当地延缓评价,在课堂上留出"空白",教师能够在课后借助作业、观察、与家长交流等方式深入探究学生课堂的种种表现及其原因,避免产生偏见和误解,对学生造成不必要的伤害。第二,课后反馈是课堂的延伸,是对课堂知识的巩固和拓展,能够增强课堂教学效果。第三,课后反馈能够在课堂上给学生留出充足的时间展示、思考和探究,能够拓展学生思维的广度和深度。然而,课堂教学是一个动态生成的过程,评价时机往往转瞬即逝。对课堂情况的误判和课堂评价惯习的影响都可能导致评价时机的错位,从而削弱课堂评价效果。

(二)实践厘正:从固化转向灵活

及时反馈和课后反馈是教师课堂评价时机的选择,是教师对有利客观条件的分析和把握,并没有优劣之分。教师理应摆脱思维固化,相机而行、因人制宜,力图将反馈效果最大化。反馈时机的把握是教师课堂教学评价的重点和难点。教师要正确处理及时反馈和课后反馈的关系,既要小心错过课堂中转瞬即逝的评价时机,又要防止及时反馈的滥用。时机的把握是有迹可寻的,并非只能依靠个体的主观经验去把握。

首先,教师选择及时反馈和课后反馈要依据学生个性和学习特点。教师对学生要"视其所以,观其所由,察其所安",然后因材施教。同样地,教师也要在充分了解学生的基础上提供课堂反馈。对于内向型学生,更倾向于正向的及时反馈和负向的课后反馈。对于冲动型认知风格的学生,教师应该适当地延缓评价,在课后予以反馈,让其在课堂上全面深入地思考。其次,及时反馈和课后反馈的选择还要依据学生在课堂中的学习状态。当学生课堂参与度不够或课堂氛围陷入僵局时,教师应该及时地做出评价反馈,提供支架,启发诱导,确保课堂教学的有序性和学生学习的高效性。当课堂开展合作性学习或进行"头脑风暴"时,教师要慎用及时评价,这时使用及时反馈易打断学生的思考和交流,使学生丧失热情,不利于学生创造性的激发。最后,教师的反馈评价要有前瞻性和预见性。整个的课堂进度和评价影响也是选择及时评价和课后评价的重要依据。反馈服务于教师和学生对课堂的反思和改进,不能"喧宾夺主",当及时反馈可能影响到课堂进程时,教师要灵活地选择课后反馈。此外,教师也要意识到,计算机系统的反馈机制和课堂反馈机制根本的不同在于,课堂反馈的对象是有思想、有灵魂的"人",有着真实性和情境互动的能力,教师反馈信息时要充分考虑反馈可能对学生产生的结果,何时评价、如何评价都要始终坚持教育评价的伦理性原则。

三、处理好客观评价与主观评价之间的关系

低效性等突出课堂问题的解决依赖于评价标准的制定,课堂评价标准的有无、刚性或弹性都需要正确处理客观评价与主观评价的关系。在实践中,对这一问题的处理存在两种错误倾向,导致了课堂评价标准的分化。

(一)评价误区:评价标准的分化

第一种错误倾向是"拿来主义",将课堂评价标准神圣化、教条化,将其看作不容更改的标尺。受理性主义思想的影响,部分教师在进行课堂评价时要注重依据固定的标准,主张搜集有说服力的论据,如学生举手次数、学生测验成绩等,但是在实际评价工作中,却走向了极端。教师对主观的价值判断和经验性描述避之不及,企图仅仅依靠客观的标准来衡量课堂活动结果与预设课程教学目标的契合度,将价值取向问题排除在课堂评价活动之外,过度依赖科学范式。例如,将课堂中教师提问次数作为

评价教师是否“善于引导学生主动学习、合作学习”的标准，忽视了师生的主观感受才是有价值的衡量尺度。与此同时，客观的课堂评价标准实际上是各评价主体所达成的主观共识，是对理想课堂效果中典型现象的一种模糊描述。故据此所作出的课堂教学质量评价在一定程度上仍然是具有主观性的。课堂评价不单依靠技术，还会因其目的、主体和对象的特殊性而有所改变，不可能做到纯粹的价值中立。自 20 世纪 60 年代，社会批判思潮兴起以来，人们就已经逐渐认识到价值问题在评价中的地位，不再将评价看作不涉及价值问题的数据测量和评定。不可否认，实证式的客观评价是全面、准确了解课堂效果，以及提高教师专业化水平的重要保证，但经验性的主观评价亦是评价过程中的关键要素。没有任何一套课堂评价指标能够脱离主观经验就描述出课堂真实效果。正如使用课堂教学量化评价表进行教师评价时，“语言准确、有感染力”“现代教学技术应用适时适度”等评价指标都需要评价者依据主观感受和主观经验进行判断和打分。只要涉及主观感受和主观经验，便不可能做到绝对的客观、统一。

第二种错误倾向是“放任主义”，仅仅将主观经验作为课堂评价的依据，以己度人、盲目定性，课堂评价有较强的随意性。有学者指出，教师课堂评价由于主观偏见，容易滋生“投射效应”“晕轮效应”“标签效应”和“权威效应”等负向效应。[6]这一倾向遭到质疑，一是由于其实施操作的可行性。要求评价者以一种纯粹经验式的方式来评价课堂教学的计划、活动和结果，除要求不受价值观的影响，保持绝对的客观、理性，还要求评价者拥有大量的课堂经验和课堂评价经验，拥有全方位观察、体会、总结和反思，以及教育鉴赏的能力，这对各方评价主体来说都是极大的挑战。二是由于其实施结果的公平性。没有客观的评价标准，教师全凭主观感受、个人好恶对学生表现进行评价，使学生无法把握优质课堂标准，无法受到引导和激励，这样的课堂如同“悬在半空”。此外，纯主观的课堂评价没有可供记录和考察的评价实在“证据”，评价结果无法检验和比较，具有极大的盲目性和风险性，其有效性和公平性自然无法令人信服。

（二）理念纠偏：从二元对立转向主客观统一

追求课堂评价的极端客观或过度随意，根本原因在于没有处理好客观评价与主观评价之间的关系，二者并非水火不容、非此即彼的关系，而是相辅相成的。并非追求客观便要摒弃一切具有主观倾向的因素，也并非只有盲目的、毫无标准的主观。一方面，在进行课堂评价时，评价主体首先应当明确评价目的，避免目标的泛化和随意，秉持客观公正的评价态度，依据客观、真实的评价标准，借助于科学的评价工具对课堂评价对象的相关信息进行收集、反思和评价,使评价做到“有理有据”。避免作出偏颇、轻率、笼统的课堂评价,影响课堂效果的发挥,阻碍学生和教师的发展。另一方面,也要灵活使用主观性评价来激发学生的个性潜能。整齐划一的课堂标准缺少必要的弹性空间,用来评价不同风格的教师、不同个性的学生、不同性质的课堂等具有较低的适切性。基于经验对个体展开的艺术性的教育鉴赏是挖掘课堂特色、激发学生潜能的理想手段。通过这种鉴赏能够更准确、深刻地认识评价对象,作出客观而鲜活的评价。

四、处理好自我评价与他人评价之间的关系

课堂评价活动的复杂性集中体现在评价参与人员的广泛性,其核心在于评价主体的抉择。课堂评价主体要求是对课堂教学有着深入了解,掌握必要的评价知识和经验,能够对课堂教学结果做出一定价值判断的相关人员。这一相关人员既可以是自我,也可以是他人。

(一)评价误区:评价主体的单极化

我国长期以来过于集权化、行政化的教育督导传统渗透到学校管理的各个方面,使得我国课堂评价主体走向单极化。马克斯·范梅南(Max van Manen)认为,教师应当运用教育机智,“机智的行动是一种对情景的即刻投入,在情景中我必须全身心地对出乎预料的和无法预测的情境作出反应”[7]。而在单极评价主体模式下,教师课堂教学“按部就班”“一成不变”,难以保持对情境的敏感度,教育机智也难以激发。与此同时,学生在课堂教学中也处于被动,主体性、积极性被压制。然而,课堂情境中师生的热情和互动正是创生性课程和教学的关键,长此以往,课堂中就难以迸发“生机”,这无疑与课程教学评价改革的目的背道而驰。总而言之,单极化的课堂评价主体使得当前的课堂教学走向僵化,制约着良性课堂评价生态的形成以及健全课堂机制的构建。

(二)逻辑矫正:从单极转向多极

在新一轮教育评价改革背景下,要使课堂评价发挥其发展性、教育性、创造性功能,打破闭塞的评价环境,实现评价主体从“一”到“多”的转变已经成为必然趋势。

多极化的课堂评价离不开外在的他人评价和作为课堂主体的学习者自我评价的有机结合。在多元的课堂评价主体当中，教师往往是澄清、分享学习目标与成功标准的发起人，掌握着设计课堂讨论活动和任务的主动权[8]；家长的评价往往起着对课堂教学效果的检视功能，以及对学生课堂积极性的调动功能；而学生同伴则是信息反馈者、激励者。不同主体在进行课堂评价时着眼于不同的评价标准。外在标准用于成果的评价，内在标准用于过程的评价。课堂评价应当兼而有之。[9]标准不同，其功能的发挥机制亦存在差异。不论是教育管理人员、教师、家长还是学生同伴，他人评价功能都是以作用于学生为中介的。美国社会学家查尔斯·霍顿·库利（Charles Horton Cooley）的"镜中我"理论认为，个体在与他人的互动中获得自我认识，并影响自己的行为。[10]他人的评价就像是一面镜子，是行为产生和调整的参照。在课堂之中，教师的奖励和惩罚激励和引导着学生的行为表现，同伴间的课堂互动能够给学生提供即时性的反馈信息，家长亦是课堂效果的观察者、评价者。多元评价主体的积极参与，拓宽了课堂评价的视野。而自我评价是学生对自己学习的判断、反思和调控的过程，即学生基于标准对自己的学习过程做出判断，基于标准和监控过程中获得的内外部反馈进行学习的改进，以此实现自我调节学习。[11]这不仅是学生课堂知识的再建构过程，同时也是对课堂参与的动态审视，让学生时刻保持自觉，同时，也能够促进教师的专业发展。因此，他人评价和自我评价皆是提升和改善课堂质量必不可少的评价方式。

正确处理好自我评价与他人评价之间的关系，必须坚持辩证思维。要认识到自我评价与他人评价并非二元对立、非此即彼的关系。应当牢牢把握以下关键：一方面，应该拓宽评价视角，呼吁多元主体参与。从各个评价主体的需要和视角出发对课堂教学给予更多元、更全面的评价和建议，从而提高评价的全面性、整体性和价值性。[12]将自我评价和他人评价统一起来，多元主体形成合力，促进课堂评价育人功能最大限度地发挥。另一方面，正确处理自我评价与他人评价之间的关系应当把握好二者结合的"度"，在结合中找到平衡点。应该认识到多元主体的参与，打破了管理者对课堂教学评价的"垄断"局面，这对于教师的专业发展及学生学习主动性的提升都具有很大影响；同时多元评价主体也在一定程度上造成了整体课堂教学评价的低效甚至无效。部分理论研究者与实践者单纯地强调多元主体平等参与，人人都是主体无异于没有真正的主体，使评价最终流于形式。[13]因此，自我评价与他人评价的结合应当是有主次、有分寸的结合。

五、处理好单一评价和多元评价之间的关系

在课堂评价中,评价方法的选用涉及教育价值、教育理论,乃至教育的政治、经济背景。评价方法分为量化评价和质性评价两种。量化评价的出发点,是在于把握被评价对象外在的量的规定性,掌握其数量特征。质性评价追求的是被评价对象内在的质的规定性,把握其质的内涵。[14]

(一)评价误区:评价方式的片面化

在实际选用评价方式时,人们倾向于使用单一量化的方式来衡量课堂教学效果。受社会本位教育观的影响,教育被看作国家培养和选拔社会所需人才的手段和工具。科举制度作为一种仅以测试结果为评价依据的量化评价,为封建君主和封建社会输送了大量的优秀人才,也因此奠定了它与中国封建社会长期共存的地位。诸如此类的单一评价因其易操作、易评价、可比较、可检验等特性,一直影响着我国的教育评价方式。西方教育测量学的发展更是巩固了单一量化评价的地位。以单一的、标准化的测验结果来“直观”地评价课堂教学是否高效、学生学习是否成功,似乎就能够使教育更加科学化。尽管20世纪60年代以后,单一量化评价势头逐渐减弱,质性评价日益被人们接受。但随着信息化时代的到来,不少学者聚焦大数据驱动信息技术与教育评价的融合,致力于新型课堂评价量表的开发、现代化课堂评价工具的研究,认为“量化”的评价方式更有利于提高教育评价的科学化和现代化,使得量化评价又呈现上升势头。与定性评价相比,定量评价具有客观、精确的优势,能够用大量数据说明课堂教学的状态与趋势。[15]例如,一些教育机构研发学习状态测评系统,上课期间,系统自动采集学生面部表情来记录学生听课状态,获得量化数据来评价课堂效果。量化课堂评价的前提假设是复杂的课堂现象可以简化为一系列可观察、可测量的数量,进而通过数量分析和比较来推断课堂教学结果。这种量化和标准化的评价方式能够帮助评价主体快速收集课堂信息,操作简便、结果直观,既有利于评价者快速抓住课堂教学的薄弱环节,也有利于及时反馈,对学生和教师的行为产生刺激,直接作用于课堂质量的改善。

然而,对人类行为的评估应该是一个分析性的过程,而不是一个单一的分数总结。[16]单维性、数量化的评价只能为课堂评价主体浅显地呈现学生课堂知识的掌握情况,无法对结果背后的学生特质与差异、学生的整体素质状况做出判断,如此测量

反映出来的只能是“单面的人”，也不足以作为一堂好课的标准。同时，受单一量化评价的影响，教育的选拔功能突出，走向重结果轻过程的误区，这一以结果为导向的评价思想牵动着课堂教学和评价走向功利化，导致评价目的与评价手段本末倒置。课堂评价偏重学生知识的增长和技能的提升，忽视学生的差异性和独特性，阻碍学生创造力的发展。

随着经济发展，单一量化的评价方式已经难以满足社会对于多元人才和综合素质人才的需要，加之以人为本理念的兴起，人们逐渐对单一量化评价的弊端有了清醒的认识，学者们纷纷批判单一量化的评价方式，倡导定量和定性并行的多元评价理念。并随着建构主义理论和多元智能理论的引进，多元评价理念得到了更充分的理论支持。[17]建构主义强调学习的个体建构性，每个学生的发展水平、认知结构、学习动机都是不同的。并且建构主义支持评价目标的游离，反对机械反映论。因此，课堂评价不应该以单一量化评价来表征学生的学习状况，而应力求通过图片、文字等非数量化信息对评价对象的全貌作出真实、深刻描述的质性评价，这能够很好地填补量化评价在学生情感动机、教师教学机智、课堂气氛等方面的空白。同时，也是弱化评价的甄别、遴选功能，凸显评价育人功能的有效手段。多元智能理论倡导多种多样的、以评价促发展的评价观，是一种超越了传统的以标准的智力测验和学生学科成绩考核为重点的评价取向。[18]课堂评价不能依据标准化评价结果“以偏概全”，主张采用多种途径来衡量课堂效果。

（二）价值厘清：从偏重转向整合

处理好单一评价和多元评价之间的关系，从偏重转向整合既是逻辑必然，也是开展“育人取向”的课堂评价的有效途径。单一的量化评价虽然在保障公平、帮助课堂评价主体快速获得特定信息中发挥了重要作用，但是忽视了课堂教学的复杂性和评价对象的差异性，而多元评价方式则能够适应复杂多变的课堂情境，刻画出一个个生动具体、多维立体的评价对象。因此，要转变目中无“人”的课堂，必须由单一量化评价转向量化与质性评价方式的结合。当然，这种多元的评价方式也对评价者提出了更高的要求。一是要求评价者必须拥有丰富、专业的课堂评价经验和技巧，既能够发现课堂所反映出的哪怕是极微小的现象，又能够洞察课堂中本应该有却没有产生的效果；二是要求评价者在价值判断的同时保持公正客观，保证评价结果的真实性和准确性。需要评价者统整两种评价方式，将二者有机结合，视评价目标和评价对象灵活选择适当的评价方式，真正做到“以评促教”“以评促学”。

参考文献

[1]王道俊,郭文安.教育学[M].北京:人民教育出版社,2016:244.

[2]郑东辉.教师需要怎样的课堂评价技能:对美国经典教材的考察[J].教育发展研究,2014,33(02):50-56.

[3]丁念金.素质文化视野中的课堂评价理念[J].全球教育展望,2011,40(12):3-8+30.

[4]余艺文.美国教师课堂教学评价[J].课程·教材·教法,2003,23(11):71-74.

[5]曾琳.关注课堂评价的质量:美国的研究与实践[J].外国中小学教育,2014(06):33-39.

[6]王帅.教师课堂评价偏见:形成、效应及矫正[J].课程·教材·教法,2014,34(02):32-38.

[7]范梅南.教学机智:教育智慧的意蕴[M].李树英,译.北京:教育科学出版社,2001:162.

[8]郑东辉.促进深度学习的课堂评价:内涵与路径[J].课程·教材·教法,2019,39(02):59-65.

[9]钟启泉.课堂评价的挑战[J].全球教育展望,2012,41(01):10-16.

[10]林崇德,何本方.中国成人教育百科全书 社会·历史[M].海口:南海出版公司,1994:509-510.

[11]李静.指向自我调节学习的学生自我评价研究述评[J].全球教育展望,2018,47(08):48-58.

[12]刘志军,徐彬.我国课堂教学评价研究40年:回顾与展望[J].课程·教材·教法,2018,38(07):12-20.

[13]卢立涛,梁威,沈茜.我国课堂教学评价现状反思与改进路径[J].中国教育学刊,2012(06):43-47.

[14]柏成华.高校教师工作绩效评价改革的思考[J].西南民族大学学报(人文社科版),2009,30(09):269-273.

[15]郁倩.中小学课堂教学评价的现实问题与改进路径[J].教学与管理,2020(15):5-7.

[16]泰勒.课程与教学的基本原理[M].施良方,译.北京:人民教育出版社,1994:85.

[17]张宇.整合与超越:从单一到多元教育评价发展之路[J].湖南师范大学教育科学学报,2014,13(06):38-41.

[18]钟志贤.多元智能理论与教育技术[J].电化教育研究,2004(03):7-11.

Several dialectical relationships in classroom evaluation under the background of high quality development

Ji Guojun　Li Jiali　Li Ying

Abstract: Entering a new stage of development in the new era, educational evaluation has been endowed with the mission and value pursuit of pursuing high quality. Classroom evaluation, as a core element of educational evaluation system, also plays an important role in establishing a high-quality evaluation system. However, currently, there are many cognitive misconceptions and inappropriate behaviors in the focus, opportunity, criterion, subjects, and methods of classroom evaluation in practice, which restrict the full play of classroom evaluation functions and the development of educational evaluation reform. To reduce the blindness and arbitrariness of classroom evaluation practice, it is necessary to handle the relationship between classroom evaluation and teaching evaluation in the focus of classroom evaluation; In terms of evaluation opportunity, it is necessary to handle the relationship between timely feedback and post class feedback well; In terms of evaluation criteria, it is necessary to handle the relationship between objective evaluation and subjective evaluation well; On the subject of evaluation, it is necessary to handle the relationship between self-evaluation and the evaluation of others; In terms of evaluation methods, it is necessary to handle the relationship between single evaluation and multiple evaluations well.

Key words: classroom evaluation; evaluation focus; evaluation opportunity; evaluation criteria; evaluation subject; evaluation method

走出“浅层化”的地方高校课程思政教学质量评价的实践研究*

张瑞

摘要：课程思政教学质量评价是课程思政发挥育人效果以及立德树人落地生根的保障。由于课程思政教学质量评价尚处于起步阶段，地方高校课程思政教学质量评价实践存在评价体系碎片化、评价行为短期化、评价方式单一化、评价与学科专业特色发展相游离化、评价过程监测零散化等“浅层化”现象。因此，有必要构建完整、协调的课程思政教学质量评价指标体系，建构评价行为长期化的内驱机制，创新课程思政教学质量评价方法，建构课程思政教学质量评价与学科专业特色发展相融的嵌入机制，加强课程思政教学质量评价过程系统化监测，从而助力地方高校课程思政教学质量评价走出“浅层化”现象。

关键词：课程思政；教学质量评价；“浅层化”现象

作者简介：张瑞，南宁师范大学教育科学学院教授、博士研究生导师、教育学博士，主要研究方向为课程与教学论、教育评价。

2020年5月，教育部印发的《高等学校课程思政建设指导纲要》明确提出“建立健全课程思政建设质量评价体系”的发展要求。2022年7月，教育部等十部门印发的《全面推进“大思政课”建设的工作方案》明确规定“高校要建立校领导、教学督导、马克思主义学院班子成员、思政课教师和学生参加的多维度综合教学评价工作体系，重视教学过程评价……用好思政课教学评价结果”。课程思政是新时代高校思想政治工作的重要内容，同时也是高校提高人才培养质量的重要任务。要想积极推动高校各类课程与思政元素融合，不断提升课程思政的教学质量，根本的一点就是建立体

* 基金项目：广西教育科学“十四五”规划2022年度广西教育科学重点研究基地重大课题《协同融合视域下广西高校课程思政教学质量评价体系研究》（2022JD09）。

系完备的课程思政教学质量评价机制。课程思政教学质量评价是对实践中的课程思政教学进行评价,其目的是确保课程思政育人作用的发挥,在提升课程思政教学实效性的基础上推动立德树人任务真正落地生根。同时,课程思政教学质量评价也有助于强化不同学科与思想政治相结合的精准性,为课程思政和思政课程的同向同行提供现实依据,使课程思政建设行之有效、行稳致远。故此,在分析当前地方高校课程思政教学质量评价“浅层化”现状与问题的基础上,提出解决“浅层化”现象的课程思政教学质量评价实践建议。

一、地方高校课程思政教学质量评价“浅层化”现实表现

(一)高校课程思政教学质量评价体系碎片化

课程思政教学质量评价是提升课程思政育人效果的重要保障,是全面推进课程思政实施的核心环节。但是,当前高校课程思政教学质量评价体系呈现出“碎片化”的实然状态,“碎片化”原意是指完整的东西破碎成许多零散的部分。高校课程思政教学质量评价体系“碎片化”主要是指构成整个课程思政教学质量评价的各级各类评价系统之间缺乏一定的“联结”与“一致性”,导致评价体系内各级各类评价之间的分散化,甚至是相互之间存在重复、矛盾或冲突,进而导致难以从整体上发挥课程思政教学质量评价体系的全部潜能。课程思政教学质量评价指标代表性不足,评价内容繁多,这种应接不暇的评价导致整个高校课程思政教学质量评价体系分散无聚焦。

(二)高校课程思政教学质量评价行为短期化

高校课程思政教学质量评价行为短期化,指的是在高校课程思政教学质量的评价过程当中,衡量其教学水平的高低、鉴定其教学效果的优劣,出现了中断或者终止的情况,不具备连续性。也就是说在这个过程当中所发生的行为,只为应对当局任务,忽视了高校课程思政育人的长期效果。目前课程思政教学质量评价多以同行听课或管理者听课为主,安排听课时间频数少,间隔周期不合理,不利于教师自身明晰是否达到思政目标,是否真正将课程思政与教学融会贯通,以实现课程思政的育人目的。由于课程思政教学质量评价实施起步缓慢,各评价主体对课程思政的认识较浅,长效评价机制不健全甚至缺失,无法发挥评价行为的持续性作用,从而导致短期化行

为特征较为明显。

(三)高校课程思政教学质量评价方法单一化

目前,高校的课程思政教学质量评价形式主要以听评课为主。这种听评课形式虽然在一定程度上对课程思政教学质量起到了监控与督导作用,但是其片面性和局限性依然存在。在具体的课程思政教学质量评价实践中,用某一次的评价结论判断该教师的课程思政教学质量水平,或以某一堂课的课程思政教学内容评价检验该课程的人才培养目标是否达标。此外,课程思政教学评价方法多以课堂评价量表为依托开展量化评价,较少使用质性评价方法;评价工具多采用纸质评价表,较少使用移动智能终端评价工具、智慧大数据评价工具等。换言之,当下课程思政教学质量评价方法、工具等的单一化已不能适应教学评价的多元化发展,丰富多样的评价方法有待开发使用。

(四)高校课程思政评价与学科专业特色相游离化

课程思政教学评价质量当前仍处于起步阶段,地方高校各教学科研单位积极探索课程思政教学评价的新思路、新模式和新方法,把教学评价的工具和指标有效利用到课程思政教学评价中,有力推动了课程思政教学评价体系的建设。但这一过程中也暴露出模式化、机械化等问题,导致课程思政教学评价体系与学科专业相脱离。首先,不同类型的学校设置的专业课程不同,也就决定了课程思政教学评价所融入的切入点应是不同的,而多数学校的课程思政教学评价标准多以固定且通用的文本呈现,这种文本通常适用于所有学科专业,最终的评价仅落在思政表面,以致学科内部真正可以与课程思政结合的部分未得到有效的反馈,显然,这并不利于各学科专业课程思政的发展。其次,不同的专业课程也必然涉及不同的教材、不同的教师,以及知识水平不同的学生,而目前课程思政教学评价体系难以体现不同风格的课程思政教学效果。最后,不同的授课教师对课程思政教学评价这一概念的理解不同,其能否认识到课程思政教学评价与其所授课程之间的紧密联系,将会直接影响课程思政教学评价的效果。因此,“放之四海而皆准”的课程思政教学评价体系难以起到具体问题具体分析的效果,从课程思政评价的主客体的差异就能够看出没有绝对的评价标准,对于课程思政教学评价而言,不能机械而生硬地对教学形式、教学内容进行限定,但这并不意味着课程思政教学评价无章法可循、无标准可言。

(五)高校课程思政教学质量评价过程监测零散化

高校开展课程思政教学评价多以零散化的过程性监测和结果性监测模式为主,缺乏一体化的过程监测,导致授课教师无法真正了解学生内心在接受课程教学和思政育人后发生的变化,其思想价值观选择及思想观念变化也无法通过教学评价及时展现出来。由于监测主体多为教学单位管理者、教学督导、教师同行、学生等,以及时间精力不足、思政元素把握不够等原因做不到常规化监测,导致各专业课课程思政建设缺乏系统性过程的参考依据,全过程育人无法得到及时监督和调整。除此之外,目前课程思政教学质量评价方法不够丰富,且多以线下评价为主,师生在参与课程思政建设中的表现无法得到动态跟踪,也无法获取实时信息,专业课程育人效果如何、学生是否积极参与专业课育人活动都无法进行连续性监测。[1]

二、地方高校课程思政教学质量评价走入“深层次”的实践策略

(一)构建完整、协调的课程思政教学质量评价指标体系

课程思政教学质量评价体系应结构合理,各级各类评价之间相互协调,评价指标紧扣思政元素,呈现动态平衡、和谐共生状态,最大限度上发挥整个评价系统的思政导向功能。课程思政教学质量评价指标体系设计以“立德树人”为核心和落脚点,整体上把握课程思政教学质量评价指标体系的结构框架和内在关键,明确课程思政教学质量:谁来评价、去评价谁、评价什么、如何评价。保证各思政要素评价的子系统之间“一致性”,评价指标系统内部之间的多向互动,促使彼此之间相互协同,共同发挥整体功能。各思政要素评价和教学内容评价之间要形成“联结”,防止思政评价指标异化,从而脱离专业教学内容,因此思政评价和专业评价指标选取要协调平衡,并浑然一体。

(二)建构课程思政教学质量评价行为长期化的内驱机制

地方高校课程思政教学质量评价实施初期,难免会在一定程度上存在“短期化”的现象。要破解这一现象,就需要形成课程思政教学质量评价行为长期化的机制,可以依据以下四方面开展。其一,提高教学质量评价主体对“课程思政”的认识。评价

主体需掌握课程思政要素，了解“课程思政”意蕴，将专业教学评价和课程思政教学评价相融合，才能对其进行常规化评价。[2] 其二，推进常态化的课程思政教学质量评议机制。在教师的课程思政教学行为中，不断进行收集教师课堂教学质量的评议内容，并形成课堂教学质量评价数据，督促教师不断提升教学水平，促进课程思政教学质量评价的常态化。其三，吸纳思想政治课教师参与课程思政教学质量评价。将思政课教师列为主要评议成员，有助于从专业角度审视和反思课程思政教学过程，以促进专业课教师明确自身课程思政教学存在的问题，同时也进一步推动课程思政教学质量评价的持续性。其四，嵌入过程性和总结性课程思政教学质量评定机制。对教师的课程思政教学进行全过程质量评价，从依照评议程序收集数据到形成规范的评定意见以及教师接受评价反馈，高校教学督导对其进行全过程、全方面的监督[3]，以此达到课程思政教学质量评价的长期化。

（三）创新课程思政教学质量评价方法多样化

面对复杂的课程思政教学评价任务，根据育人目标和思政元素，有必要采用多样评价方法，扬长避短，互为补充。由于当前在课程思政教学评价实践中普遍存在评价方法单一、评价技术简单，丰富的评价方法资源在实际中很少得到开发利用，因此要充分发掘、合理利用现有教学评价方法资源，并将其开发为适合课程思政教学质量评价的方法。充分了解现有评价方法的技术要求与效能有助于课程思政教学评价的技术创新，因为在新评价方法与技术的形成过程中，根据课程思政教学现实需求，对原有方法做出必要的调整和变化，就有可能衍生出新的评价方法与技术。课程思政教学质量评价方法的创新，应当始终坚持以学生学习为中心，并在方法设计时指向育人目标，促使评价方法和育人方法从相互分离走向相互关联。

（四）建构课程思政教学质量评价与学科专业特色发展相融的嵌入机制

为了促进高校课程思政教学质量评价与学科专业紧密结合，需形成科学的嵌入机制。一是在课程思政教学质量评价体系设计之初，就需嵌入专业团队和思政团队，两者相互学习，共同参与评价指标设计、标准表述以及评价方法的选择，确保评价体系设计过程中能体现专业特色和思政要素的融合。二是课程思政教学质量评价运行过程中，可由思政课教师牵头开展系列评价活动，思政课教师要利用自身的专业优势与专业教师加强研讨，对课程思政教学的方向把握，思政资源的挖掘提炼，以及课程思政教学的具体设计等层面的具体状况，作出更为科学、细致和专业的评价，进而在不断破解课程思政与思政课程“两张皮”问题的过程中，为实现二者的稳态结合提供保障。三是在课程思政评价运行后期，要嵌入总结性的评价机制，评价专业课程内容和思政案例融合后的育人效果，最终形成规范性和具体性的评价反馈信息。由此三方面实现对课程思政教学质量全方面、全过程与多角度的综合性评价，建立嵌入式评价机制，并根据评价数据、评价建议及时调整课程思政教学质量评价体系。

（五）加强课程思政教学质量评价过程系统化监测

课程思政教学质量评价过程系统化监测，强调监测的过程性、连续性、系统性，而搭建智能化监测平台是实现系统化监测的重要途径。拓宽监测主体，组建课程思政教学质量监测团队，并积极利用信息技术为课程思政教学评价赋能[4]，智能监测系统覆盖课堂教学全过程，对教师的课堂教学和学生的课堂表现进行监测分析，教师根据实时反馈的监测信息掌握全班学生的学情与能力特点，精准定位思政育人目标，及时调整授课内容和育人方式，形成课上有行为、行为有识别、识别有产出的完整监测体系，提高课程思政育人效果。[5]依托智能技术支持，挖掘整理反映学生思想动态的有效数据，对数据进行处理和分析，可全程监测课程思政在价值塑造、知识传授和能力培养方面的成效，学生在政治认同、知识水平、实践能力、专业素养等方面的发展，可以为教育者有针对性地开展思想政治教育提供有力支撑[6]，实现课程思政教学质量评价过程系统化监测。

参考文献

[1]陈爱香，姚利民，舒俊.思想政治理论课教师学情分析能力及其提升策略[J].思想理论教育，2019(03)：68-73.

[2]王岳喜.论高校课程思政评价体系的构建[J].思想理论教育导刊，2020(10)：125-130.

[3]胡洪彬.迈向课程思政教学评价的体系架构与机制[J].中国大学教学，2022(04)：66-74.

[4][6]刘祥玲.教育数字化转型中高校课程思政的困境与应对[J].中国电化教育，2022(08)：100-105.

[5]夏喜连，温毅波.基于“互联网+”的课堂教学质量实时监督体系构建[J].现代职业教育，2019(22)：178-179.

Practice research on quality evaluation of ideological and political teaching in local colleges and universities out of the "shallow layer"

Zhang Rui

Abstract: The quality evaluation of curriculum ideological and political teaching is the guarantee that curriculum ideological and political teaching can bring into full play the effect of educating people and morality education can take root. Because the quality evaluation of curriculum ideological and political teaching quality is still in the initial stage, the practice of quality evaluation of curriculum ideological and political teaching in local colleges and universities has "shallow layer" phenomena, such as fragmented evaluation system, short - term evaluation behavior, single evaluation method, dissociation of evaluation from the development of subject specialty characteristics, and scattered monitoring of evaluation process. Therefore, it is necessary to construct a complete and coordinated evaluation index system of curriculum ideological and political teaching quality, construct an internal driving mechanism of long - term evaluation behavior, innovate the evaluation method of curriculum ideological and political teaching quality, construct an embedded mechanism that integrates curriculum ideological and political teaching quality evaluation with professional characteristics development, and strengthen systematic monitoring of the evaluation process of curriculum ideological and political teaching quality. This will help the quality evaluation of curriculum ideological and political teaching in local colleges and universities out of the "shallow layer" phenomenon.

Key words: curriculum ideology and politics; teaching quality evaluation; "shallow layer" phenomenon

高等教育研究

高校集群治理:缘起、意蕴与价值*

张继明

摘要:高等教育的高质量发展强调发展的整体性、创新性和可持续性,要求高等教育发展在战略上由打造单数的一流大学向建设复数意义上的一流大学体系转变,并以优化高等教育体系的结构与功能为根本动力,为此需要有可靠的治理体系保障。高校集群治理以校际合作为驱动发展机制,追求协同创新效应,是适应高等教育高质量发展的治理新范式。实施高校集群治理将推进中国式高等教育治理现代化进程,优化高等教育体系机构,保障高校在实现科技自立自强和人才自主培养中发挥主导作用。

关键词:高等教育;高质量发展;高校集群治理;教育强国

作者简介:张继明,济南大学高等教育研究院教授,教育学博士、博士后,副院长,主要从事高等教育理论与治理研究。

由规模化战略向质量提升战略转型,推动高等教育内涵式发展是近二十年来我国高等教育改革与发展的主基调。2017 年,中国共产党第十九次全国代表大会首次

* 基金项目:国家社会科学基金教育学专项“高等教育治理现代化进程中的高校集群治理研究”(BIA210188)。

提出"高质量发展"表述,表明中国经济由高速增长阶段转向高质量发展阶段,这为高等教育发展战略提出了新的要求,即以高质量发展为导向,深化高等教育改革创新,推动高等教育高质量发展,以服务经济高质量发展。在高等教育高质量发展的新形势下,高校治理的质量保障功能空前凸显,如何通过有效治理来推动高校优化生产模式、增强创新能力,进而提高经济社会发展的服务质量,就成为重要课题。基于此,本文提出实施高校集群治理,引导高校强化校际合作,以协同创新为基础实现高等教育高质量发展。

一、高等教育高质量发展要求变革治理模式

在根本上,治理的意义在于促进发展,其核心表现为质量保障。当前我国高等教育治理正处于以现代化为导向的探索之中,其最终目的亦在于促进和保障高等教育高质量发展。这同时也就意味着,高等教育及高校的治理必须以促进高等教育高质量发展为取向,以理性审视治理传统为前提,以改革与创新为方法论,构建高等教育治理的新模式。

(一)从一流大学建设到一流大学体系建设:不同类型高校共同高质量发展

高等教育高质量发展是高等教育体系的整体性发展,这要求高等教育治理以建设复数意义上的一流高校体系为目标。我国高等教育发展长期实施重点建设战略,"走出了一条中国特色社会主义高水平大学发展之路"[1],尤其是推动了"头部"高校崛起。但重点建设也导致了高校间的不平衡,"非重点建设"高校长期面临着资源、政策、社会资本方面的困境,发展质量普遍有待提高。从逻辑上讲,高等教育体系的整体性发展要求各类型高校的全面提升,而从生态学的角度而言,只有不同类型高校共同增强生产能力,才能促成整个知识链、价值链、创新链的闭合与循环。一方面,现代知识生产需要不同类型高校共同参与,共同完成知识的生产、转化和应用,知识的创新性发展更是越来越依赖"联合创新""网络创新"等新生产机制;另一方面,经济社会高质量发展需要多元的智力支持,从原始创新到关键核心技术,再到生产和管理一线的工艺与流程设计,从负有顶层设计与开发职责的精英型人才,到各行业的创新创业人才、各职业领域的技能人才等,都是不可或缺的智力构成。因此,高等教育高质量发展在战略上应从打造"单数"的一流高校转变为建设"复数"的一流高校体系,即从研究型大学,到应用型、工程型、技能型高校均在其办学定位范畴内成为高水平的、

一流的大学。适应从“一流大学”建设到“一流大学体系建设”的战略转型要求,是我国高等教育治理现代化探索的基本目标。

(二)从规模扩张战略到高质量发展战略:优化高等教育体系结构与功能

高等教育高质量发展追求发展的创新性和可持续性,这决定了高等教育治理的主要任务是推动高等教育体系实现结构优化和要素创新。客观地说,在很长一段历史时期内,我国高等教育发展以规模化战略为重心,目的在于满足巨大的教育需求,解决精英化时代高等教育供给和产出双重匮乏的问题。与规模化战略相适应,以扩大投入为特征的资源驱动是高等教育治理的主要方式。资源驱动实现了高等教育数量快速增长,但难以适应高等教育高质量发展战略的要求。其一,从实际国情来看,资源驱动机制无法适应我国体量庞大的高等教育体系对资源持续扩大投入的要求,资源供给能力的限制将构成高等教育发展的“天花板”;其二,在最终意义上,高等教育的质量提升是结构调整和制度创新基础上的功能优化[2],而资源驱动则将导致高等教育落入“低水平重复建设”的陷阱;其三,过度强调资源的战略价值导致资源获得异化为发展本身,高校之间展开零和式的资源竞争,强化着高校的功利主义文化,竞争的无序性还破坏了高等教育生态,加剧了院校分层固化。基于此,在高质量发展的新形势下,高等教育治理的目标与战略重心应是优化高等教育体系结构与功能,即探索要素创新。唯有结构实现创新,大学组织的生产力才能够得以解放。因此,要素创新才是我国高等教育持续发展的源动力。

(三)从依赖西方模式到寻求本土创新:探索中国式高等教育治理现代化

高质量发展时代,我国高等教育要适应新质生产力发展对高质量人力与科技资源的要求,就必须以现代化的治理体系和治理能力作为保障。而我国高等教育治理现代化就是要探索建立中国式高等教育治理现代化机制,以早日实现高水平科技的自立自强和创新型人才的自主培养。从某种意义上说,中国式高等教育治理现代化机制本身就是我国高质量高等教育体系的重要构成,它确保我国高等教育发展在遵循一般教育规律的基础上,尊重和适应国情,凸显和充分利用本土资源,并有效服务国家战略需求。因此,我国高等教育治理体系改革的根本向度是探索中国式现代化高等教育治理,主要是指深入发掘并立足于高等教育发展与治理模式的中国元素,增强独立发展和创新发展能力[3],摆脱西方大学模式的影响,甚至是束缚;在此过程中,要优化和创新本土资源,包括以现代化理论改造或克服传统中的落后因素,凝练和充分利用中国式体制机制、文化传统的特色与优势。在当前我国深入实施以国内大循环为主体,空前强调科技自立自强和人才自主培养的背景下,构建中国式高等教育治理现代化治理体系对于实现中国式高等教育现代化,进而推进科技、人才和教育一体化发展的国家战略具有重大意义。可见,我国高等教育高质量发展所吁求的治理模式应是中国先进制度与文化体系的具体化,其以中国特色、中国智慧、中国优势来实现中国高等教育之治。

二、高校集群治理是适应高等教育高质量发展的新模式

高等教育高质量发展要求变革治理模式,而高校集群治理是一个值得探索的改革向度。高校集群治理既反映了在新科技革命时代协同创新成为一种新的发展范式的条件下,高等教育进行结构调整的内在要求,同时也是新科技革命影响下产业升级转型对高校提高生产服务效能、促进产业发展的客观要求。而产业集群为高等教育结构优化和功能改进提供了现实的借鉴,即通过高校集群治理推动高校普遍建立校际合作关系,促进高等教育生态化,提高知识生产与专业服务的能力和质量。

(一)从产业集群到高校集群:高校集群治理的主要含义

"产业集群(Industrial Cluster)"是一种经济组织形式和管理模式。1990年,哈佛大学学者迈克尔·波特(Michael E.Porter)在《国家竞争优势》一书中提出"产业集群"概念,是指在某一特定领域内,互相联系且在地理位置上相对集中的公司和相关机构通过建立合作契约而形成的集合体。在这个集合体内,不同产业与行业以及各类机构之间相互支持和融合,借以优化资源结构,挖掘资源潜能,提高资源利用效能,在此基础上实现协同创新发展的目的。产业集群的重要特征之一就是集群区域内存在本地化的研发和教育机构,如技术中心、专业化的服务中心、大学等,这些机构围绕主导的区域集群而分布,使得创新在一定程度上有正规的科学基础,而集群之所以得以建立,在于其内部机制,即各机构之间存在或者经由创造而具备共同的利益诉求,从而构成了合作发展的基础。产业集群化发展在很大程度上克服了传统模式下企业原子化存在和竞争式发展的局限性,如创新不足、高资源消耗、无序竞争以及投资风险不断加大等问题,产生了系统性、生态性的效益。产业集群为高校集群发展和集群治理提供了启示。

所谓高校集群治理就是在系统观、生态观、协同观及公共理性等思想理念或哲学

引领下，多所高校以共识与契约为基础结成发展联盟，从而高等教育治理对象由单一高校变为高校共同体；治理主体在尊重高校独立法人地位及其自主发展的前提下，引导高校之间建立起基于利益一致性、异质互补性与战略协同性的新型关系；通过建构共同体内部各高校间的有机协同关系，促进各高校由原子化存在和非合作式竞争发展走向适度竞争、有序协作和共生发展，促使高校共同体生发出协同创新和增值效应，最终提升高校办学水平和高等教育整体质量。[4] 显然，高校集群治理是不同于治理传统的新模式，表现出独特治理逻辑，包括通过治理来推动高校建立起协调的竞合关系，以有序竞争为基础，以合作发展为重点战略，达到协同发展的新成效；以校际关系优化为切入点，以合作型校际关系构建为手段，促成高等教育整体结构的调适等。在此过程中，尤其值得强调的是，高校集群治理强调和谐发展观、整体发展观、系统发展观，强调共同利益、共同责任下的合作发展，与我国以和为贵、天人合一的传统文化与思维有着内在的契合性，同时与我国社会主义体制下的集体主义义利观及其对高校的身份及责任要求也是相适应的，因此高校集群治理是探索中国式高等教育治理现代化的一个重要向度。总之，高校集群治理作为新的治理模式，也将产生新的治理效能，对于解决当下我国高等教育发展与治理中的问题，促进高等教育持续高质量发展有着显著优势。

（二）从原子化治理到共同体治理：高校集群治理的内在规定性

1.以复数意义上的高校"共同体"作为治理对象

任何事物首先是以其个体的形式而存在，个体的属性、功能及运行首先依循的是个性逻辑，即个体的独立性、自主性及自组织需求等，其独特的逻辑和需求构成了社会存在与发展最根本条件。因此，满足社会组织的个体需求，激发其内在活力和功能释放是社会建构和社会改革的首要法则。这意味着，在高等教育领域，高校作为个体的独立性、自主性及对办学资源的必要需求应首先得到满足。竞争作为高校的生存策略或作为一种高校治理方式，其合法性基础便在于此。

改革开放以来，我国高等教育体制机制改革的基本逻辑就是发挥市场的资源配置作用，激发高校自主办学、创新办学的活力，基于绩效和竞争的资源配置机制是传统管理模式的基本内容。绩效竞争使高校的个体化特征不断强化，自利性需求不断膨胀，这又反过来使得竞争的功利性作用不断扩大，需求与竞争共同超越了应有的规范及价值边界。如果说传统高等教育治理对象是高校个体，那么高校集群治理的对象是由不同高校个体按一定规范组成的共同体，这是高校集群治理的最基本特征。

如学者所言,高等教育集群的特征之一即整体性,反映在管理上即“管理一体化”[5]。高校集群构成了一个新的高等教育单位,显然其在体量上更大,但更本质的区别在于集群内部高校个体成员间关系的变化,即在集群内高校成员之间不再是单向度的竞争关系,治理者更加重视建立高校间的合作关系。在不同关系模式下,高校的办学行为都将发生变化,并产生不同的办学效益,高校集群治理即是追求基于合作的生态效应、增值效应。而如何促使高校集群构建起内部成员之间有机联系的新生态,进而在一个合理秩序内共同组织知识生产,就是高校集群治理的根本任务。需要指出的是,集群治理下的高校共同体是一个松散结合体,共同体内各高校依然是严格意义上的独立法人实体,确切地讲,高校集群治理体致力于建构一种竞合关系,但在高校过度竞争的当下,集群治理更加强调的是合作的意义。

2.以发掘和创造“共同利益”为治理任务

实现利益的最大化与合理分配是善治的核心要义。在以竞争为主的高等教育治理模式下,无论是基于客观规律的要求,还是世俗意义上的功利化诉求,追求个体利益是驱动高校办学和改革的动力来源。现实中,尽管在极端功利主义和工具理性的制约下,纯粹利益导向形成了对高校发展的负面影响,但不容否认的是,治理者如何充分发掘利益竞争的驱动作用以激励高校扩大投入和创新办学,是高等教育治理的重要任务。只不过,受传统思维影响,高校之间的竞争往往以个体利益冲突为预设,而忽视利益的一致性及共同发展价值,这种竞争是非合作性的零和竞争,使得高校校际关系陷入过度竞争陷阱,从发展的角度来说,单向度的竞争驱动抑制了另一种发展即合作发展、协同发展的空间。

高校集群治理重视利益的驱动作用,但更加强调的是高校间的共同利益。共同利益是高校构建集群的基础,追求共同利益具有重要的治理价值。一方面,集群内各高校不仅有着个体利益,还有着共同的利益,追求共同利益使得高校在数量和形式上获得更加丰富、更加多元的发展条件,从而更加充分地发挥了利益驱动作用;另一方面,各高校追求共同利益将有效地改进高校间关系,因而共同利益不仅仅是量的增加,还意味着“利益品质”的提升。因为共同利益的实现,意味着高校间的资源互补和资源结构的共同优化,是理念、价值、学科、人力等资源的创造性建构和高效使用,是合作共建交叉学科或促进学科融合、联合科研攻关和协同育人等新发展范式的有效实践,显然这又是增强高等教育或高校服务国家战略的能力的过程。可见,集群治理尊重高校的个体主动性与集群协同性,并发挥个体与集体的双重优势,在客观上改善了零和博弈及其导致的高等教育失序问题。因此,共同利益是集群治理的必要基础,而发现客观存在的共同利益以及发掘必要条件去创造共同利益,则是高校集群治理的重要任务。

3.以促进高校的协同创新和提质增效为治理目的

发现和创造共同利益是高校集群治理独特效能的反映。但高校集群治理的追求体现在更高价值层面,是要促进高校集群共同以新的组织形式优化知识生产方式,提高知识生产能力和生产质量,质言之,就是要促进不同高校建立协同关系,实现“协同创新”。从新一轮科技革命发展的特征和趋势来看,高校打破封闭办学的界限,相互实现跨学科、跨领域合作,在融合发展中实现更大价值,才能够适应新科技、新产业发展的要求。尤其是在重大基础理论研究和关键核心技术领域,“单兵作战”的科研传统已经难以适应创新要求,唯有走向实质性合作,才能实现真正意义上的突破。当前,有组织科研的意义空前凸显,高校作为国家创新体系的重要组成部分,必须深入推进有组织科研,提升科研创新能力和服务经济高质量发展的能力,而高校集群治理为此提供了有效的组织形式。

高校集群治理尊重高校的独立法人地位,以高校的独立性和自主性为重要基础,因为只有各高校具备充分的办学自主权,才能理性设计和构建具有个性化特征的办学体系,包括学科、专业、课程及管理模式等,而个性化、特色化是高校间实现异质互补的必要前提;同时,唯有作为独立法人,高校才能在自主环境下实现创新办学,并在参与集群发展中发挥主动性、能动性,这是高校集群实现持续进化的重要条件。当然,除了异质性互补关系,高校间也可以实现同质性相互加持,如不同高校的相同学科可以实施“强强联合”,联合实施重大项目攻关等。质言之,高校集群是一个通过特定规则构建起来的松散型发展联盟,这种组织形式既保障了高校个体具备自主发展和创造的空间,不至于被压制个性,也为高校间走向合作提供了条件,从而在合作中达到个体学校难以完成的创新发展目标。因此,高校集群的协同创新效果将远远超过高校的个体化发展,这种超越既意味着创新性程度,也意味着创新性成果的数量,也就是实现了高校发展的效能增值。无论是协同创新还是效能增值,都反映了高校集群治理对于促进高质量发展的价值追求和独特优势。

4.以激发高校公共理性与公共责任为重要治理机制

高校作为个体而存在,因而必然有着私己性或排他性的利益需求,这是高校改革与发展的基本动力,从本质上讲,市场竞争机制能够发挥驱动作用,其根源恰在于此。而我国高校主要管理者的产生机制和评价机制、内部利益分配机制等也决定了管理者必须不断谋求扩大学校收益,以作为接受政府绩效考核和在学校内部实施利益分配的客观基础。在此模式下,高校必然会充分利用和创造条件去扩大办学收益,例如在重点建设政策影响下,“重点高校”身份本身就是增强竞争力和增加收益的重要符号机制,而通过经济优势吸引高水平师资及其他办学资源也是十分普遍的竞争手段。但狭隘的利益观必将强化高校的私利性,并导致公共理性和公共责任也会随之变得匮乏,这是影响高等教育发展的重要文化根源。

然而,教育的基本性质之一就是公共性。高等教育或高校理应坚持公共理性,承担社会责任。尤其是在当今高等教育已成为国家战略体系的核心,高校智力服务价值空前彰显的时代,高校的国家意义或社会价值更加反映着教育的公共责任。对于社会主义高等教育而言,无疑更要坚守公共价值,秉承公共理性原则。而公共理性与合作取向的组织逻辑有着内在的关联。美国政治哲学家约翰·罗尔斯(John Rawls)认为,"所谓公共理性是指各政治主体(包括公民、各类社团和政府组织等)以公正的理念、自由而平等的身份,在政治社会这样一个持久存在的合作体系之中,对公共事务进行充分合作,以产生公共的、可以预期的共治效果的能力"[6]。显然,公共理性蕴含着平等、自由和合作的逻辑,因而坚持公共理性是高校合理定位个体利益诉求、强化共同利益进而相互认同和致力于合作的内在条件。其中,基于公共理性而建立起对高校核心价值的一致认同,意味着高校对于自身在促进科学进步和服务国家建设方面的使命形成了正确认知,并达成共识,进而据此采取一致行动。而高校在坚持和践行公共理性的过程中,通过合作来共同服务于国家重大战略需求,将改变传统管理模式下零和博弈、无序竞争的弊端,推动建设一流大学体系,在整体上提升高等教育发展质量。因此,激发高校公共理性与公共责任是集群治理的重要机制。

总之,从高校集群治理的内涵及作用机制来看,集群治理促使传统的以高校个体为对象的原子化治理模式转向了以高校共同体为治理对象,改变了资源驱动模式下片面强调绩效竞争的旧思维,以系统的治理观和生态化的治理方式,力图将整体性的高校集群作为基本治理对象,将在高校个体之间创造合作契机作为治理的核心任务,将在实质上拓宽和厚实知识生产基础、增强其知识生产与创造效能作为治理目标,适应了当前新一轮科技革命和产业变革对协同创新的要求,也适应了高校以强化学科交叉为标志的学科结构深度调整,因而也适应了我国加快"双一流"建设的需求。因此,高校集群治理是适应我国高等教育治理现代化建设、促进高等教育高质量发展的新治理模式。

三、我国探索实施高校集群治理的核心价值

随着高等教育内外部环境的变化,高等教育的治理模式需要进行适时调整,例如随着高等教育外部效应不断增强而更加重视外部利益相关者参与治理;随着绩效评估的影响不断强化,科层化的高校治理结构亟待改变等。高校集群治理是在高等教育内涵式建设面临高质量发展新要求,其价值在于以治理模式创新来促进高等教育

高质量发展。

(一)变革大学治理模式,推进中国式高等教育治理现代化进程

探索中国特色现代大学制度,在理论和实践两个维度上构建起凸显中国特色、中国优势的大学制度体系或大学模式,是我国高等教育理论研究与改革实践的共同任务。党的十八届三中全会之后,高等教育治理体系和治理能力现代化成为改革新的话语体系与实践向度。在党的二十大报告中,“中国式现代化”的提出为各行业各领域的现代化建设提供了根本遵循,探索中国式高等教育治理现代化路径随即成为高等教育治理改革的重大基本任务。

制度改革在我国社会主义现代化建设中有着特殊意义,不仅对社会生产生活发挥着服务性、保障性、技术性作用,还具有重要的象征性价值,即凸显制度优势和改革作为基本路线的根本意义。因此,深化大学制度或治理体系改革,构建中国特色大学制度体系或现代化治理模式,一方面为我国高等教育内涵式建设和新时代高等教育高质量发展提供根本保障;另一方面则标识着中国式高等教育治理现代化探索的方向及其先进性,有利于强化我国高等教育制度自信,而这又是实现制度创新和增强制度效能的文化基础。高校集群治理在尊重高等教育普遍规律的前提下,强调建立高校校际合作关系以实现协同创新,如前文所述,这种合作导向的发展模式,治理模式符合反映中国制度优势的新型举国体制和以“和”为特质的集体主义义利观和深厚文化传统,符合以协同与融合为基础的科学发展新范式,也符合当下我国高等教育发展与治理模式的变革要求[7],因而是构建中国大学模式、探索中国式高等教育治理现代化的合理路径,体现着中国智慧、中国优势和中国特色,有利于增强中国教育制度自信;同时,集群治理为中国特色高等教育学理论体系的建设和发展提供了新的视角,因而也有利于增强中国高等教育理论自信,从技术或实践的角度而言,这一新的治理范式为我国新时代高等教育高质量发展提供了不可或缺的保障。

(二)以建构合作型校际关系为基础,优化高等教育体系结构

组织的结构决定着其功能发挥,高等教育高质量发展的基础在于高等教育体系的优化。高等教育体系十分复杂多元,既包括高等教育与外部环境中政府、市场、第三部门等各主体之间的关系,还包括高等教育自身构成要素如高校及内部生产者、管理者等之间的关系。其中,高校校际关系是高等教育体系的基本内容,因为高校之间是相互区隔,还是相互竞争抑或是合作,不同的关系方式及其强度直接影响着高等教

育体系生态。从理想角度而言,高校之间存在基于个体诉求的相互独立和竞争关系,同时也存在基于共同责任和发展目标合作关系,在整体上是一种有机的竞合关系。

就我国而言,通过集群治理促进校际合作是高等教育体系建设的一个具体向度,具有重要的即时价值,因为在我国当前阶段高校间的零和博弈在一定程度上已经超越了理性竞争的边界,给高校自身和整个高等教育生态造成了伤害,改善高校校际关系是当前我国改善高等教育治理模式的一项紧迫任务,是高等教育高质量发展不可绕过的实践起点。从高等教育可持续发展的需求来讲,高校集群治理并非短时、应时之举,而是建构高校校际竞合关系、调整高等教育结构和促进高等教育体系生态化的客观要求,反映着基于"结构-功能"关系规律的一般发展逻辑,因而必然蕴含着高等教育质量治理的价值。在当前,以合作为优先战略重构高校校际关系具有全局性意义,因为高校之间在办学资源上的联合、互补将推动一定区域内高等教育资源的优化配置,提升资源效能;同时,高校间在办学模式上相互借鉴从而增强创新办学能力,以及通过强校扶持来提高弱势院校的办学水平,也体现着校际合作的重要价值。从某种意义上说,集群发展和集群治理标志着我国高等教育改革发展及其治理的一个新范式,是探索中国式高等教育现代化、治理现代化的有效实践机制。

(三)以教育强国为导向,推进科技自立自强和人才自主培养

高等教育治理的根本目的在于促进高等教育发展。党的二十大报告中提出了"建设教育强国"以及实现高水平科技自立自强和拔尖创新人才自主培养等重大命题。这决定了我国高等教育治理的重要使命是促进高等教育以实现高水平科技自立自强和拔尖创新人才自主培养为核心,不断提升发展能力和发展质量。而高校集群治理适应了教育强国建设的要求,是构建独立的高等教育体系、集聚优质高等教育资源和实现资源效能倍增的有效治理形式。

实现高水平科技自立自强与人才自主培养,意即我国现代化强国建设所需科技与人才的培育和供给能够实现充分自主。教育是人才涌现和科技发展的基础[8],在此过程中高校应发挥主阵地作用,在强化产、科、教融合发展的同时,更要持续增强自身的科学研究和人才培养能力。而高校要在重大基础研究和原始创新以及关键核心技术开发中发挥主导作用,成为教育、科技、人才结合点的"引导力量",其分散化、封闭化的办学模式或生产模式需要进行必要的重构。其一,如前所述,我国高等教育发展战略要由单数的一流大学建设转向复数的高水平大学体系建设,从而增强高校整体发展能力,唯有提高高等教育质量基准,精英高校获得了优质资源支撑,其发展才能产生"高峰效应",产出高端智力成果;其二,只有打破传统模式下精英高校与普通

高校间的层级区隔,不同类型或层次的人才和学术才能共同构成完整的知识链、创新链,高等教育体系才是完整的、闭环的和生态化的,才能具有独立生产能力;其三,各高校由单一竞争走向协同发展,促使有限的办学资源尤其是优质资源从分散走向整合,有利于在资源集聚基础上扩大资源效能,增强高校办学能力,实现我国高等教育的“大而强”。显然,高水平高校体系建设、不同类层高校的生态化建设以及资源的整合集聚正是高校集群治理的题中之义,集群治理确保高等教育体系是完整的,具有资源供需自主和自组织运行能力,能够独立开展高质量的知识生产和人才培养,这正是我国高等教育改革与治理现代化建设的根本价值追求。

四、结语

高校集群治理适应了高等教育高质量发展对变革治理模式的要求,以强化和促进高校协同发展为基础,达到发展与治理的预期目标。可以说,高校集群治理是探索中国特色现代大学制度和推进高等教育治理现代化的一个重要向度,为中国式高等教育治理现代化建设提供了一个有益的视角。未来,要真正将高校集群治理推向实践,以转化为实际的治理效能,成为“双一流”建设的保障,还需要为这一新的治理模式创设必要的环境和基础条件。例如,重塑高校的国家主义立场,为高校之间建立协同关系、共同实现统一目标提供价值引领;建立共同责任、共同利益下的高校院系合作关系,协同促进学科融合交叉和协同育人;建立适合于在协同发展导向下的高校组织调整需求的评价机制和资源配置机制等。[9]概言之,高等教育治理是一个系统性过程,高校集群治理无论是作为一个切入点还是作为高等教育治理体系的一个要素,都需要高校内外部各利益相关主体建立共同发展的愿景,共同本着由治理达致善治的精神和原则,共同参与这一改革进程之中。

参考文献

[1]马陆亭.新中国成立70年:高等教育重点建设的历史使命与巨大成就[J].中国高等教育,2019(17):4-6.

[2]刘国瑞.新发展格局与高等教育高质量发展[J].清华大学教育研究,2021,42(01):25-32.

[3]刘献君.我国高等教育发展的主导思想及面临的主要矛盾[J].高等教育研究,2017,38(01):1-7.

[4]张继明.高质量高等教育体系语境下合作型高校校际关系的建构[J].高校教育管理,2022,16(04):20-30+40.

[5]卢晓中,武一婷.粤港澳大湾区高等教育集群发展的战略选择与基本路向[J].兰州大学学报(社会科学版),2021,49(05):9-15.

[6]施雪华,黄建洪.公共理性:不是什么和是什么[J].学习与探索,2008(02):60-67.

[7]张继明.中国式高等教育治理现代化的现实审视与集群化建设:基于新型举国体制的视角[J].大学教育科学,2023(03):13-21+53.

[8]王树国.新领域 新赛道 新征程 为全面建设社会主义现代化国家贡献教育力量[J].国家教育行政学院学报,2023(05):3-8+37.

[9]张继明,马陆亭.论我国一流大学体系的构建:高等教育高质量发展的生态化要求与集群化向度[J].中国高教研究,2024(04):15-22.

University cluster governance: origin, implication and value

Zhang Jiming

Abstract: The high-quality development of higher education emphasizes the integrity, innovation, and sustainability of development. It requires the strategic transformation of the development of higher education from building a first-class university system in the singular to building a first-class university system in the plural sense, and the optimization of the structure and function of the higher education system is the fundamental driving force, which requires a reliable governance system to guarantee. With inter-university cooperation as the driving development mechanism and the pursuit of synergistic innovation effects, university cluster governance is a new paradigm of governance adapted to the high-quality development of higher education. Promoting university cluster governance will promote the modernization process of Chinese-style higher education governance, optimize the institutions of the higher education system, and ensure that universities and colleges play a leading role in realizing scientific and technological self-reliance and talent-independent training.

Key words: higher education; high-quality development; university cluster governance; education power

高校以有组织科研推进教育强国建设*

孟艳

摘要：高校有组织科研具有服务国家和地区的重大战略需求，以关键核心技术为突破，推动高水平科技自立自强和高素质人才自主培养，实现科研成果的转化等多重功能。高校有组织科研能够加快教育强国的建设，进而促进新质生产力的发展，推进中国式现代化的实现。从协同治理的角度来看，需要打破高校传统科研范式和管理模式，通过多元主体的协同治理，从起始条件、制度设计、促进型领导力和协同过程等四个方面入手，以确保高校有组织科研交叉融合，发挥其整体效能。

关键词：高校；有组织科研；协同治理；教育强国

作者简介：孟艳，河南大学教育学部副教授，博士，河南省国际高等教育研究中心研究员，从事高等教育学科建设、课程与教学研究。

2023年5月，习近平总书记在中共中央政治局就教育强国建设进行第五次集体学习时强调，建设教育强国，龙头是高等教育。高校作为国家创新体系中的重要组成部分，具有科技创新和高素质人才培养的任务和使命。随着知识生产模式的转型，新一轮科技革命和产业革命持续推进，全球科技呈现日益交叉融合的趋势，重大科研成果和颠覆性技术需要跨学科、跨团队合作完成。[1]正式进入大科学时代之后，科学研究呈现出不同程度的组织化特征。目前“无组织”“单兵作战”的松散科研模式很难适应社会重大问题和复杂多变环境，有组织科研显得尤为重要。2022年教育部印发的《关于加强高校有组织科研 推动高水平自立自强的若干意见》强调高校要充分发挥新型举国优势，加强有组织科研，全面加强创新体系建设，着力提升自主创新能力，

---

* 基金项目：2021年河南省高等教育学会高等教育研究重点项目（2021SHLX007）的阶段成果；2024年河南省教育科学规划重点项目（2024JKZD03）的阶段成果；2022年校级本科教学改革研究与实践项目（HDXJJG2022-041）的阶段成果。

更高质量、更高贡献服务国家战略需求,“高校有组织科研”首次正式进入国家政策话语。因此,为促进国家创新战略的顺利实施,高校作为科技创新的主力军,需要在坚持自由探索研究的基础上,强化有组织科研,有效整合各方人力、物力资源,推进科技创新、人才培养和教育的三位一体的融合。

一、高校有组织科研的内涵及重要价值

(一)高校有组织科研的内涵

高校有组织科研是高校科技创新实现建制化、成体系服务国家和区域战略需求的重要形式,旨在松散科研模式基础上开展问题和任务导向、资源整合、交叉融合、协同攻关的科研组织模式。[2]高校有组织科研改变传统科研的范式和组织模式,以优势学科为基础,提升科技创新能力。与“组织无序”或“无组织”的科学模式相比,有组织科研研究更加注重研究选题、研究过程、研究工具手段和不同研究主体协同创新的有组织性,更加重视国家战略目标导向、学科交叉融合、大科学计划的组织实施。[3]有组织科研具有系统性、导向性和交叉性特征[4],使命导向、组织化、协同攻关是高校有组织科研模式的突出特点。[5]

作为有组织的科研组织模式和知识生产模式,高校有组织科研本质上具有鲜明的导向性、协同性和开放性等特征。其鲜明的导向性体现在面向国家战略需求,以攻关“卡脖子”技术为主线;其协同性体现在由高校牵头承接大项目、建设大团队、依托大平台、形成大成果的科研组织模式;其开放性体现在研究者的多元主体,研究过程中知识的流动性,研究成果的创新性和扩散性。

(二)高校有组织科研的重要价值

纵观科技发展史,世界科学中心经历了从意大利到英、法、德,再到美国的迁移历程,每次都伴随着新的科技领域与学派的兴起。而新学派和新科技的出现,往往和该国高等教育的突破和发展存在协同共振的路径。换句话说,高校在世界科技中心的转移过程中发挥着重要的作用。党的二十大报告提出:“必须坚持科技是第一生产力、人才是第一资源、创新是第一动力。”[6]高校具有多学科、人才汇聚、研究平台、知识创新等诸多独特特征和优势,这些特征和优势决定了高校有组织科研是促进新质

生产力发展,打造科技链、人才链、创新链和产业链的深度融合的重要主体。

首先,高校有组织科研发挥取得重大科技突破策源地的功能。作为基础研究的主力军,强化高校有组织科研,能够聚集人才优势,聚集和培养创新型的新质劳动力。劳动者是生产力最活跃的能动要素。新质生产力发展所需要的不是普通劳动者,而是用现代知识、技术以及文化武装起来的新型专门人才。[7]在重大科技任务和重大工程有组织科研活动中培养拔尖创新人才,在科研、人才培养和社会服务中推进教育强国建设。

其次,高校有组织科研是实现高校科研工作高质量发展的内在要求。通过有组织科研促进科技自立自强,科技与创新是新质生产力的基础、核心与灵魂。[8]有组织科研服务国家重大战略需求,推动国家在关键领域的突破和创新,提升国际地位和竞争力,帮助实现转型升级、可持续发展等重要目标,维护和增强国家利益。

最后,高校有组织科研具有推动产业转型升级的功能。通过将科学知识转化为现实生产力,高校发挥服务国家战略、服务社会发展的功能。对于知识生产来说,以现实为导向的科研活动将积极把研究成果转化为技术、产品和服务,这能够增强知识生产的社会影响力,加强科技创新与社会发展的良性循环。

二、高校有组织科研的协同治理本质

高校作为突破传统科研组织范式和管理模式的新的科研形态,有组织科研体现出协同治理的本质。协同治理是一种以参与共识为决策导向的新型治理模式,它为各利益相关者提供对话机会,要求机构和利益相关方必须共同参与到协商和多边的集体进程,以达到共识和协商的集体决策。[9]高校有组织科研建设具有较强的协同治理本质,协同治理强调合作中的权力共享、资源依赖和责任共担,重视构建共识与协调网络。[10]

(一)有组织科研具有多目标和多逻辑

高校有组织科研的参与主体具有多元性,是不同学科专业人员、科学研究所、企业及多元社会组织的协同参与。这种多元主体的协同参与使得有组织科研的建设目标具有多样性,高校有组织科研不强调目标的先在性,而强调基于谈判和反思过程中的目标调整和生成。[11]此外,高校有组织科研体现出多重逻辑,研究团队成员通过行动来选择,而不是根据选择来行动。正是在多种行动中,政治逻辑、社会逻辑、商业逻辑和学术逻辑走向深度融合。总之,有组织科研以知识生产创新、杰出人才培养、科研成果转化服务国家和区域的需求,构建由内及外的需求牵引和由内及外的知识生产创新驱动相结合的有组织科研发展的战略合力。

(二)有组织科研强调多学科、多主体协同攻关

高校有组织科研提倡跨学科、多领域交叉、横向交互与深度融合。有组织科研强调高校、企业、公众等多元主体高度协同融合。正是在聚焦国家重大需求的基础上,不同学科领域围绕重大问题和战略需求形成交叉研究。有组织科研的本质决定了其顺利地实施需要政府、高校、科研院所和企业等不同主体形成协同意识和能力,形成适应有组织科研的高质量协同机制。[12]推进有组织科研一方面需要加强多学科、多主体协同,打破协同壁垒,促进参与主体以使命为导向,实现个体、组织与机构间的有效协同。以协同创新形成异质性主体来降低风险并实现有组织科研目标的实现。[13]另一方面,高校需要打破学科思维定式,建构跨学科、跨领域、跨行业的"无边界组织"[14]。只有促进参与目标主体有效协同,才能产出大成果,解决大问题。

(三)有组织科研重视协同过程多主体互动

民主就像一个旋转的陀螺,重要的是旋转的过程。离开这个旋转的过程,民主政治这个陀螺就会倒下。[15]有组织科研的开放性和过程性决定了其研究过程重要的是多主体、多学科之间交流对话。从现实情况来看,我国部分高校内部科研组织结构僵化,在垂直管理模式下,跨学科、跨机构的合作与交流不足,限制了创新能力的释放和有组织科研目标的实现。因此,在实际协商互动过程中,高校有组织科研需要明确角色定位与沟通协议,尤其要落实好知识生产、技术转化及产品开发等创新上下游各环节的沟通对接。高校加强高水平团队的对话与协商,培育好的团队,产出好的研究成果,带动整个团队的成员共同提升。

(四)有组织科研的网状结构型组织结构

矩阵结构型科研组织是一种高校内部组建的,以科研目标和项目为驱动的,科研团队与职能部门纵横交错的灵活组织。这种组织虽然灵活,但存在合作与交流不足等问题。网状结构型科研组织是一种更为扁平化的组织形态,多个科研团队作为组

织成员呈网格状排布，网格中的每个组织成员都与周围其他成员有紧密联系。[16]高校有组织科研以问题导向和需求导向为核心的科研系统更加适宜网状结构型科研组织，因为这能够充分激发、调动每个成员的主体地位，推进重要领域关键核心技术的突破。

(五)有组织科研与自由研究协同共生

高校有组织科研虽然强调目标导向的有组织性科研，但并不是对自由研究的替代。在尊重洪堡式自由研究的基础上，发挥有组织科研与自由研究的协同共生，相互促进的作用。学术自由与有组织科研协调的核心是，充分尊重科研组织中科学家的主体地位，充分激励和调动科学家的积极性。在强调有组织科研，越来越重视大平台、大团队建设在重大科研突破中的作用的同时，还要尊重因科研不确定、偶然性的特点而造成的创造性活动的科研特点。对于优秀的青年科学人才，依旧需要给予更多的自由探索、自主研究计划和空间，支持由其主导的小团队研究，以利于其在学术生涯能够充分释放创新活力。[17]

三、协同治理下的高校有组织科研的推进路径

高校有组织科研是跨学科、跨领域、跨机构多元主体协同攻关的科研组织模式，协同治理为其提供了新的途径和方向。安塞尔(Ansell)和加什(Gash)探索了有效协同治理所需的模型，其实施主要有初始条件、制度设计、领导力和协作过程等基本条件。[18]根据这四个基本条件，我国高校有组织科研应从这四个方面推进。

(一)起始条件启动协同的发生

起始条件是影响高校有组织科研协同何时发生的条件，包括权力与资源的失衡、参与动机及对立与合作的经验。权力与资源的失衡使得多元主体缺乏足够的知识和信息进行讨论与对话，冲突或隔膜的历史经验使得他们没有参与的动机和意愿。[19]因此，高校有组织科研的实施，需要在研究平台及机制安排下，选择一些研究团队的共识问题，保证团队每个成员的主体地位，形成一定的参与动机，从而使协同过程得以启动。此外，由于传统科研组织模式和管理模式的制约，使得多元主体在研究团队中的权力、资源、专业知识和参与动机等起始条件上有所不同。因此，高校可以通过

拓展科研团队的多样性,吸引更多不同专业背景的人员参与研究,以共识和共同利益推动有组织科研,与其他研究机构、企业等形成联盟,共享资源、信息和经验,建立系统的资源共享机制,推动科研工作的快速发展。

(二)强调参与包容和规则清楚的制度设计

高校有组织科研的顺利实施需要设计与有组织科研相匹配的制度,强调参与包容、程序公正、规则清楚和过程透明的制度设计是推动协同治理的基本规则。[20]制度重点放在跨学科研究、产学研合作、科研影响和贡献等。在治理过程中纳入研究团队的利益相关者,确保研究成员参与的机会和权力,加强与行业、政府等的合作,拓展科研资金来源。健全有组织科研的评价体系。评价体系的滞后,过于偏重数量指标而忽视质量与社会影响力,抑制研究人员的积极性和创造性。因此,在评价方式层面,采用同行评价和社会影响力评价相结合的综合性评价,淡化科研成果完成人排序,更加注重科研成果的实际贡献,建立共享合作成果的评价机制。同时评价全方位,对学科交叉融合、队伍建设、制度创新、资源建设与利用进行评价。

(三)促进型领导力的推进

领导力在多元利益相关者协商、合作进程中具有重要的引导作用,对于组织多元主体协同攻关具有重要意义。高校有组织科研的促进型领导力主要包括两个方面:一是高校层次的领导力,制定长期科研规划,明确发展目标与路径。高校应宏观布局学校战略规划,微观层面实施高校行动。高校行动是高校有组织科研得以落实的关键,高校根据学校战略规划,校内优势特色和优势方向的凝练,内生生成有组织科研模式,精准落实。二是高校有组织科研团队的领导力。高校层次的各种有组织科研,其领导者通常是特定领域有专长的科学家或者领军人才,负责领导组织协调研究团队的工作。例如,研究团队平台正常运行,面临参与动机不强、权力和资源分布不对称等问题,领导力就显得尤为重要。

(四)重视以共识为导向和真诚协商的协同过程

建设开放式、协作式的科研过程对有组织科研目标的实现至关重要。一方面,高校有组织科研的顺利实施,需要通过多元主体充分参与的面对面讨论,强化以信任和合作为基础的共识型协同治理进程,构建以共识为导向的对话机制;另一方面,目标的多样性要求有组织科研建立明晰的责权制度，使得多元研究主体在明晰任务与分工的基础上，共享资源平台，推进科研成果转化。此外，还要重视具体性、阶段性的有组织科研成果的实现，通过阶段性的成果鼓励参与人员的热情和信心。最后，团队文化是有组织科研的灵魂，因此，有组织科研的团队建设应着重培育成员的科学家精神和创新文化，鼓励高校教师和企业人员积极参与有组织科研，提升参与者的科研水平、科研态度、忠诚意识和责任意识。

参考文献

[1]吴楠.以“有组织科研”推进教育强国建设[N].中国社会科学报,2023-6-19(002).

[2]教育部印发《关于加强高校有组织科研 推动高水平自立自强的若干意见》[EB/OL]. http://www.moe.gov.cn/jyb_xwfb/gzdt_gzdt/s5987/202208/t20220829_656091.html.

[3]刘震,崔曦元.高校在国家关键核心技术突破中的有组织科研机制研究:以清华大学核研院高温气冷堆技术攻关为例[J].清华大学教育研究,2023,44(02):21-29.

[4]潘玉腾.高校实施有组织科研的问题解构与路径建构[J].中国高等教育,2022(Z3):12-14.

[5][12]吴合文,石耀月.高校有组织科研:生成流变、理念指向与难点突破[J].陕西师范大学学报(哲学社会科学版),2023,52(02):53-64.

[6]习近平.高举中国特色社会主义伟大旗帜 为全面建设社会主义现代化国家而团结奋斗:在中国共产党第二十次全国代表大会上的报告[M].北京:人民出版社,2022:33.

[7]刘振天.新质生产力视阈下高等教育强国建设的价值和使命[J].高等教育管理,2024,18(01):4-7.

[8]徐晓明.加快形成新质生产力 增强发展新动能[N].光明日报,2023-09-14(02).

[9]董明.新时代赋能基层治理的地方政协探索:基于浙江“请你来协商”实践的分析[J].治理研究,2021,37(04):71-81.

[10]王浦劬,臧雷振.治理理论与实践 经典议题研究新解[M].北京:中央编译出版社,2017:304.

[11][19][20]谢冉,刘红.交叉学科建设:协同治理视角[J].大学与学科,2023,4

(02):37-46.

[13]张萌,孔昭君.国家创新策源能力构建:内涵、基础与途径[J].科技和产业,2022,22(07):209-214.

[14]白强.高校有组织科研:发展趋势、逻辑转向与机制创新:基于知识生产模式变革视角的分析[J].江苏高教.2023(07):28-37.

[15]俞可平.民主与陀螺[M].北京:北京大学出版社,2006:24.

[16]徐梦夏,李洪修.高校开展有组织科研的价值意蕴、现实困境和实现路径[J].中国轻工教育,2023,26(05):27-35.

[17]阎光才.高校有组织科研与科学英才的独特作用:兼及拔尖创新人才的培育议题[J].高等教育研究,2023,44(02):10-19.

[18]Ansell C,Gash A. Collaborative Governance in Theory and Practice[J].Journal of Public and Administration Research and Theory,2007,18(4),543-571.

Strengthening organized scientific research in higher education to promote the construction of a strong educational country

Meng Yan

Abstract: Organized scientific research in colleges and universities serves the major strategic needs of countries and regions, takes key core technologies as a breakthrough, promotes the self-reliance of high-level science and technology and the independent cultivation of high-quality talents, and realizes the transformation of scientific research results. Organized scientific research in colleges and universities can accelerate the construction of a strong educational country, promote the development of new quality productive forces, and advance the realization of Chinese-style modernization. From the perspective of collaborative governance, it is necessary to break the traditional scientific research paradigms and management modes of colleges and universities. Through the collaborative governance of multiple subjects, starting from four aspects, including initial conditions, system design, facilitative leadership, and collaborative process, we can ensure the cross-fertilization of organized scientific research in colleges and universities and give full play to its overall efficacy.

Key words: higher education; organized scientific research; collaborative governance; a power nation of education

教育强国视域下推进大学学科建设高质量发展的思考*

杨旭婷

摘要:打造高质量的学科、开展有成效的学科建设是教育强国的应有之义,更是提高国家综合实力、实现高质量发展的必然要求。要实现2035年建成教育强国的宏伟目标,建设高水平学科体系,需要打破学科建设传统思路,以交叉融合挖掘学科发展的新领域,以服务需求打造学科建设的强品牌,以科学评价促进学科建设的高质量,以有效治理营造学科建设的优生态。

关键词:学科建设;教育强国;学科交叉;学科评价

作者简介:河南大学教育学部校聘副教授,硕士生导师,研究方向为高等教育管理与评价。

2023年5月29日,习近平总书记在中共中央政治局第五次集体学习时强调,加快建设教育强国,为中华民族伟大复兴提供有力支撑。建设教育强国已经成为当前我国教育发展明确的政策导向。要切实推进教育强国建设,需要从理论层面对这一概念进行深入剖析,回答究竟什么是教育强国、教育强国有什么特征等基础性问题。目前,学界已经对这一问题做了探讨,回顾既有研究可以发现,学者们普遍认为"教育强国"包含着两个层面的含义:一是强调"教育",教育强国是教育综合实力、教育发展水平强的国家;二是强调"强国",将"强"视为一个动词,即通过教育使国家强,把教育强国理解为通过教育促进、推动、支撑一个国家成为世界强国。[1][2][3][4]也有一些学者提出了教育强国应该具备的一些基本特征、条件,如先进的教育理念、更大的教育投入,高国际地位、教育竞争力和影响力[5],高质量教育体系、高水准教育公平[6],以及教育综合实力、教育创新能力、人才培养和教育服务贡献能力、教育治理能

* 基金项目:全国教育科学规划2023年教育部青年课题"我国交叉学科建设评价的内在逻辑与推进策略研究"(EIA230495)。

力[7]，等等。还有学者提出教育强国建设需要教育事业强国、教育服务强国、教育投入强国、教育治理强国、教育学术强国、教育生态强国的共同推进[8]，是一项系统工程。

总的来说，教育强国本质上是教育自身强与教育功能强的统一[9]，蕴含了宏伟目标、丰富内涵和动态发展内容。进入教育强国建设阶段，我国的各项教育事业发展需要在新的时代背景下树立新的发展理念，建构新的发展模式。笔者赞同上述学者的观点，并认为，教育强国是一个具有“比较性”的概念，一个国家是否能够成为教育强国，是基于全球范围内与其他国家的对比而言的，因此，要建设教育强国，需要具备国际视野、国际素养，把握国际发展格局，引领国际发展趋势，增强我国教育体系的国际话语权。同时，除了横向的比较，教育强国也是一个具有纵向“发展性”的概念，不同历史时期，人们对教育强国概念的理解和功能的期望是显著不同的，因此，新时代建设教育强国，要立足于当下国内外发展的特殊环境、关键矛盾、核心问题，统筹各级各类教育，提高教育质量，增强教育的贡献，提升教育的国际影响力。

党的二十大报告明确提出，“加快建设教育强国”及“到 2035 年建成教育强国”的目标，“教育强国”这一概念已经从教育的价值愿景上升为实现中国式现代化的重要支撑和关键因素。高等教育是教育、科技、人才三位一体的结合点，建设教育强国，高等教育是龙头，而学科则是高等教育的基本组织单元。打造高质量的学科、开展有成效的学科建设是教育强国的应有之义，更是提高国家综合实力、实现高质量发展的必然要求。新时代，教育强国建设赋予我国高校学科建设新的使命。要实现 2035 年建成教育强国的宏伟目标，建设高水平学科体系，需要打破学科建设传统思路，以交叉融合挖掘学科发展的新领域，以服务需求打造学科建设的强品牌，以科学评价促进学科建设的高质量，以有效治理营造学科建设的优生态。

一、以交叉融合挖掘学科发展的新领域

从科学研究的历史可以发现，“学科”以及由此衍生的一系列学科组织的产生与发展，体现了人类知识体系持续细化、深化的过程，也正是这样一个学科发展的过程，促进了人类科学与智慧的发展。当前，各类学科知识体系的建构已经日趋成熟，每个学科都搭建起了包括学科的基本概念、基本理论、研究方法，有着清晰的逻辑起点和独特的学科范式、框架结构，托尼·比彻早在 20 世纪就将这种知识持续积累基础上学科的知识体系范畴化、组织运行制度化以及更进一步表现出的各成体系、彼此隔

离、交流减少的现象比作“知识领地”上生存的几个“部落”[10],学科与学科之间价值、文化、观念和行为上的差异与区隔十分显著。

当下,每个学科在自己的学术部落中进行的知识生产活动仍在继续,甚至仍然是学科知识增长的重要方式。但这种深化式的知识探索所带来的知识增长和社会贡献却不再像学科初创和成长阶段那样显著。一方面,随着知识生产模式的迭代,新的知识增长点越来越多地出现在学科部落之间的空白地带,知识的生产从传统科学研究转向知识生产与应用的结合;另一方面,社会发展中出现的重大的、错综复杂的本土化和全球化问题同样是超出人为涉及的单一学科范畴的,国家安全、生态环境可持续发展、生命科学分析、气候变化与人类健康等议题的解决呼唤多个学科学者的集体攻关,需要各类学科知识的协同攻坚。近年来,世界一流大学创建了一批面向新兴技术、超越传统学科组织的学科专业群和跨学科研究中心,如斯坦福大学远景规划(2018)强调用跨学科视角突破药物、气候等方面的难题,慕尼黑大学建立航空航天研究中心,芝加哥大学创立普利兹克分子工程学院,清华大学布局人工智能、大数据、航空发动机等学科,浙江大学推出“双脑计划”“天工计划”等学科汇聚计划。这些跨学科行动引领着全球高校学科建设的方向。

习近平总书记指出,要推进学科交叉融合和跨学科研究,构筑全面均衡发展的高质量学科体系。2021 年 1 月,国务院学位委员会、教育部印发通知,决定设置“交叉学科”为我国第 14 个学科门类,同年 12 月,国务院学位委员会印发《交叉学科设置与管理办法(试行)》,如何推动交叉科学建设已成为当前重要议题。与国际先进做法相比,我们国家在推进学科交叉融合、培养复合型创新人才、产出跨学科科研成果、解决国家和社会发展重大问题方面仍然需要做出思想和制度上的突破,更加主动超前布局,更加主动服务国家发展战略全局,以多学科融合发展,走出一条学科建设新路。

二、以服务需求打造学科建设的强品牌

自 20 世纪初威斯康星大学提出大学教育应当为区域经济和社会发展服务的理念后,社会服务已经成为各类高等教育机构在教育教学、科学研究之外的第三项基本职能。直至今日,我们在谈及如何促进大学、学科提高社会服务质量这个问题时,早期威斯康星大学的行动仍然值得学习借鉴。威斯康星大学以农学、林学、植物学、微生物学等学科著称,与其他学科在校园之内的封闭式研究不同,威斯康星大学农林学科的教师们面向全州内的实际问题开展教学和研究,在乳制品领域提出了乳脂检测法(Milk-Fat Test),发现了奶牛结核病及其防治方法,为所在州乳业发展提供了强有

力的技术支持,推动了当地乳业经济的快速发展[11],“不仅造福了当地牧民,对教师和学生来说也是他们重要的校外课堂,其思想火花的碰撞是校内教育活动无法替代的”[12],更塑造了威斯康星大学农林学科的品牌特色。

我国教育强国建设对高校学科建设提出了新要求。面对世界百年未有之大变局加速演进,全球竞争格局发生重大调整,我们应当重新审思威斯康星思想,正如其校长范海斯所说,“教授们不能满足于整天呆在校园里面认识世界,而是要本着强烈的责任意识去做社会服务工作”[13]。高校学科建设者应以服务国家和社会发展为己任,准确把握世界科技前沿趋势,紧密对接海洋强国、公共卫生、新基建、能源安全等国家重大战略需求,深入社会经济发展和产业变革当中,并在此基础上优化学科体系,调整学科结构,探索基础问题,培育新兴领域,聚集创新要素和资源,持续提升竞争力,为解决卡脖子问题做出贡献,做出时代期望的独特贡献。

三、以科学评价促进学科建设的高质量

学科评价是学科发展的指挥棒,事关学科建设发展方向。2020 年 10 月,中共中央、国务院印发了《深化新时代教育评价改革总体方案》,其中专门提到要“改进学科评估,强化人才培养中心地位,淡化论文收录数、引用率、奖项数等数量指标,突出学科特色、质量和贡献,纠正片面以学术头衔评价学术水平的做法”。长期以来,我国学科评价存在评价内容偏量化、评价标准同一化、评价方法简单化、评价结果符号化等问题。学科建设的人才培育、知识探索与转化、师资队伍建设、社会服务等活动被窄化、泛化为若干指标,各类学科的特色在评价中难以兼顾,用简单的统计算法来评测世界上最复杂的劳动和最繁杂的组织[14],最终以若干排名、位次等符号来概括复杂的学科建设内涵。

建设教育强国需要富有时代特征、彰显中国特色、体现世界水平的教育评价体系,高水平的学科建设同样离不开科学的学科评价体系的支撑。在评价理念上,要逐步从学科之外走向学科之内,尊重学科建设与发展的内在逻辑与运行规律,尊重学科之间的差异,认识到学科建设所具有的复杂性,以真实、全面、客观地反映学科建设的现实场景、核心内容、关键要素为导向,如此才能真正实现“以评促建”的作用。在评价内容上,应抛却原有的简单思维、量化思维,树立复杂评价思维,注重挖掘包括学科生态与文化、学科竞争力与可持续发展能力、学科前沿创造与原始创新能力、学科学术与社会影响力、学科国内外声誉等反映学科建设水平的内隐性、深层次的评价指标,建构兼顾显性与隐性指标、兼顾量化与质性指标的评价体系。在评价方式方法

上，进入数智时代，学科评价应与科技革命的变革与发展深度融合，借助以互联网、大数据、云计算、人工智能、先进计算等为代表的现代信息技术手段，将数智技术作为推动教育评价变革的关键变量与内生动力[15]，搭建学科建设监测评价数据云平台，开展动态实时、全面客观的学科建设数据，充分利用信息技术，提高教育评价的科学性、专业性、客观性。

四、以有效治理营造学科建设的优生态

回顾历史，我国学科建设的建设重点、发展方向、评价体系等均体现出了较强的行政主导色彩，政府、高校是学科建设活动的核心利益相关者，而其他主体，如行业、企业等社会组织，以及教师、学生、家长等个体在学科建设过程中的参与度和话语权很小，甚至排除在行列之外。但进入教育强国建设阶段，学科建设的内外部发展环境发生了一系列变化，对学科建设主体的构成和参与权力的分配提出了新的要求。学科建设活动愈来愈超出了大学围墙之内，与产业结构变革和经济社会发展紧密联系在一起，学科的人才培养和科研创新对于新兴产业布局和传统产业升级具有重要作用，大学外部的组织和个人与高校学科建设过程中的教育教学、师资队伍建设、科学研究，甚至学科战略规划的关联愈发密切，一个学科的健康发展越来越需要多元主体的共同参与、协同配合。与此同时，我国高等教育普及化水平的持续提升也为高等教育管理提出了新的挑战，高校学科的发展必然会受到雇主、毕业生、教师和学生、学者等多元利益群体的影响。可以说，基于新的时代背景和学科发展实际，学科建设已经成为一项涉及多种利益相关组织、公民群体和个人的事业[16]，而学科治理能力的提升、学科善治已经成为一流学科生成与发展的根本途径。[17]

习近平总书记在主持中共中央政治局第五次集体学习时提出，治理现代化是建设中国特色社会主义教育强国的基本路径之一。高校学科治理现代化能力的提升，重要改革特征是治理主体的变化，即实现从单一的政府管理主体向政府、学校、社会、家庭等多元管理主体协同治理的转变，尤其突出对社会参与的高度重视。[18]要坚持党对教育工作的全面领导，优化学科治理体系，科学配置行政权力，明晰以政府为代表的各级教育主管部门、高校学科建设机构、学院、系、教研室等组织的权责边界，激发各类利益相关群体、个人在学科建设中的活力和创造力，以治理理念创新学科管理机制和组织模式，营造各方有效交流、平等合作、协同配合的良好学科生态。

参考文献

[1]柳海民,满莹.教育强国建设的实践路径[J].中国教育学刊,2024(01):1-5+12.

[2]刘向兵.教育强国的核心要义思考[J].中国人民大学教育学刊,2023(06):12-15+182.

[3]褚宏启.教育强国建设的底层逻辑与顶层设计:教育如何助推中国成为世界强国[J].教育研究,2024,45(01):4-15.

[4]朱旭东,李育球.新时代教育强国的新内涵建构[J].重庆高教研究,2018,6(3):3-8.

[5]李锋亮,周京博.推动研究生教育强国建设加快拔尖创新人才培养:第七届全国研究生教育学学科建设高端论坛综述[J].研究生教育研究,2024(01):1-7.

[6]杜玉波.加快推进中国特色高等教育强国建设[J].中国高教研究,2024(01):1-10.

[7]张炜,周洪宇.教育强国建设:指数与指向[J].教育研究,2022,43(01):146-159.

[8]秦玉友.加快建设教育强国的语境分析与战略推进[J].国家教育行政学院学报,2024(01):11-18.

[9]石中英.教育强国:概念辨析、历史脉络与路径方法:学习领会党的二十大报告中有关教育强国建设的重要论述[J].清华大学教育研究,2023,44(01):9-18.

[10]比彻,特罗勒尔.学术部落及其领地:知识探索与学科文化[M].唐跃勤,蒲茂华,陈洪捷,译.北京:北京大学出版社,2008.

[11]孙健.威斯康星思想:概念的误解与澄清[J].高教探索,2021(08):19-23.

[12]Curti M, Carstensen V. The University of Wisconsin: A History, 1848-1925 (Volume 1)[M].Madison: University of Wisconsin Press,1949:715,390,55.

[13]Stark J, Knoxa A B, Corry J. The Wisconsin Idea: The University's Service to the State and the Wisconsin Idea for the 21st Century[M]. Madison: Legislative Reference Bureau,1996:39.

[14]陈洪捷.学术评价:超越量化模式[N].光明日报,2012-12-18(015).

[15]檀慧玲,王玥.教育评价数字化转型的内生动力与核心议题[J].教育研究,2023,44(12):143-151.

[16]王战军,杨旭婷,刘静.监测之于世界一流学科建设:合理性及其价值[J].国

家教育行政学院学报,2021(06):35-44.

[17]何晓芳.学科嵌入式治理:一流学科生成与发展的制度逻辑[J].中国高教研究,2019(09):29-34.

[18]张志勇,赵新亮.面向教育强国建设的教育治理现代化变革[J].教育研究,2024,45(01):112-120.

Reflections on promoting the high-quality development of university discipline construction from the perspective of an educational powerhouse

Yang Xuting

Abstract: Creating high-quality disciplines and carrying out effective discipline construction is the proper meaning of a strong educational country, and it is also an inevitable requirement to improve the comprehensive strength of the country and achieve high-quality development. To achieve the ambitious goal of building a strong educational country by 2035 and construct a high-level discipline system, it is necessary to break the traditional thinking of discipline construction, explore the new field of discipline development by interdisciplinarity, create a strong brand of discipline construction by serving the demand, promote the high quality of discipline construction by scientific evaluation, and create an excellent ecology of discipline construction by effective governance.

Key words: discipline construction; educational powerhouse; interdiscipline; discipline evaluation

课程思政研究

新时代京津冀高校大思政课协同育人：本质规定、实践探新与优化路径*

冯用军 赵雪

摘要：新时代新征程上，思政课建设面临新形势新任务，必须有新气象新作为。党的十八大以来，京津冀协同发展战略深入推进，为新时代京津冀高校“大思政课”改革与发展带来重要契机。推动新时代京津冀高校“大思政课”协同育人工作，要将“大思政课”教育教学看作一个系统化的整体运行过程，对其构成系统的政策导向、价值理念、资源要素等进行科学分析，以合理有效的方式方法、手段路径推动各思政要素协调运转，形成一体化思政教育和教育思政合力。在高等教育后普及化时代，京津冀高校“大思政课”协同育人在实践中搭建起了大中小一体化思政教育教学共享平台，积极把现实思政素材转化为协同育人素材，共建校内外一体化“大思政课”实践养

* 基金项目：2022 年度教育部高校思想政治理论课教师研究专项“李大钊对早期高校思政课建设的探索与当代价值研究”（22JDSZK012）；陕西师范大学中央高校基本科研业务费专项资金项目“研究阐释习近平总书记在庆祝中国共产主义青年团成立 100 周年大会讲话精神专项项目”“中国高校共青团思政育人的重大成就和历史经验研究”（2022zdpy002）；陕西师范大学教改项目“‘大学生劳动教育’课程教学评价改革与实践”（23GGYS-JG11）研究成果。

成基地，充分利用“互联网+大思政”“AI+大思政”等现代科技，协同促进“大思政课”教育教学质量持续提升，切实提高高校“大思政课”教育教学实效性和时代性，为支撑京津冀协同发展战略努力培养更多让党放心、爱国奉献、担当民族复兴重任的时代新人。

关键词：京津冀协同发展；高校；大思政课；智能思政；本质规定；提升路径

作者简介：冯用军，陕西师范大学教育学部“一带一路”教育高等研究院教授，博士后，博士生导师，安邦中国评价科学院院长，主要从事教育政策与评价、教育历史与文化、教育发展战略规划研究。赵雪，唐山师范学院马克思主义学院副教授，博士，主要从事思政教育、高教管理研究。

党中央、国务院高度重视学校思政课建设，因为学校思政课是铸魂育人、贯彻党的教育方针、落实立德树人教育根本任务等的关键课程。2019 年 3 月 18 日上午，习近平总书记在北京主持召开学校思想政治理论课教师座谈会并发表重要讲话强调，“思想政治理论课是落实立德树人根本任务的关键课程”[1]。“思想政治理论课能否在立德树人中发挥应有作用，关键看重视不重视、适应不适应、做得好不好。”[2] 2022 年 4 月 25 日，习近平总书记来到中国人民大学考察调研，观摩思政课智慧教室现场教学，并对思政课建设提出明确要求，为做好新时代高校思想政治工作指明了前进方向，提供了根本遵循。2024 年 5 月 11 日，习近平对学校思政课建设作出重要指示指出，“各级党委(党组)要把思政课建设摆上重要议程，各级各类学校要自觉担起主体责任，不断开创新时代思政教育新局面，努力培养更多让党放心、爱国奉献、担当民族复兴重任的时代新人”[3]。可以说，党的十八大以来，党中央始终坚持把学校思政课建设放在教育工作的重要位置，党对思政课建设的领导全面加强，各级各类学校社会主义办学方向更加鲜明，思政课教师乐教善教、潜心育人的信心底气更足，广大青少年学生“四个自信”明显增强，精神面貌奋发昂扬，思政课发展环境和整体生态发生全局性、根本性转变，有效回答了培养什么人、怎样培养人、为谁培养人的根本问题。

高校思政课是中国高校坚持党的领导、坚持马克思主义指导地位、坚持为党和人民事业服务、落实立德树人根本任务、培养一代又一代社会主义建设者和接班人的重要保障，必须深入学习、全面贯彻习近平总书记考察中国人民大学重要讲话精神，加快推进高校马克思主义学院建设，认真总结思政课教学改革、课程建设、实践教学、学术研究等方面的经验。中国共产党历来重视高校思想政治教育工作，特别是党的十八大以来，以习近平同志为核心的党中央站在新的历史起点上，以伟大的历史主动精神、巨大的政治勇气、强烈的责任担当，从实现中华民族伟大复兴的战略全局高度来擘画德智体美劳全面发展的社会主义建设者和接班人的培养问题。立德树人是教育的根本任务，为谁培养人是教育的首要问题，高校思政课也是中国高校高举信仰之炬扎根中国大地办大学、解决“培养什么样的人，如何培养人，为谁培养人”的根本问题、走出一条建设中国特色世界一流大学新路的重要抓手。在新时代推动高校“大思政课”协同育人，为党和国家持续培养德智体美劳全面发展的社会主义建设者和接班人，高校必须抓住“大思政课”教育教学这一关键过程和中心环节，从资源整合、优化设置、一体化推进等视角和政策导向、价值理念、资源要素等方面统筹解决制约高校“大思政课”协同育人质量提升和效果长久的根本问题。

新时代新征程上，思政课建设面临新形势新任务，必须有新气象新作为。京津冀协同发展战略是党中央在新时代提出的促进区域协同发展的重大国家战略之一，加强京津冀区域间高校深度交流与跨界合作，持续培育“先锋分子”和“红色人才”是促进京津冀区域经济发展社会进步的“第一资源”。根据教育部 2021 年全国教育事业统计主要结果显示，高等教育毛入学率 57.8%，中国进入高等教育后普及化时代，全国共有高等学校 3012 所。其中，普通本科学校 1238 所，本科层次职业学校 32 所，高职（专科）学校 1486 所，北京市 92 所、天津市 56 所、河北省 125 所，三省市共 271 所，占全国的比重为 9.97%；76 所教育部直属高校中，北京市 24 所、天津市 2 所、河北省 0 所；第二轮 147 所“双一流”建设高校中，北京市 34 所、天津市 5 所、河北省 1 所（校址在天津）；37 所全国重点马克思主义学院，北京市 5 所、天津市 2 所、河北省 1 所。由此可见，在京津冀协同发展战略框架内，京津冀区域高校“大思政课”协同育人首先要解决的就是三地高校优质思政资源“发展不平衡不充分”的主要矛盾，特别是河北省高校优质教育资源包括优质思政教育资源严重不足等瓶颈问题。京津冀高校历史渊源深厚、文化发展脉络清晰，不同高校的校园文化和“大思政课”资源既可以互补互助，也可以共建共享，还可以协同育人。在推进京津冀高等教育一体化进程中，京津冀区域高校只有充分发挥各高校的办学特色和学科专业优势，以“共享资源、协同育人”为目标构建“大思政课”一体化发展体系，打通京津冀大中小幼一体化思政课瓶颈，才能引领中国区域高校通过跨校“大思政课”协同育人的时代潮流，为党和国家战略提供可靠的智力支持和人才支撑。

一、新时代京津冀高校“大思政课”协同育人的本质规定

“大思政课”是习近平总书记心中的一件大事[4]，集中展示了习近平总书记关于思想政治教育的原创性贡献。党的十八大以来，习近平总书记就加强和改进高校思

想政治工作作出了一系列重要论述,深刻阐明了新时代高校思想政治工作的重大意义、根本任务、方针原则、基本要求等,丰富和发展了党对高校思想政治工作的规律性认识,为高校做好思想政治工作提供了根本遵循。特别是 2019 年 3 月 18 日,习近平总书记主持召开学校思想政治理论课教师座谈会强调,用新时代中国特色社会主义思想铸魂育人、贯彻党的教育方针落实立德树人根本任务。同时,习近平总书记还指出人才培养体系的建设要发挥“融入式、嵌入式、渗入式的立德树人协同效应”[5]。党和国家高度重视高校“大思政课”建设,多次出台政策文件,强调要“协同发展”,特别是在中国共产党成立 100 周年之际,中共中央、国务院印发了《关于新时代加强和改进思想政治工作的意见》(以下简称《意见》),《意见》立意高远、着眼大局、思想深邃、内涵丰富,深入分析了思想政治工作面临的新形势,系统阐明了思想政治工作的指导思想、方针原则、重点任务、目标要求等,具有鲜明的政治性、思想性、针对性和可操作性,对高校更好发挥思想政治工作传家宝和生命线作用,动员全国高校师生员工满怀信心投身中国特色世界一流大学建设,具有重大现实意义和深远历史意义。所谓协同,就是指协调两个或者两个以上的不同资源或者个体一致地达成某一目标的过程或能力。[6]协同发展理念为京津冀区域高校“大思政课”的教育教学改革和创新发展提供了新的研究视角和实践理路。因此,京津冀高校“大思政课”协同育人,本质上是推动不同类型和层次高校间专科生、本科生、研究生的思政课程、课程思政、劳动教育、“双创”教育、科学教育等教育资源优势互补,以提升“大思政课”教育教学质量和“先锋分子”“红色人才”培养成效为根本目标,促进“大思政课”教育教学深度变革与综合集成创新,办好党、国家和人民满意的高等教育。

(一)新时代高校“大思政课”的核心要义

新时代高校“大思政课”是纵横贯连的整体课程,既包含学校小课堂,也囊括社会大课堂,其最终目标是要坚定大学生理想信念,树立正确的价值观、人生观、世界观。拓展丰富多样的大资源,是实行思想政治教育全方位育人的路径支撑;紧密结合新时代“德智体美劳”全面发展教育目标,是形成“大思政课”协同育人机制、凝聚“立德树人”的方向支撑。高校“大思政课”是理论教学与实践教学的统一体,也是思政课程、课程思政、劳动教育、“双创”教育“四位一体”协同育人的新格局,既是一种育人理念,也是一种育人方法。新时代高校“大思政课”教育主体多元,将多主体共同参与、多路径共同促进、多场域交替影响作为重点,推进“大思政课”科学有序地推进育人工作;高校“大思政课”教育结构多维,具有历时性和共时性的双重维度,要求党、政、团、学、群等不同场域配合协同,推进思想政治教育走向“由内而外”的多样化工作体系和智慧化教学体系,促进高校思政工作由理论话语体系向生活话语体系的转换,在思想政治教育生活化中传承红色基因。

(二)新时代高校“大思政课”协同育人政策实践

2019年8月,中共中央办公厅、国务院办公厅颁布《关于深化新时代学校思想政治理论课改革创新的若干意见》,对中国高校“大思政课”协同育人成效做出了基本判断,对存在的主要问题进行了总体分析,要求“推动本校马克思主义学院与其他高校马克思主义学院协同发展”,跨界合作“协同育人”成为高校“大思政课”改革创新的要点和亮点之一。党的十八大以来,教育部陆续印发了《新时代高校思想政治理论课教学工作基本要求》《普通高等学校马克思主义学院建设标准(2019年本)》《普通高等学校思想政治理论课教师队伍培养规划(2019—2023年)》《“新时代高校思想政治理论课创优行动”工作方案》《关于在思政课中加强以党史教育为重点的“四史”教育的通知》《高等学校思想政治理论课建设标准(2021年本)》等政策文件,强调要调动国内外、全社会各种资源用于思想政治理论课建设,鼓励各地各校结合实际和学生特点,运用科学、开放、创新、协同的方式、方法、手段、路径创新大思政课堂,全面提升跨界协同育人效果。可以说,协同育人为新时代高校“大思政课”的改革创新提出了最新要求和根本遵循。

党中央鼓励不同高校的马克思主义学院开展合作交流,这是加速高校“大思政课”教育教学共同体形成的科学指针,为京津冀区域高校“大思政课”走向“协同育人”提供了思想指南。2015年9月16日,由北京大学牵头,南开大学、清华大学、河北经贸大学和首都经济贸易大学等联合组建的京津冀协同发展联合创新中心正式成立;2016年1月,京津冀三地教育主管部门联合签署了《京津冀大学生思想政治教育工作协作方案》,强调要通过思想政治教育协作创新实现协同育人,充分发挥三地高等教育及社会资源优势,增强思想政治教育的针对性与实效性;2016年2月,《“十三五”时期京津冀教育协同发展专项工作计划》发布,该计划致力于推进三省市高校、科研院所试点联合培养研究生,要求加强联合培养研究生思想政治教育工作,实现京津冀高校思政教育资源共建共治共享共富;从2016年1月至2017年11月,北京大学、南开大学和河北师范大学分别主办了第一届、第二届、第三届京津冀大学生思想政治教育工作研讨会,力图通过汇聚京津冀智慧力量协调解决思想政治教育中的协同发展重大理论问题,力图在实践上为促进三地高校思政教育资源共建共享、开展区域高校“大思政课”协同育人指明前进方向;2019年1月,京津冀教育协同发展推进会在雄安新区召开,会议发布了《京津冀教育协同发展行动计划(2018-2020年)》,强调要加快构建和优化高等教育协同育人体系和高等学校协同创新体系，提升高等教育资源共享水平和思政教育协同育人成效等。

从党和国家出台的关于高校“大思政课”建设和京津冀高等教育协同发展的系列政策文件可以看出，党中央高度肯定了高校“大思政课”在发展过程中取得的历史性成就、发生的历史性变革，鼓励不同高校的马克思主义学院开展校际合作交流，同时也客观指出高校“大思政课”协同育人成效不足等发展短板。京津冀区域高校“大思政课”要增强“协同育人效应”，必须不折不扣落实党和国家的思想政治教育政策文件，加速“大思政课”师生教学共同体形成进程，引导高校“大思政课”教师加强合作交流，共同提升思政课程、课程思政、劳动教育和“双创”教育“四位一体”的协同育人成效。

（三）新时代高校“大思政课”协同育人价值理念

习近平总书记强调“思想政治理论课能否在立德树人中发挥应有作用，关键看重视不重视、适应不适应、做得好不好”，高校“大思政课”协同育人既要“坚持价值性和知识性相统一”[7]，也要“不断推进思政课教学改革创新，打造高精尖水平思政课”。京津冀区域高校“大思政课”协同育人是思政课堂在时间和空间上的双向延伸，在贯彻落实“立德树人”教育根本任务的立体过程中要将价值观引领寓于知识与技能、过程与方法、情感态度与价值观养成的全过程、全要素、全时空中，以最新的马克思主义中国化成果——习近平新时代中国特色社会主义思想为指导，增进大学生政治认同、思想认同和价值认同，坚持实事求是、共建共享的基本取向，这些价值理念为推动京津冀区域高校“大思政课”协同育人提供了科学指引。

1.以“立德树人”为核心

国无德不兴，人无德不立。中国传统文化教育认为育人之本，在于立德铸魂、德才兼备。高校思想政治理论课是落实“立德树人”教育根本任务的关键课程，是解决好“培养什么人、怎样培养人、为谁培养人”根本问题的核心课程。作为思想政治教育的主渠道，高校“大思政课”的价值性特点鲜明：一是推进开展马克思主义理论教育，用习近平新时代中国特色社会主义思想武装师生、铸魂育人；二是从国家、社会、高校、教师和学生五个维度来协同推进“大思政课”建设，通过“五位一体”加强社会主义核心价值观教育，引导大学生自尊自信自立自强，在“大思政课”中树立“四个自信”，做到政治要强、思想要纯；三是厚植爱国情怀，引导大学生把“请党放心，强国有我”坚定信念自觉融入实现中华民族伟大复兴中国梦的接续奋斗之中，增强新时代中国大学生立志做中国人的志气、骨气、底气，不负时代、不负韶华、不负人民，确保中华民族千秋伟业和红色江山永不变色。

京津冀区域高校“大思政课”协同育人必须以“立德树人”为根本价值导向，尊重大学生身体心理情感发展和成长成人成才规律，协同课堂教学、实践教学、专题教学和课外扩展教学等方面的综合集成创新，在课程思政、思政课程、劳动教育、“双创”教育“四位一体”教学中把握立德树人目标的多种具体化呈现，厘清思政课教学过程中的问题难点和攻坚重点，满足大学生多元化的精神需求，实现知识传授、理论传播和价值引领的和谐统一。

2.以“政治认同”为基础

政治认同作为社会意识的组成部分，既是公民对于国家认同和政党认同的心理基础，也是公民自觉地按社会核心价值观要求来规范自己言行的政治行为。新时代中国大学生以实现中华民族伟大复兴为己任，其政治认同表现为对党和国家政治制度与战略政策的支持、对人民和中国共产党的热爱、对铸牢中华民族共同体意识的融入、对构建人类命运共同体的理解，这有助于大学生树立起共同奋斗目标，激发为中国特色社会主义事业奋斗终身的热情，用青春的能动力和创造力激荡起民族复兴的澎湃春潮，用青春的智慧和汗水打拼出一个更加美好的中国。高校思政课的本质是讲道理，要注重方式方法，把道理讲深、讲透、讲活，老师要用心教，学生要用心悟，达到沟通心灵、启智润心、激扬斗志。面对世界百年未有之大变局，京津冀区域高校“大思政课”要以更为深刻、更加科学、更有情怀的方式向大学生讲述党和国家主流意识形态与社会主义核心价值观，从历史到现实、从世界到中国，把马克思主义为什么“行”、中国共产党为什么“能”、中国特色社会主义为什么“好”讲清讲透，特别是要充分利用中国共产党领导全国人民坚决打赢脱贫攻坚战、全面建成小康社会，以中国式现代化全面推进强国建设、民族复兴伟业等鲜活素材，引导当代大学生形成正确的政治观、世界观、人生观和价值观，强化大学生对中国共产党治国理政的合法性与合理性、社会主义制度的优越性与先进性的深刻体会，提升其政治认同水平和时代使命担当。

3.以“共建共享”为归宿

高校思政课教学资源共建共享对加快区域高校一体化建设、实现思政课均衡发展、推动形成思想政治教育合力等具有重要作用。京津冀三地地域一体、文化一脉，区域高校“大思政课”协同育人创新，展现了其共建共享机制的建构是历史性的伟大选择、时代化的迫切需要。习近平总书记在考察中国人民大学时的重要讲话中要求“鼓励各地高校积极开展与中小学思政课共建，共同推动大中小学思政课一体化建设”，京津冀区域高校树立“大思政课”共建共享的协同育人理念，不同高校马克思主义学院应本着“立德树人”的根本使命，在一体化建设进程中结合“大思政课”教育教学理念,突破传统思政课教育教学资源的时空局限,联合打造更多全国大中小学思政课教学“金课”,积极分享典型经验和成功做法,在“大思政课”师生教学共同体内协同发力,线上线下共建共享课程思政、思政课程、劳动教育、“双创”教育“四位一体”资源成果,不断在改革中加强、在创新中发展,完成从更深层次上审视、把握和推进“大思政课”教育教学实效性、时代性的综合性变革任务,实现当代“大思政课”教育教学资源的有效开发和科学利用,全面提升京津冀区域高校“大思政课”教育质量和教学水平。

(四)新时代高校“大思政课”协同育人资源要素

高校“大思政课”协同育人的资源要素是指在一定历史条件下,能够为“大思政课”开发和利用的物质、文化和信息等资源要素的总和,包含师资资源、文化资源和信息资源三个重要组成部分。“协同创新是集中体现要素系统优化和主体合作创新的过程,在此过程中,要素资源的优势性整合和创新主体的有效性互动是实现协同创新的重要维度。”[8]关于用好用活各种资源要素、推动思想政治理论课改革创新、提升协同育人效果,习近平总书记高度关切:“推动思想政治理论课改革创新,不断增强思政课的思想性、理论性和亲和力、针对性”,“改革创新是时代精神,青少年是最活跃的群体,思政课建设要向改革创新要活力。”[9]京津冀区域高校要积极通过人财物力资源要素的协同创新,积极调配“大思政课”要素资源、优化整合“大思政课”要素效能,才能在“大思政课”内外联动、主体联合、内容联结等方面推动形成优势互补的协同育人效应。京津冀区域高校还要充分发掘和运用历史与现实中所蕴含的思想政治教育资源,实现优质思想政治教育教学资源的共建共享,形成“先锋分子”“红色人才”培育合力。

1.教师资源

办好思想政治理论课关键在教师。教师资源是指从事高校“大思政课”教育教学的相关专业人员。高校“大思政课”教师肩负着为党育人、为国育才的伟大使命,担负着落实“立德树人”教育根本任务和“教书育人”根本使命的双重重任。高校“大思政课”办得好不好,关键在教师。为加强新时代高校“大思政课”教师队伍建设,2020 年 1 月 7 日,教育部审议通过《新时代高等学校思想政治理论课教师队伍建设规定》,对“大思政课”教师的职责与要求、配备与选聘、培养与培训、考核与评价、保障与管理等做出了详细规定,要求各地各高校把“大思政课”教师队伍建设纳入教育事业发展和干部人才队伍建设总体规划。2022 年 3 月 17 日,教育部召开新闻发布会,介绍三年来贯彻落实学校思想政治理论课教师座谈会精神工作进展成效,认为党的十八大以来，我国思政课教师队伍建设实现历史性突破，截至2021年底，高校思政课专兼职教师数超过了12.7万人，并且“大思政课”教师队伍建设发展呈现年轻化、专业化、高学历化等新态势。

2.文化资源

高校“大思政课”的文化资源多指优秀革命传统和红色文化资源。京津冀区域特有的优秀革命传统和红色文化资源是京津冀高校“大思政课”教育教学的重要素材，是丰富“大思政课”教育教学的红色底蕴。从五四运动的天安门到中华人民共和国成立的天安门，京津冀区域革命传统和红色文化资源孕育和形成于1919年五四运动到1949年新中国成立的伟大革命斗争时期，在新民主主义革命、社会主义革命和建设、改革开放和社会主义现代化建设、中国特色社会主义新时代四大时期不断丰富、发展和完善、成熟，形成了中国特色的区域红色文化遗产谱系，如以西柏坡精神为代表的中国革命精神谱系的历史演变，无不见证着近现代京津冀区域的历史文化变迁，是京津冀区域红色文化的重要载体，更是京津冀区域文化软实力的重要组成部分。所以，京津冀区域高校要充分利用京津冀地区的优秀革命传统和红色文化资源打造更多高水平大思政“金课”，讲好用好新时代中国共产党“四个伟大”的“大思政课”，依托全社会榜样模范激活实践育人“大课堂”，汇聚“家校社三位一体”协同育人“大能量”，进而激发当代大学生立志民族复兴的信心和决心，培养更多担当民族复兴大任的时代新人。

3.信息资源

高校“大思政课”信息资源是指随着以“互联网+”为中心的现代科学技术的创新驱动，特别是生成式人工智能、元宇宙、大数据、云计算、大语言模型、虚拟现实、物联网、6G、4D、脑机接口等高新科技的创新应用，网络信息共享资源在“大思政课”资源中的地位越来越突出，现代信息技术为“大思政课”教育教学提供了越来越多的先进设备和海量资源。在教育部牵头整体推进大中小幼一体化思政课教育教学数字化战略行动中，我国已经建成了全国高校思政课教师网络集体备课云平台，云平台向全国高校思政课教师提供包括教案、课件、讲义、案例等优质教育教学共享信息化、数字化、虚拟化资源。[10]京津冀区域高校“大思政课”教师运用“互联网+”“AI+”为“大思政课”赋能增值，探索智慧思政、智能思政道路，是新时代思政课智慧化的大势所趋，也是“大思政课”协同育人的必由之路。具体地说，京津冀区域高校利用云平台推进“大思政课”信息化教育教学数字资源建设，推动“互联网+大思政课”“AI+大思政课”“元宇宙+大思政课”等教育教学、教育服务供给和教育治理融合发展，是新时代思想政治理论课改革创新的一个最突出体现，也是积极推动高校“互联网+AI+元宇宙+思政”的颠覆性尝试。

二、新时代京津冀高校“大思政课”协同育人的实践探新

我们办中国特色社会主义教育,就是要理直气壮开好思政课。在京津冀协同发展国家战略指引下,京津冀三地教育主管部门在高校“大思政课”教育教学协同育人上进行了诸多实践探索(见下表),形成了一些新的举措。实践探索显示,京津冀区域高校充分发掘自身特点及社会资源优势搭建项目平台,聚焦“国之大者”,紧抓社会热点,通过研讨交流、协同创新,建立学习交流和评价反馈机制,不断解决“大思政课”教育教学中存在的主要问题,使“大思政课”协同育人机制朝向更加多元有效的健康方向发展。

京津冀区域高校“大思政课”协同育人的实践

序号	名称	主办单位	时间	地点	参与单位
1	京津冀高校提升思政课亲和力论坛	北京大学马克思主义学院、北京市高校中国特色社会主义理论研究协同创新中心(中国政法大学)、河北大学思政课微电影教学研究中心	2017年5月20日	河北大学	京津冀30多所高校的专家学者
2	传承红色基因,拓展思政课堂	京津冀高校赴雄安保定联合社会实践团队	2017年7月27日	河北农业大学	北京大学等4所北京高校、南开大学等4所天津高校、河北大学等10所省内高校
3	“如何在‘概论’课教学中落实习近平总书记‘7·26’讲话精神”教学研讨会	教育部高校思想政治理论课教学指导委员会“毛泽东思想和中国特色社会主义理论体系概论”分委员会、北京大学马克思主义学院、北京大学中国特色社会主义理论大众化与国际传播协同创新中心	2017年8月30日	华北电力大学(保定)	京津冀地区高校的90多名从事“概论”课教学的教师

续表

序号	名称	主办单位	时间	地点	参与单位
4	“互联网+”背景下京津冀高校思政课教学改革研讨会	天津大学马克思主义学院、超星集团	2017年11月18日	天津大学	京津冀40余所高校专家学者和教师
5	京津冀高校习近平新时代中国特色社会主义思想“进教材、进课堂、进头脑”教学展示研讨会	北京市委教育工委、天津市教育委员会、河北省教育厅	2018年1月6日	中央财经大学	京津冀三地53所高校的120余名思政课教师代表参会
6	“思政课教师实践教学能力提升”研讨会	天津市教委德育处、天津科技大学马克思主义学院和天津市高校思政课“教学改革创新示范团队项目”徐越如团队	2018年6月30日	天津科技大学	北京科技大学、河北大学、海南大学以及京津冀高校的百余名思政课专家、教师
7	“安教乐道·铸魂育人”推进思政课程建设京津冀研讨会	天津市教委	2019年5月14日	天津城市建设管理职业技术学院	京津冀中高职院校的相关负责人、骨干教师代表300余人
8	“小我融入大我，青春献给祖国”首届京津冀高校学生讲思政课邀请赛	北京高校中国特色社会主义理论研究协同创新中心(中国政法大学)和南开大学马克思主义学院	2019年6月9日	南开大学	中国人民大学、北京师范大学、中国政法大学、南开大学、天津大学、天津师范大学、河北师范大学等13所高校共24支队伍百余名学生参赛
9	京津冀陕甘宁六省市职业院校“思政课程”与“课程思政”协同育人交流展示活动	天津市委教育工委、天津市教委	2020年11月11日	天津城市建设管理职业技术学院	北京经济管理职业学院、唐山职业技术学院、杨凌职业技术学院、甘肃建筑职业技术学院、宁夏建设职业技术学院以及天津中、高职院校师生2500余人线上线下参加了活动

续表

序号	名称	主办单位	时间	地点	参与单位
10	“弘扬红船精神 喜迎建党百年”——京津冀大中小思政课一体化备课研讨会	天津市委教育工委、天津市教委	2020年12月4日	天津国土资源和房屋职业学院(线上+线下)	北京、天津、保定多地的3000余名大中小学思政课教师
11	京津冀高校思想政治工作科研联盟成立	北京市委教育工委、天津市教委、河北省教育厅	2023年11月19日	北京市	共同研发思政“金课”,将京津冀协同发展理念融入思政课教学
12	京津冀“共创一部精品剧、同看一台运河戏、齐上一堂思政课”	北京物资学院	2024年5月20日	河北省廊坊市丝绸之路国际交流中心	共同打造“京津冀”大中小一体化美育思政精品
13	“循着伟大的足迹——党史学习主题实践”京津冀学子同上一堂“大思政课”暨“百万学子回延安 延安精神进校园”活动	天津市教委	2024年5月27日	天津市	24所京津冀高校约600名师生开展京津冀学子同上一堂“大思政课”

众所周知,河北省经济社会发展水平与北京市、天津市相比明显偏低,并且京津两市具有明显的政治优势和地域优势。京津高校不仅数量多、层次高、师资强,而且资金投入力度大、信息资源丰富、综合实力领先,形成了京津冀三地高校思想政治教育资源分布不平衡、发展不充分的客观局面,由于京津“虹吸效应”,河北省高校大量优质资源特别是人才资源被北京市和天津市高校吸纳,形成了“北京要素资源充足和河北要素资源缺乏的现象”[11]。除此之外,京津冀区域内的不同高校之间,受办学实力、师资水平、经费状况、生源素质等多元因素影响,“大思政课”教育教学整体水平、发展潜力、育人成效等也存在不小差距,这一复杂局面给京津冀区域高校“大思政课”协同育人带来了诸多不确定性风险和非对称性挑战。虽然在2017-2021年间,京津冀三地高校积极推动思想政治教育资源开放共享,以联盟、会议、赛事等活动初步形成开放合作格局,但在三地协同发展的新时期,河北省地方院校参与协同发展的“质与量”明显不足,存在着明显的聚合要素分散、资源分布不均等问题。办好思政课,京津冀区域高校必须将“大思政课”协同育人的理念贯彻执行下去,协调各高校间思政教育资源合理分配,加快思政资源共建共享,增强思政教育机构沟通协作,推动思政课教师形成命运共同体,充分发挥师生创新力、凝聚力、战斗力,系统构建一流大学

“大思政课”新发展格局,率先打造高校“大思政课”协同育人的“京津冀样板”。

三、新时代京津冀区域高校“大思政课”协同育人的优化路径

习近平总书记强调:“讲好思政课不容易,因为这个课要求高。但不管怎么难,练好教学基本功,是每一位思政课教师的必修课,是站稳站好思政课讲台的前提。”[12] 京津冀区域高校“大思政课”协同育人的理论分析和实践探索均表明,党和政府对高校“大思政课”教学高度重视,“协同育人”已经成为新时代“大思政课”教育教学改革创新的风向标。在生成式人工智能的新时代,高校师生的工作生活交往方式被悄然改变,全国高校大思政课教师因时而动、因势而为,积极利用“互联网+思政”“AI+思政”等进行线下线上融合式思想政治教育教学活动。[13] 京津冀区域高校在京津冀协同发展上升为国家战略10周年背景下,更应积极推进“大思政课”教育教学思维方式的现代性转化和数字化转向,从协同育人的维度审视“大思政课”创新建设、系统建构、多维再造,聚焦各高校办学特色、学科专业优势和校园文化传统等,加强顶层制度设计[14],制定具体的、特点鲜明的协同发展措施,充分考量“大思政课”教育教学运行过程各要素职能,努力构建系统化、易互补、好操作、可复制、可推广的“大思政课”协同育人体系。

(一)善用“大思政课”,丰富“大思政课”协同育人资源

2021年3月6日,习近平总书记在看望参加全国政协会议的医药卫生界教育界委员时指出:“‘大思政课’我们要善用之,一定要跟现实结合起来。”[15] 紧密联系中国共产党、中国人民和中华民族的伟大奋斗历程,将高校“思政小课堂”融入中国“社会大课堂”、融入“两个一百年”战略征程、融入改革开放伟大实践,向当代大学生讲好中国故事、传播好中国声音,培育一代又一代有爱国情怀、社会责任感、创新精神、实践能力的“先锋分子”“红色人才”,是高校“大思政课”教师的职责所在。在微观层面,广大思政课教师要善于从劳动教育资源、科学教育资源中挖掘“大思政课资源”,努力实现大中小幼思政教育、劳动教育、科学教育课的一体化协同推进;在宏观层面,京津冀的历史、文化以及经济社会发展具有鲜明的区域特色,站在新征程和新起点上,京津冀区域高校应携手共进、走在前列、勇立潮头,在“大思政课”中讲好京津冀故事、传播好京津冀声音。

中国大地上鲜活的新时代素材,正是亿万中国人已经书写和正在书写的新时代

篇章。中国共产党领导中国人民创造“雄安奇迹”这堂“大思政课”，是鲜活案例融入高校“大思政课”教育教学的典型案例，必须给大学生讲够讲好“雄安奋斗精神的深刻内涵与时代价值”[16]。京津冀区域高校互补融合、协同发展，在支撑雄安新区建设的起始阶段就打破“一亩三分地”思维、建立教育-科技-人才“三位一体”协同支撑的联动工作机制，形成京津冀高校师生助力雄安新区建设的“一张网”“一盘棋”。京津冀区域高校灵活运用“雄安奇迹”中的鲜活素材，挖掘榜样人物和先进事迹，提炼有温度、有高度、有深度的线上线下思想政治教育教学核心内容，是推进“大思政课”协同育人的题中应有之义。实践证明，每年新学期开学第一天，全国高校4430万师生同上一堂思政大课，能有效发挥网络思想政治教育平台的积极作用，而且“同上一堂大思政课”形式新颖、内容充实、意义重大。京津冀高校“大思政课”教师应充分利用大数据、云计算、互联网+、人工智能等第五次科技革命浪潮的硬科技、软创新，主动探索整个思想政治教育教学内容的系统解构和螺旋重塑，客观展示“中国故事”“因事而化”“因时而进”“因势而新”的新发展阶段特征，用马克思主义的历史唯物主义和辩证唯物主义方法论教导青年大学生学会历史地、辩证地、唯物地看待新时代的医学问题、社会问题、经济问题、外交问题、教育问题等，让当代大学生了解以人民为中心的理念、理性思考人与自然和谐共生的关系等，促使大学生从根本上树立正确的世界观、人生观和价值观。

在习近平主持召开学校思想政治理论课教师座谈会三周年之际，北京冬奥会、冬残奥会盛大亮相、惊艳世界，也为高校“大思政课”教师讲好思政大课提供了鲜活素材。继2008年北京奥运会开幕式后，“双奥之城”北京再次以独特的表现形式向全世界奉献了一场浪漫、唯美、温暖的奥运开幕盛典，生动诠释了自然之美、人文之美、运动之美。[17]我国成功举办冬奥会、冬残奥会，给世界呈现了又一届简约、安全、精彩的体育盛会，也让全世界感受到了一个自信从容、生动立体、充满希望的新时代中国。北京冬奥会不仅宣传了中华优秀传统文化，展示了大国实力、大国承诺和大国责任，还增强了民族自信心和凝聚力，推动了不同底色文明文化深度交融、互动互鉴。京津冀区域高校的马克思主义学院既要组织学生学习习近平总书记关于奥运会的重要论述，也要把“更快、更高、更强、更团结”的“奥运精神”融入日常思政课教育教学之中，培育大学生敢于拼搏的优秀品质、勇于担当的时代风貌、善于作为的精神气质。

（二）建立共享机制，拓宽“大思政课”协同育人时空

在线下思政课发展环境和整体生态发生全局性、根本性转变的新时代，线上教学、网络“云课堂”已成为高校进行思想政治教育的新常态和新时尚，科学的创新与技

术的进步使得网络课堂、云端会议变得越来越方便、快捷、高效。为了全面推动全国高校“大思政课”“手拉手”集体备课、共同打造“大思政课”教师教学共同体、切实发挥优秀思政课教师示范引领和“传帮带”作用，持续提升思政课教师教育教学水平，在北京市委教育工委、市教委的大力支持与直接领导下依托中国人民大学成立了首批高精尖创新中心之一——北京高校思想政治理论课高精尖创新中心。[18]“北京高校思政课高尖精创新中心”不仅定期开展“金课开讲啦”——高校思想政治理论课网络示范教学活动，而且构建了满足青年思政课教师成长需要的“青椒论坛”和“青马工程”，“大思政课”教—学—习—研—练采用线上线下相结合的混合泛在方式，邀请来自全国高校、中央党校等的“大思政课”“国家级教学名师”“金课”教师等展示教学案例，结合专家点评、同行评议等环节，对青年思政课教师起到了很好的示范引领和带动成长作用。近年来，“北京高校思政课高尖精创新中心”云上助力京津冀区域高校共同参与“大思政课”教学与研修，充分发挥了“大思政课”教学的示范效应和集聚功能，基本建立了“大思政课”资源共建共享机制，初步形成了“大思政课”教师教学共同体，积极推动了校际“大思政课”资源交流互鉴，逐步构建起了京津冀区域高校“大思政课”教育教学合作的网络拓扑模式，实现了“大思政课”共同参与、共同分享、共同发展的新格局——同上一堂思政课，共话一腔爱国情。天津师范大学马克思主义学院以成立思政课名师工作室为依托，向京津冀区域高校“大思政课”教师广发邀请函，多次召开“大思政课”教育教学体系创新系列研讨会，京津冀区域高校“大思政课”教师参会人数逐年增加，成效显著；天津科技大学马克思主义学院牵头组织“大中小幼思政课一体化建设联盟”项目，开启了京津冀大中小学思政课课程衔接工作的创新探索；南开大学牵头成立“大思政课建设协同创新中心”，探索京津冀高校“大思政课”协同建设规律，推动优质教学资源共享，为“大思政课”建设提供云上平台，共同推进新时代“大思政课”高质量发展。由此可以预见，京津冀区域高校开展跨省“大思政课”协同育人的多元举措和互通机制，积极总结凝练可复制、可推广的成功经验，可成为长三角、粤港澳、成渝、陕甘宁等区域高校探索跨界“大思政课”协同育人的样本借鉴和榜样示范。

京津冀区域高校“大思政课”协同育人是京津冀协同发展的客观要求和立德树人的主观需求，在创新思想政治教育教学模式上有助于提升思政育人效果，但在创建“大思政课”共建共享机制上还可以继续优化完善：一是京津冀区域高校之间可以根据学科专业特点以灵活的方式开展“大思政课”合作，如师范类、理工类、农林类、财经类、医药类、艺体类、政法类、交通类等院校可以建立行业特色类高校“大思政课”协同育人联盟，双向提供“大思政课”教师互派、学生互选等互利互惠政策，通过“小而精”的“共上一堂思政课”来探索学分银行下的互认互换；二是以加强“大思政课”教师研修、培训和构建“云思政”为突破口，以提升“大思政课”教育教学质量为核心，搭建“大思政课”教育教学一体化互动平台，分批建设京津冀区域高校“大思政课”教育教学合作示范区；三是在生成式人工智能全面介入学校教育的背景下，京津冀区域高校还可以依托“互联网+思政”“AI+思政”等数字化平台，把虚拟劳动实践、“双创”实践等引入“大思政课”教育教学过程，利用数字化技术拓展思想政治教育实践教学新途径，将鲜活的红色革命资源与互联网、人工智能、元宇宙等进行主动对接和深度融合，设置京津冀红色文化长廊、京津冀人民英雄等特色线上板块，通过三维虚拟环境或元宇宙空间，让京津冀区域高校大学生随时随地“身临其境”地接受思想政治教育和红色文化熏陶“洗礼”。

（三）挖掘红色资源，打造“大思政课”协同育人特色

红色资源的传承保护、科学开发与合理使用，本身就是创新“大思政课”教育教学载体的螺旋进化过程。京津冀地区一直是中国共产党的重要活动基地和场所，具有悠久的革命历史和光荣的革命传统，留下了丰富的红色文化的物质资源和精神谱系，这为京津冀区域高校深入开展爱国主义教育、弘扬革命精神等提供了宝贵的资源和生动的教材。京津冀区域高校“大思政课”协同育人要积极拓展延伸教育教学内容，深入挖掘运用红色资源和革命实践素材，共建校内外“大思政课”协同育人实践基地，将伟大“赶考”精神（西柏坡精神）、改革开放成果、新时代脱贫攻坚成就等融入日常教育教学，将高校思政小课堂与社会思政大课堂有机统一起来。京津冀地区红色文化资源和革命传统融入“大思政课”教育教学，可以“让大学生在实践中感知中国特色社会主义的思想伟力、理论伟力和实践伟力，进而引导他们用科学真理滋养信仰、用辩证思维剖析现实、用伟大实践夯实自信、用责任担当砥砺梦想”[19]。

京津冀地区红色文化资源丰富，主要包括“五四运动与马克思主义传播、抗日战争、解放战争以及新中国成立时期留下来的革命旧址、战争遗址、烈士纪念碑、革命遗物、纪念馆等”[20]。中国共产党的先驱李大钊同志出生于河北省唐山市乐亭县，求学于天津市北洋法政专门学校，任职于北京大学图书馆，牺牲于北京市。李大钊先生作为马克思主义的“播火者”，他的革命足迹遍布中国大江南北，特别是在京津冀地区播撒下了中国革命的“火种”，北大红楼遗址群、李大钊故居、李大钊纪念馆、五峰山李大钊革命活动旧址等都是京津冀区域高校“大思政课”协同育人的爱国主义教育基地和“大思政课”实践教学的鲜活素材。京津冀三地免费开放爱国主义教育基地的方式，有助于实现京津冀区域高校“大思政课”实践教学上的资源共享，实现“理论育人+实践育人”的统一。

“办好思政课,是我非常关心的一件事。”[21]广大思政课教师和课程思政教师,必须不负重托办好学校思想政治理论课。党的百年奋斗从根本上改变了中国、中国人和中华民族的前途命运,党的百年奋斗锻造了走在时代前列的中国共产党,形成了以伟大建党精神为源头的精神谱系,如西柏坡精神、抗震精神、塞罕坝精神等。深入学习、正确把握、全面继承党的百年奋斗重大成就和历史经验,是实现“第二个百年奋斗目标”赋予中国高校的历史责任和时代使命,必须充分发挥京津冀地区革命遗址、纪念馆、展览馆等爱国主义教育基地的思政教育功能,坚持地域红色资源共享,有组织地带领大学生走访思政教育基地,开展爱国主义和革命传统教育,与“大思政课”理论教学形成教育合力,才能促进大学生真挚爱国情感的培养和坚定理想信念的养成。同时,在高等教育后普及化时代[22],京津冀区域高校马克思主义学院应联合团委、学生处、学生会、社联等,利用假期组织大学生开展线上线下混合式京津冀红色文化之旅主题课外实践活动,加强红色文化意识形态凝聚力,扩大红色文化点、线、带的联合、协作与融通,生动还原京津冀地区红色文化和革命精神,通过校内校外一体化“大思政课”促进京津冀高校大学生心怀“国之大者”、传承光荣的革命传统和鲜明的红色基因,加快高质量发展进程持续培育“先锋分子”“红色人才”、建成人才中心和创新高地[23],确保党的事业和社会主义现代化强国建设后继有人,助力京津冀城市繁荣和乡村振兴早日实现共同富裕,支撑京津冀协同发展战略和“一带一路”国际倡议,率先走出一条建设中国特色世界一流大学的新路。

参考文献

[1]新华社.习近平主持召开学校思想政治理论课教师座谈会强调 用新时代中国特色社会主义思想铸魂育人 贯彻党的教育方针落实立德树人根本任务[N].人民日报,2019-03-20(001).

[2]新华社.习近平在中国人民大学考察时强调 坚持党的领导传承红色基因扎根中国大地 走出一条建设中国特色世界一流大学新路[N].人民日报,2022-04-26(001).

[3]新华社.习近平对学校思政课建设作出重要指示强调 不断开创新时代思政教育新局面 努力培养更多让党放心爱国奉献担当民族复兴重任的时代新人[N].人民日报,2024-05-12(001).

[4][9]田丽,赵婀娜,黄超,等.大思政课,总书记心中的一件大事[N].人民日报,2022-05-22(001).

[5][12]习近平.思政课是落实立德树人根本任务的关键课程[J].求是,2020

(17):4-16.

[6]吴大进,曹力,陈立华.协同学原理和应用[M].武汉:华中理工大学出版社,1990:10.

[7]陈旭.立德树人 培根铸魂 高校思政课改革创新的重要遵循:学习习近平总书记在学校思想政治理论课教师座谈会上的重要讲话[J].人民论坛,2019(11):6-8.

[8]李晓莉.思想政治教育协同论[M].北京:中国社会科学出版社,2018:53.

[10]赵雪.虚拟课堂视域下的思政课实践教学研究[M].长春:吉林文史出版社,2018:1-5.

[11]孙久文,李坚未.京津冀协同发展的影响因素与未来展望[J].河北学刊,2015,35(04):137-142.

[13]冯用军,岳小尧,何家俊,等.后疫情时代数字图像处理技术在高校线上教学平台中的应用研究[C].燕山大学.第七届公共政策智库论坛疫情防控咨政专题研讨论文集.2021:37-53.

[14]韩奥林,冯用军.研究生课程思政话语的鲜明特征、运行逻辑与优化路径[J].研究生教育研究,2023(05):84-90.

[15]杜尚泽."'大思政课'我们要善用之"(微镜头·习近平总书记两会"下团组"·两会现场观察)[N].人民日报,2021-03-06(001).

[16]刘水静,胡欣欣.深入剖解海外涉华疫情负面舆论 讲好疫情防控"大思政课"[J].学校党建与思想教育,2022(09):31-36.

[17]方舟.思政人眼中的北京冬奥会开幕式[J].中学政治教学参考,2022(09):1.

[18]北京高校思想政治理论课高精尖创新中心[J].思想教育研究,2018(02):2.

[19]王学俭,李东坡,李晓莉.新时代高校思政课教学协同创新的内涵、重点与对策[J].兰州大学学报(社会科学版),2022,50(01):87-97.

[20]张守连.北京红色文化的地位和作用[J].前线,2019(06):95-96.

[21]吴丹,丁雅通,闫伊乔.不负重托办好学校思想政治理论课[N].人民日报,2024-03-18(001).

[22]冯用军,赵雪.后普及化时代省域"双一流"大学建设研究:以京津冀协同发展中的河北省为例[J].河北师范大学学报(教育科学版),2021,23(06):35-45.

[23]赵雪.京津冀高校"大思政课"协同育人的内在构成与实践路径[J].新生代,2023(03):64-69.

Collaborative education of great ideological and political courses in Beijing-Tianjin-Hebei region universities in the new era: essential regulations, practical exploration and optimization paths

Feng Yongjun Zhao Xue

Abstract: In the new era and on the new journey, the construction of ideological and political courses is facing new situations and tasks, and there must be new atmosphere and new achievements. Since the 18th National Congress of the Communist Party of China, the coordinated development strategy of the Beijing-Tianjin-Hebei region has been deeply promoted, bringing important opportunities for the reform and development of "Great Ideological and Political Courses" in Beijing-Tianjin-Hebei universities in the new era. To promote the collaborative education of "Great Ideological and Political Courses" in Beijing-Tianjin-Hebei region universities in the new era, it is necessary to regard the education and teaching of "Great Ideological and Political Courses" as a systematic overall operation process, scientifically analyzing the policy orientation, value concepts, and resource elements of its constituent system, and promoting the coordinated operation of various ideological and political elements in a reasonable and effective way, method, and path, thereby forming an integrated ideological and political education and educational ideological and political force. In the post popularization era of higher education, the collaborative education of "Great Idedogical and Political Courses", Beijing-Tianjin-Hebei universities have set up a shared platform for integrated ideological and political education and teaching across primary, middle, and higher school in practice, actively transformed practical ideological and political materials into collaborative education materials, and jointly built an integrated "Great Ideological and Political Courses" practice and cultivation base inside and outside the school, making full use of modern technologies such as "Internet + Great Ideological and Political Courses" and "AI + Great Ideological and Political Courses" to promote the continuous improvement of education and teaching quality of "Great Ideological and Political Courses", effectively improve the effectiveness and timeliness of education and teaching of "Great Ideological and Political Courses" in universities, and strive to cultivate more new era talents that can reassure the Communist Party of China, patriotic dedication, and shoulder the heavy responsibility of national rejuvenation to support the coordinated development strategy of Beijing-Tianjin-Hebei.

Key words: coordinated development of the Beijing-Tianjin-Hebei region; universities and colleges; great ideological and political courses; intelligent ideological and political education; essential regulations; optimization path

基于“显隐”逻辑的教师课程思政能力提升研究*

张群梅

摘要：作为一种特殊的思政教育，课程思政具有一定的“显隐”逻辑：从与思政课程显性教育相比较的意义上来讲，课程思政在整体上表现为隐性教育；从自身所具有的显隐属性来讲，课程思政在教学过程中需要经历从隐性到显性再到隐性的逻辑转换。课程思政隐性教育的落实，需要教师对其显隐逻辑有清晰的认知，还需要以显隐关系为指向不断提升教师的课程思政能力，即培养显隐意识以提升教师开展隐性教育的自觉行动力，强化专业发展以提升教师的专业课程把握力，厚植政治素养以提升教师的思政要素挖掘力，磨砺教学技能以提升教师显隐教育的融会贯通力。

关键词：课程思政；显隐逻辑；教师能力提升

作者简介：张群梅，历史学博士，河南大学马克思主义学院教授，硕士生导师，研究方向：思想政治教育、教师教育。

一般意义上，任何一种教育都具有显性和隐性双重特质，区别仅在于教育的目标设置、被教育者的接受机制，以及教育者的呈现方式有所不同。相对于思政课程的显性教育，课程思政通常被认为是一种隐性教育，但作为一种特殊的思政教育，课程思政也具有显隐双重属性，并在整个教学过程中需要经历从隐性到显性再到隐性的逻辑转换，最终以隐性方式呈现在学生的价值观引导中，以起“润物无声”之效。实践中，由于教师对课程思政所具有的显隐关系认识不清以及处理能力不强，故而在实际操作中常陷入或“显性思政”或“无为思政”之困境。突破困境，需要细致梳理课程思政的显隐逻辑，并以科学处理显隐关系为指向不断提升教师的课程思政能力，使课程思政在实践操作中真正实现“润物无声”。

---

* 基金项目：本文系河南省教师教育课程改革课题研究项目“中小学教师课程思政能力提升研究”（项目编号：2023-JSJYZD-002）的阶段性成果。

一、课程思政的“显隐”之困

在课程教学中，显性教育和隐性教育都是一种有计划、有目的的教学行为，区别仅在于教师的呈现方式。显性教育侧重于直接，是指教师以公开、外显的方式将知识、价值等相关教学信息直接传递给学生的一种教育方式，具有目标明确、立场鲜明之特点；隐性教育则侧重于间接，是指教师以潜藏、内隐的方式将相关教学信息间接传递给学生的一种教育方式，具有目标暗含、立场暗引之特点。

课程思政作为一种隐性教育，是寓价值观引导于专业课程（即非思政课程）的知识传授和能力培养之中，以帮助学生塑造正确的世界观、人生观、价值观，从而与思政课程同向同行，有效落实“立德树人”根本任务。自课程思政被界定为隐性教育后，许多教师对课程思政的隐性性质及实施方式进行了探索和尝试，虽取得了一定成绩，但从整体上看，效果并不理想，诸如“显性思政”“口号思政”“无为思政”“自然思政”“两张皮”等现象在课程思政实践中还较为常见。对课程思政中出现的显隐问题进行归纳，可以分为两大类。一类是将课程思政的教学呈现方式由隐性变为显性，“显性思政”“口号思政”“两张皮”等现象均属其列。在讲述专业知识的同时，一些教师大讲特讲思政，甚至为了凸显思政，还专门以醒目的口号、标签形式将所讲的思政内容一一列举出来，忽略了课程思政中的思政教育与思政课程中的思政教育在操作方式上的区别；还有一些教师为思政而思政，所讲的思政内容与专业知识联系松散，甚至完全脱离了关系，以致专业知识与思政教育“两张皮”的情况极为明显，忽视了课程思政中的思政教育是建立在专业知识传授基础上且与专业知识有着密切关联的一种教育。[1]另一类是将课程思政虚无化，“无为思政”“自然思政”则属于其中。一些教师认为，既然课程思政属于隐性教育，那就不能或不需要在教学中提到与思政有关的内容及话语，至于怎样去体现思政，应采取一种无为的、自然而然的方式，让学生自己去领悟；更有甚者，有的教师以此作为自己不会思政、不愿思政、不谈思政的借口，对课程思政抱着无所作为的态度，在课程教学中根本就不讲思政，致使课程思政虚化或无化。[2]以上问题的出现，一个重要原因在于教师对课程思政的显隐性质没有清晰的认知，以及在处理显隐关系时不具备相应的能力，从而在实践操作中陷入了“显隐”困境，导致课程思政流于形式。

突破困境的关键在于厘清课程思政的显隐逻辑，在于有效提升教师处理显隐关系的能力。“思政”教育与其他的教育相比具有一定特殊性和复杂性，它集政治、思想、道德、价值、精神等多维内容于一体，涉及学生科学的世界观、人生观、价值观的形塑和积极向上的精神面貌的培养,并不是简单的显性教育或隐性教育一词可以概括,且经常以一种"显隐结合"的方式呈现在人们面前。课程思政虽不同于思政课程,但从本质上来讲,仍属于思政教育范畴,同样也具有显隐双重属性,只有正确理解其蕴含的显隐逻辑及隐性教育性质,方能以最佳方式去呈现"思政",进而提升育人效果。

二、课程思政的"显隐"逻辑

实践中,人们对课程显隐两种教育的区分,大多从两个层面切入,即具体课程教学中的显隐之别和不同课程间的显隐之差。一般地,一门具体的课程在教学方式上都具有显性和隐性双重特质,且二者在功能上并没有绝对的主次之分,在实践中也都具体化为一种教学方法,选择的依据多与教学目标、教学环境及学生的接受机制相关联。而对于不同的课程,谈其是显性教育还是隐性教育则具有较强的对比意义,所纳入对比的课程类别、教育功能、教学目标、教育对象不同,对课程的显隐性质判定也会有所不同。具体到思政课程和课程思政的显隐性质,即是在不同课程类别间进行的思政教育方法的比较,正是在比较中,思政课程被定性为显性教育和显性思政,课程思政则被定性为隐性教育和隐性思政。依据以上两个切入点,课程思政的显隐逻辑,亦可从以下两个维度来分析:一是与思政课程相比较所具有的显隐逻辑;一是课程自身在思政层面所具有的显隐逻辑。

(一)比较意义上的显隐逻辑

课程思政之所以被定性为隐性教育,一方面是与思政课程的显性教育相比较而言,另一方面则是与课程的专业特性有关。与一般课程不同,思政课程的任务是对学生进行专门的思政教育,而"思政"所具有的意识形态属性决定了教师在教学过程中必须向学生公开、直接地亮明所要传递的政治立场和价值取向,以免学生在自我理解中产生歧义,这就使思政课程所进行的思政教学具有显性性质。当然,思政课程在教学中也存在着隐性教育,诸如一些实践教学,常借助具体的人物、事件、环境等,对学生的思想观念进行潜移默化的影响。既要有"惊涛拍岸的声势",也要有"润物无声的效果",既是对思政课程"显隐"双重方式的生动描述,也是对其"显隐统一"教育之道的明确要求。[3]相对于思政课程,专业课程在进行教学时,讲授专业知识是其中心内容和主要目标,并且在学生的课程预设中,也往往以专业知识的获得为重要衡量标准,故而进行专业知识教育成了专业课程教学中的显性教育。与专业知识教育相比,课程教学中所进行的"思政"教育即课程思政，在目的上是与思政课程同向同行，同频共振，而且在内容上也不是孤立的，是与专业知识有着密切关联且以专业知识传授为依托的一种价值引导和精神启蒙。为了不对课程教学中显性的专业知识教育形成冲击，也为了使价值引导与精神启蒙不"显山露水"，在"水到渠成"条件下起"润物无声"之效，隐性教育便成为课程思政的主导方式。

由此可以看出，无论是思政课程的显性界定，还是课程思政的隐性界定，均是建立在两类课程相比较的基础和意义之上的，这也就决定了这种显隐界定只是从课程的整体层面来讲的，并不是对两类课程具体的思政教育方式做绝对的规定，教师在课程思政实践中可根据不同的教学场景、教学对象以及不同的教学内容，或显性或隐性地适时适度调整自己的教学呈现方式，当然这种调整要以不违背课程思政整体上的隐性教育属性为原则。

（二）课程思政内在的显隐逻辑

除了与思政课程相比所具有的隐性教育性质，课程思政本身也内含一定的显隐逻辑，正是这种逻辑的存在，使课程思政在实际的教学操作中需要经历从隐性到显性再到隐性的转变过程。

课程思政的本质，即是将课程所具有的思政元素传递给学生的一个教学过程。与思政课程不同，课程思政所具有的思政元素并不是一种显性存在，在课程教材的字里行间中无法直接观察到，而是隐于专业知识之中，或与专业知识相伴相生，或作为专业知识形成的一种社会背景而存在，具有隐匿性、深层次性特点。要让学生接收到课程之中所蕴含的思政元素，教师就必须将这种隐匿于专业知识之中的思政元素加以挖掘，使其由背后走向台前，从隐性走向显性。当然，所挖掘的这种思政显性仅是对于教师而言的一种清楚明了的存在，换言之，通过挖掘，教师对教学中所要传递的思政信息已有细致的了解和掌握。尽管教师在课程思政中要根据实际情况来采取或隐性或显性的教育方式，但这种显性只是一种相对显性和部分显性，与思政课程的显性不能同论，"思政"痕迹不能过于明显，要以不影响课程思政整体的隐性教育属性为边界。因此，将课程中的思政元素加以挖掘使其以显性状态存在，仅是课程思政教学中隐显转换的第一步，教师还要在此基础上将挖掘出的思政元素进行内容加工和时空融入，充分创造"水到渠成"的条件，既将其与专业知识有机联系起来进行内涵与外延的框定，并对整个教学环节进行科学设计，使所挖掘出的思政元素有机融入专业知识的教育之中，最终以隐性方式恰到好处地呈现在学生的价值观引导中。

课程思政具有的教学特质决定了教师在其实施过程中扮演着"主力军"的角色，

是课程建设的主体,也是课堂教学的掌舵者,因此,无论是比较意义上的显隐逻辑及其调整,还是自身意义上的显隐逻辑及其转换,都对教师的课程思政能力提出了挑战,教师对课程思政显隐关系的认知程度及处理能力如何,将决定着课程思政教育方式的运用是否适切,也关系着课程思政"立德树人"的任务能否落实。

三、"显隐"关系指向下的教师课程思政能力提升

教师课程思政能力,主要指教师在课程教学中所表现出来的一种综合育人能力,既是教学设计、实施操作、监测评价等多个环节的有机组合,也是教师理论素质、担当意识、专业素养的具体体现。[4]具体到课程思政的显隐关系及科学处理,教师需要从能动意识、专业知识、政治素养、教学技能四大方面着手,不断提升自己的课程思政能力。

(一)培养教师显隐意识,提升教师开展隐性教育的自觉行动力

课程思政作为一种新的教学改革理念和教学模式,有许多问题尚处于探索阶段,能否有效发挥其作为隐性教育所具有的"润物无声"之效,取决于教师对课程思政显隐关系的认知水平及转换的能动意识。在课程思政改革过程中,一些学校并没有开展过细致的专业培训与科学指导,加之课程思政与思政课程在理论和实践上相互缠绕,许多教师并不理解"课程思政"及其隐性教育的真正内涵,对课程思政的显隐关系做简化、窄化处理,以致在教学实践中附着了形式化、显性化、虚无化等特点,偏离了课程思政"润物无声"之教育初衷。

培养教师的显隐意识,目的是增强教师对课程思政显隐关系的认知,并在此基础上不断提升教师在课程思政中运用隐性教育方式的自觉性和能动力。由于意识的树立和认知的提升,需要经历一定的学习过程方可获得,为此,学校要通过各种培训、监管等措施,强化教师的课程思政意识,提高教师的课程思政隐性教育认知。首先,学校党委要增强"课程思政"主体责任意识,将课程思政纳入日常工作范畴,切实担负起新形势下学校课程思政工作的政治责任、组织责任、推动责任和监管责任。经验证明,学校党委对课程思政的重视程度,很大程度决定着课程思政在教学中的有效落实程度,二者呈正向发展态势,即重视度越高,落实度则越大,效果也亦明显。其次,要通过专门的课程思政培训,强化教师对"课程思政"及其显隐关系的正确认知。显隐关系虽然在课程思政中属于方式方法层面的问题,但实则涉及的领域和内容具有一

定的广度和深度，对其认识和理解须建立在对课程思政内涵的正确认识基础上，教师只有充分认识到教学过程中进行课程思政的必要性，并进一步认识到隐性教育在课程思政教学中的重要性，才能积极主动地去钻研课程思政中的显隐转换逻辑并付诸实践。所以，学校要根据本校实际，举办包括理论和实践在内的多种形式的课程思政培训，使教师对课程思政及其显隐关系有清晰的认知。当然，教师作为课程思政的实施主体，其对课程思政的主观态度直接影响着课程思政的落实效果，所以，教师在学校培训基础上，也要充分调动自身的主观能动性，积极学习和了解课程思政相关知识，树立“课程思政”隐性教育意识，不断探索课程思政隐性教育的方式方法。

（二）强化教师专业发展，提升教师的专业课程把握力

课程思政的根基在“课程”，即具有专业特点和专业知识的课程，课程思政是建立在专业课程和专业知识基础之上的。教师要想从特定课程中挖掘出思政元素，就必须强化自身的专业发展，对课程的专业知识有很好的把握，以形成课程思政所需要的理解能力、预设能力、生成能力和反思能力。为此，一要拓展教师专业发展的广度，二要拓展教师专业发展的深度。

拓展教师专业发展的广度，即打破传统的专业边界，将新时代不断涌现的与专业有关的知识发展、技术创新等都纳入教师专业教育的范畴，使教师在宽广的专业知识领域中，以及在知识的诸多联系中不断发现思政元素，进而改造为自己课程教学所需的思政内容。课程思政的隐性属性使其教育目标的实现必须借助于特定的案例载体，诸如人物、事件、环境等，而且这些案例既要与专业知识相联系，还要具有现实性和思政性，所以这就需要教师及时关注经济社会、科学技术的发展动态，乃至国内外的发展形势，以多专业多领域的知识整合形成宽广的“思政”视野，从而择取合适的案例来对学生加以引导。拓展教师专业发展的深度，即打破已有的课程教材限制，将专业知识延伸至学科的纵深处，使教师在深刻理解学科知识基础上，从知识内在的属性和联系出发，将所挖掘的思政元素与专业要素有机整合。课程思政的隐性规定，就是要求思政教育要与专业知识教育融为一体，“浑然天成，不分彼此”则是其最佳体现，这就需要教师对专业知识的理解和研究具有一定的深度，以深刻的知识剖析来挖掘其中的思政元素，并以严密的逻辑推理来融合思政元素。当然，教师专业知识广度与深度的拓展，都需要学校对教师的专业发展或教师对自己的专业发展做出切合实际的规划，并付诸各种有效的或职前或职后的专业培训、专业学习之中。

(三)厚植教师政治素养,提升教师的思政要素挖掘力

课程思政的根本在“思政”,教师科学合理地挖掘课程所蕴含的思政元素,并将其作为开展课程思政的重要支点,是开展课程思政的关键环节。挖掘思政元素,不仅要求教师对专业课程有较强的把控力,还要求教师有较高的政治理论素养和政治能力素养,对思想政治理论有科学的认知和掌握,对思想政治问题有较强的分析和解决能力。为此,一要根据形势变化,及时开展各种形式的思想政治理论培训,加强教师的政治理论教育;二要依据现实条件,举办各种政治实践活动,加强教师的政治能力教育。

在课程思政实践中,许多教师对课程思政感到束手无策,不知道自己到底要做什么,其主要原因在于他们缺乏课程思政所需要的政治素养,对何为思政、如何思政不甚了解,再加上许多教师所参加的职后培训多是就专业知识提升而言的,涉及思政的较少,故在课程思政教学中无法做到得心应手。而开展各种形式的思想政治理论培训,加强教师的政治理论教育,目的即是使教师对基本的政治理论和政治观念有一定的认知,对新时代党和国家的指导思想、大政方针、主流价值等有所掌握,从而在课程教学中明晰自己要传递给学生的政治立场、价值观念是什么。同样,举办各种政治实践活动,加强教师的政治能力教育,目的则是使教师对现实的政治问题、社会问题等具有科学分析的能力,具有辨别、批判、抵制错误思潮、不当言论及不良行为的能力,具有发现学生思想动态变化并加以引导的能力。一般来讲,课程思政与当前的经济社会发展有着密切的关联,适时适度地引导学生形成科学的价值观念,是课程思政的目的使然和任务所在,这就需要教师对一些与课程有关并对学生有较大影响的现实问题具有一定的政治剖析能力,从而在教学中有的放矢地引导学生明辨是非。

(四)磨砺教师教学技能,提升教师显隐教育的融会贯通力

与思政课程的“灌输有方”相比,“课程思政”的最大特点就在于“融入有道”[5]。课程思政的内容、形式及效果,最终都要具体到教师的教学上,依托课堂教学和实践教学呈现出来。如何将挖掘出的思政元素有机融入专业知识的教学,充分体现课程思政的隐性教育特征,需要教师具有较高的教学技能,具有总体把握专业与思政两种要素并实现显隐两种教育的融会贯通能力。

磨砺教师的教学技能,一要对教师进行具体的课程思政示范引领,二要对教师进

行实际的教学把控技能训练。示范引领是引导教师熟悉和掌握教学的一种捷径，也是教师学习各种教学技能的常用之法。具体到课程思政，教育部门要重视实践经验的归纳总结，及时形成一批优秀的“课程思政”教学案例和教学方法，以点带面，全面推广，使教师在观摩中细致体悟课程思政作为一种隐性教育如何精准而无声地体现思政、传递思政；学校也可以以教研室、教研组为单位构建具体的课程团队，针对教师所进行的课程思政教学，以隐性为主、显隐结合为原则进行教学内容和教学技能的商榷、点评，并加以技能总结和引领，使教师在示范学习中逐步形成具有自我特色的“思政”思维，在技能引领中找到专业课程的“思政”融入点。对教师进行实际的教学把控技能训练，主要源于教学是由教师和学生共同组成的、包含多个子环节在内的、具有协同性质的动态发展过程，“多维把控、环环相扣”是教学的基本特性，也是对教师教学的基本要求。而相对于一般的课程教学，课程思政的内容跳跃性、思维连贯性、润物无声性对教师的教学环节把控能力提出了更高要求，这就需要教师具备较高的教学技能，对思政呈现的各个环节有计划、有意识地施以把控。由于教学把控技能训练是一种具体的操作行为，可充分发挥学科教研室或教研组的优势，通过系统的教学设计、课堂引导、经验总结等，使教师的教学过程自然而然地成为思政育人的过程。

参考文献

[1]张聪，王钰.中小学教师课程思政能力：深层困局与破解路径[J].福建教育，2022(24)：43-46.

[2]郭德侠，王玉.新时代中小学教师课程思政能力提升的四个着力点[J].中国教师，2023(06)：13-17.

[3]习近平.思政课是落实立德树人根本任务的关键课程[J].求是，2020(17)：4-16.

[4]兰霞萍，程样国.高校教师课程思政能力的内涵、结构及其培育[J].现代教育科学，2024(03)：89-94.

[5]金梦，郭枝.“课程思政”的概念澄清、应用边界与实践理路[J].教育探索，2024(05)：1-6.

Research on the improvement of teachers' curriculum ideological and political ability based on the logic of "explicit and implicit"

Zhang Qunmei

Abstract: As a special kind of ideological and political education, curriculum ideology and politics has a certain "explicit and implicit" logic: in the sense of comparison with the explicit education of ideological and political courses, curriculum ideology and politics is manifested as implicit education as a whole; From the perspective of its own explicit and implicit attributes, curriculum ideology and politics need to undergo a logical transformation from implicit to explicit and then back to implicit in the teaching process. The implementation of curriculum ideological and political implicit education requires teachers to have a clear understanding for its explicit and implicit logic, and it is also necessary to continuously improve teachers' curriculum ideological and political ability based on the explicit and implicit relationship, that is, to enhance teachers' conscious action ability to carry out implicit education by cultivating explicit and implicit awareness, to improve teachers' grasp of professional courses by strengthening professional development, to improve teachers' ability to explore ideological and political elements by cultivating political literacy, and to improve teachers' ability to integrate of explicit and implicit education by sharpening teaching skills.

Key words: curriculum ideology and politics; explicit and implicit logic; improvement of teachers' ability

教育史研究

全面抗战时期国立女子师范学院的办学特色及历史贡献

王海凤 刘颖

摘要:抗战全面爆发之后,在教育界人士的建议和战时教育方针的引导下,国民政府决意设立国立女子师范学院,该校内部极具女性色彩的系科设置、师范性与过程性并重的学生管理,以及注重家国观念的校风建设构成了其自身的办学特色。国立女子师范学院组织的办学活动,一定程度上缓解了战时大后方的"师荒"问题,提高了女子受教育水平,带动了抗战后方教育事业的发展。

关键词:全面抗战时期;国立女子师范学院;女子高等教育

作者简介:王海凤,河南大学教育学部副教授,教育学博士,主要从事中国教育史、中外教育交流史研究;刘颖,河南大学教育学部在读研究生,主要从事中国教育史研究。

民国伊始,教育界人士已经意识到"女子教育"的重要性。抗战全面爆发之后,为"改进女子教育及增进中等女子教育效率"起见,秉承八中全会"注重女子教育"[1]之决议,教育部决定设立国立女子师范学院,"使有志从事教育之女子得受高级师范之专业训练,发展其优美特性,而成为良好之女师资"[2]。国立女子师范学院成立后,其富有特色的办学形式,对战时师范教育、近现代女性解放乃至抗战大后方教育事业的发展产生了极其深远的影响。本文在梳理国立女子师范学院创办历程的基础上,探析国立女子师范学院的办学特色及历史贡献,旨在为当前“强师计划”背景下师范院校的办学路径提供镜鉴。

一、国立女子师范学院的创办历程

抗战全面爆发之前,在“高师改大”运动的冲击下,我国的高等师范教育机构急剧萎缩,“中学师资端赖各大学供给”[3]。20 世纪 30 年代初期,由于师范教育发展得萧条,中小学教育出现了“师荒”现象,未经训练师资占据了极大的比重。据郑西谷对 98 校、4095 位中学教师的调查显示,“高师与教院毕业者合计不过 24.34%”[4],即不足 1/4,中等学校教员水平的低下与其时中等学校急需专业师资的矛盾愈加激烈。

斯时,教育界人士要求重振高师教育的呼声日渐强烈并开始占据主流。他们通过发表文章、开辟杂志专栏等方式,为恢复高师制度齐声呐喊。学者们关于师范教育问题各抒己见,最终一致肯定了民国初期所实行的高等师范独立办理的做法,认为解决中学师资问题的出路,在于恢复并改进师范学院制度。随着“良师兴国”呼声的日渐高涨,教育界人士对重振高师教育的愿望亦更为迫切。教育界人士的激切呼吁,逐渐得到国民政府党政当局的回应与肯定,最终促成了全面抗战时期重建高等师范教育举措的落实。

抗战全面爆发之后,国民政府努力重建高等师范院校体系,以解决其时抗战大后方基础教育严重的“师荒”问题,举措之一即设立“国立高等师范学院”。其中,国立女子师范学院设立的动议最早,在 1938 年年底就已提出。在教育部 1938 年颁布的《师范学院规程》中,第二条即明确指出:“师范学院单独设立或于大学中设置之,得分男、女两部,并得筹设女子师范学院。”[5]然则,着手建校的过程却一波三折。1940 年春间,教育部拟定“筹设国立女子师范学院案”,呈请国民政府行政院,是年 3 月 26 日,国民政府行政院第 458 次会议对此案“决议通过”[6],并追加预算 28 万元,内以 20 万元为开办费,“以 8 万元为 8 月至 12 月经常费”[7]。4 月初,教育部即聘请谢循初、齐国樑、陶玄 3 人为“筹备委员”[8],并指定谢循初兼“筹备主任”[9]。校址原本选定四川綦江某地,因此地已勘作铁路的路基,后在四川江津县白沙镇(今属重庆)觅定校址建筑校舍。同年 9 月,该校“奉命正式成立”[10],聘谢循初为院长。该校成立后,初设教育、国文、英语、史地、理化、音乐、家政 7 个学系及体育专修科。因种种原因,迟至 1940 年 11 月,该校才得以正式开学。[11]11 月 4 日该校开学后,于 12 月 25 日举行了学院成立暨院舍落成纪念典礼，标志着国立女子师范学院的正式诞生。[12]国立女子师范学院设立后，成为全面抗战时期全国“唯一的女子最高学府”[13]。

自成立后，国立女子师范学院坚持在江津县白沙镇办学，学校生源数量、师资队伍及学校规模等方面的发展稳中向好。言及学校招生，该校在建校之初面向全国招生，学生由教育部统考分发、录取，后又奉教育部的命令直接招收新生，保证了该校的生源供给。在师资建设上，国立女子师范学院实行教师聘任制，谢循初院长重视教师队伍建设，为学院发展组织了一批素质良好，造诣深厚的高水平教师群体。据《第二次中国教育年鉴》统计，“国立女子师范学院在建院初年共有教员27人，1945年在白沙时教职员总数已增至129人”[14]。校内名流云集，精英荟萃，其中，还有不少为国内知名学者。例如，拥有二十年高等教育办学经验、大学先修班和国立女师的“开山元祖”谢循初校长，国内知名教授黄敬思、胡小石、杨仲子、李景晟、管公度、李儒勉、孙逢祯、程逎颐、朱亦松、魏建功等。此外，国立女子师范学院的占地面积，也从最初的70余亩，扩充至300余亩，校舍规模不断扩大。

抗战胜利后，教育部起初议定将国立女子师范学院迁至南京，后决定将其迁往九龙坡区黄桷坪，即国立交通大学校址。这一决议引发该校师生的不满，因该校在名称上负有的全国性和教育上的特殊重要性，该校师生反对迁校地址。为此，谢循初院长以生源、地域分布及高等教育机关的特殊性为由，申请将国立女子师范学院迁往南京。[15]然则，教育部以“力矫战前多数学校集中少数城市之适当……以期各区域之教育文化，得以均衡发展”[16]为由，并未批准国立女子师范学院的迁校申请。其后，引发国立女子师范学院的罢课风波，校内女学生高呼打倒教育部部长“朱家骅”，掀起了大规模的学潮事件。[17]嗣后，教育部以该院师生“固执成见，荒废学业”为由，下令解散该校。后又组织校务整理委员会，将其迁校重庆九龙坡国立交通大学旧址。学生经重新登记后，概予收容，并于1946年5月15日复课。[18]鉴于院长谢循初坚决辞职的态度，教育部遂任命劳君展女士接管该校。至此，国立女子师范学院迁校风潮得以平息，该校亦由此开启了新的办学阶段。

1949年11月30日，重庆解放。在解放之初，国立女子师范学院一方面积极响应中国共产党的号召，有计划、有步骤地完成学校的改组工作；另一方面，该校加强全校师生的专业知识和政治理论学习，部分师生还参加了禁银禁烟、拥军拥政等一系列政治活动。1950年，国立女子师范学院与四川省立教育学院合并，更名为西南师范学院。至此，国立女子师范学院结束了其近十年的办学历程。

二、国立女子师范学院的办学特色

作为全面抗战时期唯一一所国立的女子高等师范学校，国立女子师范学院肩负着培养国内女子中学师资的重任，它既是适应战时环境的应变举措，也是重振女子高师的一大创举。自成立后，国立女子师范学院无论在科系设置层面，还是学生管理层面，抑或校风建设方面，均有其自身的办学模式和特色，奠定了该校成功办学的坚实基础。

（一）系科设置：响应女师需求，凸显女性主义色彩

国立女子师范学院实为高等师范院校与女子教育的结合体，故各系科之设置，一方面以“中等学校之需要”[19]为依据，另一方面又要求其落实女性特色。成立之初，国立女子师范学院即设有教育、国文、英语、史地、理化、音乐、家政七系及体育专修科，其余各系科根据发展实际需要进行增设。[20]对此，该校首任教务主任黄敬思先生曾言：“除体育专修科，家政、音乐两系外，余如国文、英语、教育、史地、理化五系，与其他师范学院并无二致，所以当对上述二系一科进行特别发展。”[21]由系科设置中不难看出国立女子师范学院女性主义色彩的凸显。

言及国立女子师范学院在系科设置方面的第一大特色，不得不提该校特意设置的家政系。该校领导者认为：“家政系是养成齐家的人才。家齐而后国治，国治实有赖于家齐。”[22]鉴于家政系对于家庭、国家的重要意义，国立女子师范学院依据家政系各科目性质，将各级学生所习科目分为以下四组：“一，食物营养组；二，衣服手工组；三，家庭生产组；四，家庭管理组。”[23]由其名称可见国立女子师范学院设立的家政系偏重于家庭教育，尤注重保育。为增强家政系学生的实用技能，自 1941 年 1 月起，国立女子师范学院要求学生，“须每周轮流值厨，借以练习家事，随后预计逐步增设其余训练项目”[24]。更是在 1943 年，该校“食物学实验教室就增造实验大灶一具，内附烘灶”[25]，以供各组学生分别实习之用。家政系的设立，有异于同时期其余国立师范学院的系科设置，为学生习得科学管理家庭、教育子女等技能创造了条件，同时体现了国立女子师范学院的母育主义色彩。

至于体育专修科的设立，则为实施体格训练，锻炼学生强健之体质，以树立优良民族之基础。黄敬思指出，“由于我国女子体育不发达，因此女子体育师资尤其缺乏，

而体育专修科以三年为限,是为提早应用"[26]。为"养成健全之师资",国立女子师范学院不断加强体育专修科的课程建设。如1941年,该科特意增设一门游泳学课程。[27]此外,国立女子师范学院还开展各种课外活动,培养学生健康活泼之体魄。又如1942年,国立女子师范学院因白沙当地青年学子众多而专门举办的"白沙各界运动大会",借以提倡运动兴起,"期收推进国民体育之效"[28]。在此种风气之下,该校女学生体育研究的兴趣甚为浓厚,体育专修科得以稳步发展。至1946年,体育专修科毕业生数达10人[29],皆从事体育教育事业,深得教育界人士的好评。

(二)学生管理:契合时代需求,兼重师范性与过程性

国立女子师范学院对学生的管理,具体可划分为学业管理、思想管理及实习管理三方面。为适应特殊时期教育发展的需要,国立女子师范学院在学生管理方面,兼重师范性与过程性,以加强学生能力和品格的培养。诚如谢循初院长在学校开幕式致辞中所称,"国立女子师范学院不仅训练'经师',而且训练'人师'"[30]。

在学业管理方面,主要分为课程设置和考试考核两部分。国立女子师范学院将学生课程分为公共必修科目、分系专门科及专业训练三大类。其中,公共必修科目又分为普通基本科目和教育基本科目;分系专门科则应系科要求而设置;专业训练科目分为分科教材教法研究与教学实习。[31]其中,低年级的课程强调普通基础性知识的学习,高年级课程则更突出专业知识学习和实习训练。国立女子师范学院毕业生的成绩考核,包括各学期成绩、毕业考试成绩、实习成绩、毕业论文四个方面,故学生在通过理论性知识考试之外,还需要完成相应的毕业论文和教育实习。值得提及的是,有别于战时其余普通高校,国立女子师范学院的实习管理极具师范特色,该校将学生实习分为见习、试教以及充任实习教师三部分。为此,学校成立专门的实习指导委员会,负责学生教育实习的组织、指导、研究及成绩考核等工作。[32]在此基础上,该校积极组织各项实习活动,如1944年,国立女子师范学院曾派遣暑期毕业生共40人至广东省担任实习教师;另有10人分配至湖北省及重庆市进行实习工作。此举契合战时师范教育发展需求,凸显了该校的师范性。

更值一提的是,国立女子师范学院在学生管理方面注重过程管理,"导师制"的实施即为显例。导师制的实施,"根据本院学生人数,将全校学生分为二十组,每组设导师一人,每人平均指导学生十三人,导师对接受训导的学生负有一定责任"[33]。学生在入学伊始,学校即为其指定专门导师,负责学生的学业、选课,更重要的是对学生思想的管理,如国立女子师范学院在学生必修科目中特设"三民主义"[34]等训育原理及实施类课程,以加强对学生的训导。在学习之余,国立女子师范学院规定学生统一在

校住宿,实行集体生活。该校实行的导师制,加强了对学生的训导工作,有利于导师随时关注学生的思想动态,加强学生优良品格的培养,培养具有家国意识的师范性人才。

(三)校风建设:培育家国情怀,强化服务育人实效

在炮火中建立的国立女子师范学院,深感培养师资和抗战建国的重要意义。自学院建立以来,即十分重视培养学生的国家观念、民族精神,要求其为国家自由、民族解放而奋斗。建院初期,谢循初院长就对学生的学习和生活提出了三点要求:“气魄要远大、思想要细密、行为要有热力。”[35]他要求在校生牢记良好的学风和校风,积极将所学知识运用至现实教育活动中来,致力于将学生培养成既有科学知识又能服务于社会的新型教育工作者。诚如罗季林所赞:“此风树立,诸位同学,三年五载后,必能转此院风于社会,矫正民族弱点,领导民族前进。”[36]

为此,学校一众教授学者十分注重学生实践能力的培养,提出师范生应该“方法”和“能力”并重的观点,强化服务育人实效。院长谢循初曾言:“师范学院设置的意旨,不仅在改进中等学校的教学,且在建树中国整个教育上的新风气。”[37]“为增进中等教育效率”[38],国立女子师范学院于 1940 年成立中等教育委员会,为白沙当地的省立男师、女师、江津县中等学校提供辅导。该校迁至九龙坡后,其辅导范围甚至扩大到重庆市。[39]这一举措加强了国立女子师范学院与地方中小学之间的联系,不仅可以使本校的教学效果在实践中得以检验,还可使地方基础教育得以有效辅导,促进了当地中等教育的进步。

此外,为更好地凸显该校女子教育的女性特色,强化师生服务当地社会教育的意识,教育部于 1941 年训令国立女子师范学院承办第一家庭实验区。根据此部令,该校于同年组建了家庭教育委员会,主要负责“办理第一家庭实验区、拟定实验区三年工作计划及工作进度、拟具经费预算等事项”[40]。嗣后,国立女子师范学院在白沙镇承办了第一家庭实验区。因教育部规定“各级学校及社会教育机关推行家庭教育全体教职员及学生均应参加,并得以女教职员为主办人员”[41]。是故,该校要求本院师生一律以推进家庭教育工作为办理社会教育的主要内容,尤其是家政学系和教育学系学生,更应全体参加。正如韩仁在该校新生入学训练词中所讲:“知识妇女好像火车头、发动机,应当用我们的力量,去教化一般智识低浅的妇女,集中力量为社会服务。”[42]在此基础上,国立女子师范学院为使师生进一步养成服务之精神,继而又组织了“社教工作推行委员会”,负责在当地推行“民众识字教育、编辑妇女读物、改进

家庭卫生”[43]等教育活动,以便当地青年进修学习。国立女子师范学院注重理论联系实际,师生充当家庭教育补习班教职员、推行社会教育活动等做法,在一定程度上促进了当地学校教育、家庭教育及社会教育三者齐头并进局面的形成。

三、国立女子师范学院的历史贡献

成立于战时漫天烽火的国立女子师范学院,有其特殊的历史使命。吴俊升曾如是称赞国立女子师范学院的使命及重要性:“高级师范教育,为一切教育之基础,而女子师范学院,则为一切教育基础之基础。”[44]国立女子师范学院的创建,一方面提高了女子教育水平,推动了妇女解放进程;另一方面缓解了战时女子教育的“师荒问题”,为抗战后方教育事业的进步做出了卓越贡献。

(一)推动师范教育发展,缓解了战时“师荒”问题

七七事变后,中国各级各类教育事业都遭受严重摧残。1938年,教育部曾就全国师范学校教员资格进行统计分析,其中“受过专业训练者,不过占20%,而未受专业训练者,反占80%”[45]。中等学校教员水平低下的问题日益凸显,与其时中等学校急需专业师资的现实相矛盾,直接导致了中学教育出现严重的“师荒”现象。斯时,女子高等教育也陷入低谷。作为全面抗战时期“唯一的女子最高学府”[46],国立女子师范学院肩负着发展女子教育,“训练中等女子教育师资”[47]的重任。新中国成立后,国立女子师范学院也完成了其历史使命,与四川省立学院一起合并为西南师范学院,为中国现代性大学的发展做出了突出贡献。

国立女子师范学院成立伊始,校长谢循初即言:“本学院职责乃为国家造就优良师资。”[48]该校成立后,生源来自全国各地,据1941年国立女子师范学院学生籍贯统计显示,该校学生来自四川、安徽、湖北、湖南、江苏等19省,尤以四川省居多。[49]建校初期,学生经由教育部统考后统一录取,后因教育部允许该校直接招收新生,国立女子师范学院便派人到重庆、成都、西安、昆明等地进行招生活动。1941年,国立女子师范学院开始在国文、英语、史地等学系及专修科招收一年级新生。据国立女子师范学院1942年院刊记载,该校1941年学生共计438人:一年级227人、二年级149人、三年级62人。[50]囿于战时条件,国立女子师范学院1944年始有第一届毕业生。相关资料显示,1940—1949年间,国立女子师范学院历届毕业生合计800余名(见下表)。

1940—1949 年国立女子师范学院学生班及毕业生数一览表

年度	学生班/个	毕业生/人
1940	8	—
1941	17	—
1942	27	—
1943	37	—
1944	39	71
1945	40	136
1946	41	160
1947	35	119
1948	36	137
1949	36	177

资料来源:西南师范大学校史稿编修组编.西南师范大学校史[M].重庆:西南师范大学出版社.2000:55。

国立女子师范学院的学生,按照规定需分回籍贯所在地任中学实习教师,服务满一年后,始得领取正式毕业证书。该校学生毕业后,分散在全国各地,大多服务于后方中小学校,为各地基础教育事业发展输送了一批优良师资。可以说,该校的设立,满足了战时教育发展的需要,培养了一批优秀的女性教师群体,成为后方基础教育重要的师资来源,促进了战时基础教育的存续发展。

(二)践行女子教育使命,助推了妇女解放运动进程

建校之初,谢循初院长即指示学生,“将改进中国中等教育的责任,引为自己的责任,将建设中国女子教育的责任,引为自己的责任……担起复兴民族,建设国家的重任”[51]。为此,该校成立后,践行女子教育使命,致力于实施广泛的社会教育,以开社会风气,助推妇女解放的进程。

1941 年,教育部提出“各级女子学校及女生数超过学生总数半数以上之学校,暨设有家政学系,或家政专修科之师范学院,均应遵照规定,组织家庭教育委员会主持本校、并协助所在地家庭教育计划及推行事宜”[52]。国立女子师范学院当即组织家庭教育委员会并拟定委员会简章及实施计划纲要。是项纲要规定,“本院预定于本学年度内,成立若干家庭教育讲习班,家政陈列室,家庭卫生指导所、民众书报阅览室,并刊发家庭小报等”[53]。这一系列教育活动在传授基本家庭教育知识的同时,还开展了妇女扫盲教育,广泛传播文化、卫生、家政方面的知识,使得该区域女性的教育程

度有了明显提高,践行了女子教育的使命。

在向当地女性传授知识技能的同时,国立女子师范学院还热衷于向其宣传革命发展形势,揭露社会的不良现象,一定程度上拓宽了女性的视野,增强了她们的国家观念和社会意识。在该院的宣传下,当地妇女积极参与社会活动以争取政治权利。如1947年,国立女子师范学院联合重庆当地31个学校单位,讨论美军暴行事宜,并发起全市范围内的罢课、示威游行活动。[54]此外,国立女子师范学院成立之初,即创办了《国立女子师范学院旬刊》,这一刊物可供学校师生发表文章,其文章语言精辟,极具思想启迪性。如发表于该刊的《长期抗战中妇女应有的认识与努力(为纪念三八节作)》一文中言:“妇女解放与民族解放是一致而不相冲突的……唯有妇女解放的成功,才能促成真正的民族解放。”[55]该文强调了女性力量的重要性,鼓舞广大女性争取自身权利。再者,随着国立女子师范学院发展规模的不断扩大,学校招生人数也随之增加。据院史记载:“1940年校内学生人数为109人,1948年学生人数已达847人。”[56]在校生人数呈倍数增长,这一批学生毕业以后致力于教育事业的发展,使得越来越多的女性得以受到文化启蒙。她们逐渐实现自身经济乃至精神的独立,并以一己之力来抵抗中国封建顽固的社会习俗,冲击了旧社会落后的女性观和教育观,为广大女性同胞作出了表率,推动了中国妇女解放运动的发展。

(三)兴起“向学之风”,推动了抗战后方社会教育的进步

国立女子师范学院成立初期,社会各界就期望其在女子教育方面有所建树。诚如该校首届总务主任黄敬思所赞:“若中等教育得到了改进,女子教育地位得以增高,家庭和社会有了良好的生活,也是本学院的成绩。”[57]基于社会各界对国立女子师范学院的期望,该校始终将本校发展与抗战建国紧密相连,推动了抗战后方教育事业的进步。

国立女子师范学院学风淳正,吸引了胡小石、朱光潜、顾颉刚等知名学界泰斗前来讲学,他们在校内所开设的“中国文学史”“诗经”“文学批评”等课程,颇受学生好评。在课堂学习之余,该校教师还积极支持和鼓励学生开展科学研究,致使校内科研活动丰富,学术风气甚浓。学生在院长、各系科主任及教员的指导下,组织了类型多样的学会。至1941年,校内已成立教育、国文、英语、史地、数学、理化、家政、体育等各类专业性学会。[58]学会的设立,加强了在校生理论知识的学习,提高了她们的学术研究能力,校内逐渐兴起“向学之风”。

此外,国立女子师范学院还发动学校师生在本地先后开展学术讲座、通俗讲演、民众学校、函授学校,以及其他各种服务性宣传活动,为当地民众带来了一定的便利,

直接带动了当地“向学之风”的兴起。如1942年6月间,国立女子师范学院就曾与国立中央图书馆教育部特设大学先修班联合发起白沙书画展览会,以增进民众艺术之修养与兴趣。[59]此次展览书画共计七百余件,观众数千人,受益群体广泛,既有学生、教授,又不乏当地民众。同年6月,国立女子师范学院又以白沙幼稚园为校舍,筹办了第一期妇女补习学校,以“便利一般失学青年及在职青年之进修”[60]。此期妇女补习学校招收了大量当地青年,开学时报道女学生数达85人,其年龄12岁至35岁不等。[61]该补习学校根据学生的知识水平,将女学生分为甲、乙、丙、丁四个班,各班授课内容均以家事科为主,酌情讲授国文、算数、家事等科目。第一期补习学校顺利结束后,国立女子师范学院又于12月筹办了第二期补习学校,报名人数依然高涨不减,“学生学习兴趣颇为浓厚”[62]。妇女补习学校授课方式灵活,适应了不同程度学生的学习能力,教育效果甚佳,颇受好评。要言之,国立女子师范学院为重庆当地社会教育提供了智力支持,学校通过开展丰富的社会教育活动,拓宽了社会教育形式,为当地民众提供了更多的受教育机会,使得当地渐兴一股尊重知识、尊重人才的学习热潮,推动了抗战后方社会教育的大发展。

综合言之,国立女子师范学院历经战争磨难、请愿风波后仍弦歌不辍,在中国女子高等教育史上具有重大而深远的意义。该校极具特色的系科设置和学生管理方式,增强了学生的知识水平和实践技能,培养了一批有文化、有理想、有担当的女性群体,开创了女子教育的新纪元,为战时基础教育发展输送了一批新鲜血液,有效缓解了战时亟须解决的“师荒”问题。征诸历史实情,客观而公允地讲,四川江津白沙地区的女子教育事业,由抗战前的散薄寂寥,到后来的蓬勃崛起,国立女子师范学院在其中扮演了不可替代的重要角色。该校推行的教育活动,在当地营造了浓厚的文化氛围,使得当地学术风气日益开化,同时也为后方其余女子师范学校树立了办学典范,极大地推动了抗战后方社会教育事业的进步。

参考文献

[1]教育部设立国立女子师范学校[J].图书月刊,1941(7-8).

[2]教育部筹设女子师范学校[J].教育通讯,1940(16).

[3]江苏省省县私立中等学校校长会议特辑:(四)会议纪录:(四)十月二十九日上午大会决议案:(8)请求教育部恢复高等师范学校培养中学师资案[J].江苏教育,1940(04).

[4]郑西谷.中学师资训练问题之研究[J].教育杂志,1936(07):191-294.

[5]师范学院规程[J].教育部公报,1938(08).

[6]行政院决议筹设国立女子师范学院[N].申报,1940.

[7]新彬.新兴的国立女子师范学院[J].学生之友,1941(02):22-49.

[8]教育部筹设女子师范学院[J].湖南教育,1940(05).

[9]女子师范学院核准设立[J].教战之路,1940(05).

[10]全国专科以上学校近况:国立女子师范学院沿革及近况[J].学生杂志,1945(08).

[11]国立女子师范学院筹备近讯[J].教育通讯,1940(27-28).

[12]学院成立暨院舍落成纪念特刊[J].国立女子师范学院旬刊,1940(03).

[13]学府介绍:国立女子师范学院[J].大竹旅渝同学会会刊,1948(01).

[14]教育部教育年鉴编纂委员会.第二次中国教育年鉴[M].北京:商务印书馆,1948:684.

[15]社论:迁复中的学潮片片[N].华中日报,1946.

[16]女师院仍留四川:教育部发言人称已成定案[J].四川教育通讯,1946(11):14.

[17]女学生掀动学潮,她们拒绝解放母校,高呼打倒"朱家骅"[N].京沪报,1946(04):11.

[18]教育与文化:劳君展长女师学院[J].教育通讯(汉口),1946(09):17.

[19][23]本学院二年来概况:系科情形[J].国立女子师范学院旬刊,1942(01):8-10.

[20]成立周年纪念专号:本学院一年来之概况[J].国立女子师范学院旬刊,1941(08).

[21][22][26]黄敬思.学风与国风养成之办法[J].国立女子师范学院旬刊,1940(2):2-3.

[24]本学院实施家事训练[J].国立女子师范学院旬刊,1941(04):7.

[25]家政学系近讯[J].国立女子师范学院旬刊,1943(04):5.

[27]体育专修科增加游泳学程[J].国立女子师范学院旬刊,1941(18).

[28]本学院二年来概况:社教活动[J].国立女子师范学院旬刊,1942(01):13-15.

[29]国立女子师范学院体育科概况[J].重光体育季刊,1946(02):44.

[30][48][51]谢循初,吴寿春.谢院长致开会词[J].国立女子师范学院旬刊,1940(03).

[31]本学院二年来概况[J].国立女子师范学院旬刊,1942(01):9.

[32][35][39]西南师范大学校史编修组.西南师范大学校史[M].重庆:西南师

范大学出版社,2000:50,55,48.

[33]本学院一年来之概况[J].国立女子师范学院院刊,1941(08):16.

[34]专载:师范学院分系必修及选修科目表[J].国立女子师范学院旬刊,1941(5-6):9-12.

[36]罗季林.校规与校风[J].国立女子师范学院旬刊,1941(5-6):5.

[37]谢循初.师范学院之设置[J].中央周刊,1938(07):181-182.

[38]师范学院辅导中等教育方法[J].中等教育季刊,1941(01).

[40]国立女子师范学院家庭教育委员会简章草案[J].国立女子师范学院旬刊,1941(13).

[41]推行家庭教育办法(廿九年九月廿八日教育部社拾柒1字第三二〇四〇號训令颁发)[J].县政公报,1941(193-194):1-3.

[42]韩仁.训练方针与女子之责任及其使命:本学院新生入学训练周讲词[J].国立女子师范学院旬刊,1940(03).

[43]社教工作推行委员会拟定工作计划[J].国立女子师范学院旬刊,1941(06).

[44][47]吴俊升,王英.高级师范教育制度重新建立之经过及女子师范学院之使命[J].国立女子师范学院旬刊,1941(03).

[45]孙邦正.改进我国师范教育刍议[J].教育通讯周刊,1941(31):7-14.

[46]学府介绍.国立女子师范学院[J].大竹旅渝同学会会刊,1948(01).

[49]本学院学生籍贯统计表三十年二十月三十日[J].国立女子师范学院旬刊,1941(5-6):12.

[50]本学院二年来概况:学生及其生活[J].国立女子师范学院旬刊,1942(01):5-8.

[52]教育发令:各学校家庭教育委员会暂行组织通则:教育部第四五五七五号训令颁发[J].教育通讯(汉口)1942(06):5-8.

[53]妇女补习学校:学生学习兴趣浓厚[J].国立女子师范学院旬刊,1943(02):10.

[54]重庆学生罢课:游行抗议美兵暴[J].民主半月刊,1947(01).

[55]向自治.长期抗战中妇女应有的认识与努力(为纪念三八节作)[J].国立女子师范学院旬刊,1941(10).

[56]何鲁.本学院八周年概况[J].国立女子师范学院院刊,1948(5-6):2-9.

[57]黄敬思先生讲词[J].国立女子师范学院旬刊,1940(03):10.

[58]西南师范大学校史编修组.西南师范大学校史[M].重庆:西南师范大学出版社,2000:51.

[59][60][61][62]本学院二年来概况:社教活动.[J].国立女子师范学院旬刊,1942(01):13-15.

The characteristics and historical contribution of National Women's Normal College during the period of comprehensive Anti-Japanese War

Wang Haifeng Liu Ying

Abstract: After the outbreak of the Anti-Japanese War, the National government decided to set up a National Women's Normal College under the guidance of the education circles and the wartime education policy. The internal department setting of the school with feminine colors, the student management that attaches equal importance to teacher and process, and the school spirit construction that emphasizes the concept of family and country constitute its own characteristics. The educational activities organized by the National Women's Normal College alleviated the problem of "teacher shortage" in the rear area during the war to a certain extent, improved the educational level of women, and promoted the development of education in the rear area during the War of Resistance.

Key words: the period of comprehensive Anti-Japanese War; National Women's Normal College; women's higher education

解放与育人:东北解放区中小学教师职业形象的建构
——基于《东北日报》与《东北教育》的考察

刘振宇　张诗昊

摘要:教师是“立教之本,兴教之源”,关系着学生的成长、教育的发展及国家人才队伍的建设。中华人民共和国成立前夕,东北解放区的中小学教师承担着解放区国民基础教育、社会教育及培养革命知识分子的历史使命。东北解放区开辟后,在党的领导下东北解放区开始对中小学教师队伍进行改造,其中诞生了以积极反思型、无私无畏型、努力研究型为主的良好中小学教师职业形象,但也存在个别不思悔改型的负面教师职业形象。这与东北解放区的政治局势、教育政策、社会现实、民众需要、教师职业地位及苏联经验的影响密不可分。同时,经过长期改造建立起的中小学教师职业形象,对东北解放区的中小学教师群体自身、人民文化素质和人民解放的事业产生了积极影响,可为当今中小学教师“四有好老师”职业形象的建构奠定基础、提供经验。

关键词:东北解放区;中小学教师;教师职业形象

作者简介:刘振宇,沈阳师范大学学报编辑部副主任、副教授、硕士生导师、教育学博士,主要从事中国教育史研究;张诗昊,沈阳师范大学教育科学学院硕士研究生,主要从事中国教育史研究。

一、问题的提出

教师是“人类灵魂的工程师”,是“立教之本,兴教之源”,关乎教育的发展、人才的质量乃至国家的兴旺。教师形象作为教师群体自身文化要素在社会层面的外显,

"承载了时代和社会对教师的期望,反映了特定的教育理念与价值追求"[1]。目前,学术界已从不同视角出发对教师形象的内涵进行了较为系统的阐述。仅就教师职业的角度而言,"教师形象作为教师角色的社会期待和自身角色的外化与表征是一定历史条件和文化背景下人们对于教师职业社会职能、职业特点和角色行为所形成的一种较为稳固而概括的总体评价与整体印象"[2]。据此而论,当教师以"教师身份"开展各类活动时,其行为举止表现出的整体风貌即为教师的职业形象。

习近平总书记指出:"每个人心目中都有自己好老师的形象。做好老师,是每一个老师应该认真思考和探索的问题,也是每一个老师的理想和追求。"[3]教师形象对于人的影响是深远的、隐含的、独特的,其不仅能够影响学生心灵的成长,也为一代又一代教师指明了成长方向。近年来,伴随教育高质量发展的稳步推进,教师队伍的高质量建设也愈发受到社会的关注。例如,在 2019 年 2 月举行的教育部新闻发布会上,教育部教师工作司司长任友群提出要"塑造新时代教师形象"[4]。新时代教师形象要有新时代的标准。2022 年,教育部等八部门联合颁布的《新时代基础教育强师计划》便明确指出,高质量教师是高质量教育发展的中坚力量,提高教师质量需要教师争做"四有"好老师,当好"四个引路人"[5]。显而易见,以教师的内在品质为衡量尺度,使新时代的高质量强师具有更为具体的形象标准,并且中小学教师的职业形象愈加成为影响教育质量及评价教师队伍建设的重要标准。因此,本研究尝试从教育史研究的视域出发,以东北报刊史料为依据,探讨东北解放区中小学教师职业形象的建构问题。

回顾与本研究相关的学术成果,可以发现,有关东北教育史的研究已较为丰富。整体而言,20 世纪 80 年代至 21 世纪初是东北教育史研究著作成果大量涌现的阶段,有学者从东北古代教育、东北近代教育制度及其变革、日本侵略东北的殖民地奴化教育、东北地区民族教育、东北地区儒学教育、东北地区重要人物的教育思想等角度展开了研究,诸如《东北教育通史》《东北民族教育史》《东北高等教育史》《东北解放区教育史》《东北地方教育史》《日本侵略东北教育史》等便是这一时期的代表。近十年的东北教育史研究则在继续完善原有研究问题的基础上,更加注重具体教育问题的研究,如东北地区的教科书、东北某学段某学科的教育教学等。与此同时,研究对象还是主要集中在制度史与思想史方面,但专门探讨东北教师群体的成果仍有所不足,有待发展。

回眸历史,东北地区教育的发展具有举足轻重的作用。有学者指出:"鸦片战争以后,沙俄、日本等帝国主义先后在东北推行奴化教育,东北人民进行了收复失地,收回教育主权,抵制帝国主义教育侵略的顽强斗争。解放战争时期,东北又成为最早的解放区，东北解放区的教育为新中国提供了宝贵的经验。”[6]东北地区的教师群体同样心系东北地区的命运，坚决与侵略者及其奴化教育作斗争，并积极投入到东北地区的解放与教育事业和新中国的社会主义建设浪潮之中，他们主要负责教育工人、农民等广大人民群众的子女，同时承担东北解放区社会教育、全民文化提升的使命。此外，中学教师还肩负培养革命干部、革命知识分子、新民主主义建设技术人才的历史重任。可见，东北解放区的中小学教师作为东北解放区教育的一线建设者，其在教育史上的地位与作用不容忽视。

正所谓“鉴往知来，向史而新”。东北解放区中小学教师职业形象的建构，成为党领导下的解放区教育事业的一面“旗帜”，一方面表达了东北解放区的党和人民对教育者的呼声与需求；另一方面则为新中国成立乃至当今教师群体的“好老师”职业形象的建立奠定了坚实的历史基础，为当前“四有好老师”职业形象的建构提供历史经验启示。而对该问题进行深入研究，也有助于真正发挥教育史研究具有的“求真、求善、求用”的功能。[7]

二、东北解放区中小学教师职业形象的标准

通常而言，“教师职业形象是作为教师的群体或个人在其职业生活中的形象，是教师职业群体或个人精神风貌和生存状态的表征”[8]。因此，东北解放区教师职业形象的建构既要有教师群体的实践，又需要形成具有引领性、规范性的形象标准。教师职业形象的标准代表着社会对于教师群体的期望，同时也为东北解放区中小学教师职业形象的发展建构提供着力点。

整体而言，东北解放区中小学教师的职业形象标准经历了两个阶段。第一阶段为1945年至1948年8月“以思想政治觉悟为主”的形象标准阶段。此时中小学教师职业形象的标准首先是“具备为人民服务、为人民教育奉献的精神”“拥有先进的革命思想理论与革命热情”“能够自我反思、自我思想改造”，其次是具备一定的教育教学的能力。第二阶段为1948年8月至1949年，此时东北解放区中小学教师职业形象的标准发展向“教师专业性与思想觉悟并重”的阶段。此时的东北解放区中小学教师职业形象应当展现出专业的文化知识、先进的教育教学能力与水平，体现出对新民主主义教育方针的深刻理解，并具备为人民服务、爱国爱民的思想觉悟。

(一)“以思想政治觉悟为主”的形象标准阶段(1945年至1948年8月)

在东北解放区初步建立,国内局势动荡的历史大环境下,东北解放区教育培养中国革命接班人需要东北解放区中小学教师群体具备良好的价值观念和坚定的政治信仰。在此背景下,社会不同群体立足各自视角对东北解放区中小学教师的职业形象提出具体的标准与要求。1946年,《东北日报》刊登的一篇教育新闻报道了绥化教员大会上教联主席对于中小学教员提出的标准与要求:“一、确立为群众服务的观点,打破过去认为教育是‘清高’的思想。二、教育要普及化大众化,和新民主主义的政治密切联系起来。三、努力研究与学习新的东西,克服困难改进教育。四、做有利于人民的宣传,打破封建的奴化的思想,贯彻民主思想。五、以实际行动来反对内战、争取和平,坚决拥护民主政府,为实现新民主主义的教育而奋斗。”[9]同年10月,《东北日报》报道了牡丹江市评选模范教师的五条基本条件:“一、努力学习,思想进步确定了革命人生观者。二、教学有方,在师生中有威信者。三、参加社会活动成绩卓越者。四、虚心接受意见且能帮助他人。五、除特殊事故外不缺席、不迟到、不早退。”[10]上述标准代表了以教师联合会为中心的一线教育者对中小学教师应然职业形象的反思,体现了教育者对自身职业形象标准的界定,其中重点强调做教师应当率先具备先进的思想,能够以身作则为人民服务,为民主和平以及人民的解放战争服务。

1947年,曾任东北大学校长的张如心在《关于中学工作的若干问题》一文中指出,目前东北解放区急需的师资应当是“有为人民服务的政治方向,并具有最基本的革命的政治、历史知识,能够担任讲授小的主要政治课程的”[11],要将“宣传解释学校教育方针与为人民服务的工作作风”与“组织参加学校的各种社会活动”作为教师思想改造的重点。[12]张如心对于中小学教师标准的论述,体现出在东北解放区的学者眼中中小学教师应具备的内在思想品质和能力素质,即政治觉悟、政治知识和服务意识。

1948年6月,哈尔滨教育工作者成立职工联合会的大会上,哈尔滨市市长对中小学教育工作者提出了标准与要求:“一、打破旧的传统观念,确立民族自尊心,继承与发展民族文化,教育青年的一代。二、要有自信心,确信富强的新中国是一定能建立起来的。三、建立为人民大众服务的观念。”[13]哈市市长对于教育工作者提出的要求,是人民政府对于东北解放区中小学教师职业形象标准与期望的缩影。此时从民族的角度、解放的角度对教师提出新的要求,符合解放战争局势变化的需要,并且进一步表明教师职业的形象标准既要立足眼前局势,更要面向人民解放事业以及新中国的未来。处于东北地区解放战争的关键时期,在人民政府的视角下,中小学教师的职业形象以思想觉悟、政治素养为首要标准，并对人民政权的未来充满信心。

从上述重要文章、讲话、会议可以看出，受解放战争的局势与任务的影响，东北解放区对教师提出的标准集中在思想觉悟与政治素养层面。由此，东北解放区中小学教师职业形象也呈现出了较为鲜明的思想性、革命性、人民性。

（二）“教师专业性与思想觉悟并重”的形象标准阶段（1948 年 8 月至 1949 年）

随着东北解放区局势的稳定，东北解放区乃至全国范围内的战略反攻即将到来，党领导的人民解放事业将走向伟大胜利。1948 年 8 月，在辽沈战役前夕，东北解放区第三次教育会议在哈尔滨召开。会议提出，除学习时事政策之外还要从业务学习上来提高教师。[14] 1949 年，东北全域均已迎来解放，东北解放区的教育步入了新的历史阶段。当时，从正规教育角度出发，东北解放区中小学教师的职业形象产生了新标准。例如，1949 年创办的《东北教育》刊登了一幅名为《模范教师》的漫画（如下图所示）。

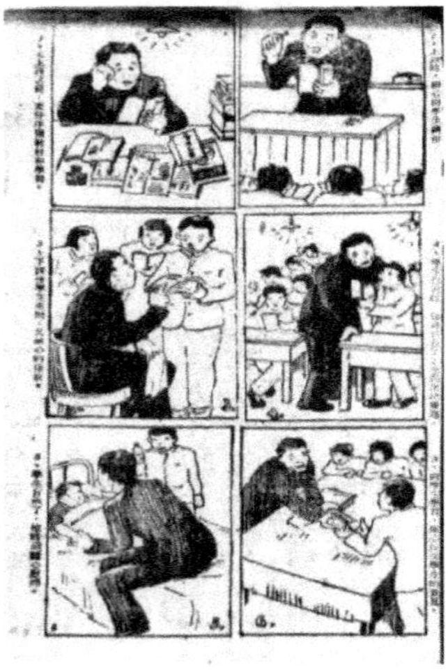

模范教师[15]

漫画旁的注释将模范教师的形象刻画为："1.未上课之前，充分准备教材和学习。2.上课时，细心向学生讲解。3.下课后学生来问，又耐心地指教。4.学生自习时，亲身到教室去帮助解决难题。5.学生生病了，他时刻关心慰问。6.向学生学习，虚心接受学生的意见。"[16] 这些简短的文字从教师专业能力的角度对中小学教师群体的教育工作提出了具体的要求，并且通过漫画生动地展现了教师应当具备的形象。漫画作为一种非官方的民间艺术形式，在一定程度上反映了在革命与解放即将完全胜利的背景下，社会民众对教师形象提出的标准：一方面，教师要对教学工作认真负责；另一方面,教师要具备良好的师德品质,具备作为教育工作者应展现出的职业道德与应有的人格魅力。

同年,在东北第四次教育会议上,董纯才在总结过去东北解放区教育的经验与教训时,强调了培养和提高师资的任务,并对教师的业务学习提出了具体要求。业务学习的内容包括教育政策、自己所教科目的科学知识、教材研究与教学法、教育理论,同时不忽视政治学习和马列主义、毛泽东思想的理论学习。[17]上述资料和官方教育规划均体现出,中小学教师职业形象的标准已经开始向专业化教师发展。东北解放区中小学教师的专业能力、专业知识,随着东北解放区人民教育事业的发展而逐步受到教育领导者和社会民众的重视。

三、东北解放区中小学教师职业形象的展现

有历史学者认为:"人们的每一个活动,都有开始和终结,小到吃一顿饭,大到整个社会的变革,莫不如此。从时间上说,就是经历了一个阶段。"[18]同样,东北解放区教育发展的阶段性特点让东北解放区的中小学教师有了丰富多样的职业形象展现。基于《东北日报》与《东北教育》的相关文章与报道的考察,东北解放区中小学教师的职业形象可以划分为四种类型。

(一)积极反思型

东北解放区开辟之初,中小学教师群体的构成较为复杂,其中既包含日伪以及国民党教育体制下原有的教师,又有东北解放区从广大人民群众中新选聘的教师。在统一接受党的领导之后,东北解放区的中小学教师通过思想检查会、检讨会意识到自身原有观念的落后与不足,并经由服务人民、服务教育的实践活动积极反思,主动靠近党、靠近人民,努力形成新民主主义的教育观念与工作方法,提高自身的思想觉悟。例如,北安第一初小的教师起初认为,"当个教员真不错,教一帮小孩子,看学生对先生是多么尊敬啊,将来学生有出息,不都是先生的功劳吗?"但是,经过思想教育与改造,该教师深刻认识到,"这种思想是不正确的,这是旧社会贪图功名的想法,不是为人民服务的观点",并决心在今后的教育工作中为儿童服务,树立为新民主主义教育事业奋斗到底的人生观。[19]除此之外,东北解放区的一些中小学教师在经过反思与改造后,积极投入到对其他教师的思想改造教育的活动当中,号召其他教师树立正确的教育观念,提高思想政治觉悟,提高自身的教学能力。正如榆树中学的教师呼吁:

“每个教员同志,都要检查一下自己的思想,坚决和坏的思想作斗争,清除出去有害于人民,有害于革命,也有害于自己的不正确的想法;要树立将革命进行到底,为新民主主义教育事业而奋斗到底的人生观。”[20]

由此可见,积极反思型的中小学教师,最终能够在党和人民的号召下树立起正确的思想,积极投身于教育实践与解放事业。积极反思型的中小学教师,是后续良好教师职业形象建构的基础,并最终成为东北解放区新民主主义教育乃至新中国成立后教育事业的中流砥柱。

(二)无私无畏型

东北解放区中小学教师经过思想改造与教育,形成了较高的思想觉悟。因此,在以教师身份展开的活动中,东北解放区的中小学教师展现出对于人民教育无私奉献的精神,以及对人民解放事业的大无畏、不怕牺牲的态度。

在对待学生方面,无私无畏型的中小学教师将学生视如己出,对学生认真负责,真正做到爱生如子。例如,海城县生理教员的大孩子得着麻疹,小孩子得了肺炎,却没有充分时间去照顾,因为他知道学校每天晚间要有许多同学来等着他诊疗、换药。[21]

在对待学校方面,此类中小学教师视学校为自己的“家”,用心建设呵护。在广大人民群众得到解放后,人民对于教育的需求增加,国民教育的规模由此扩大。东北解放区许多县镇乡村兴建了属于自己的小学。但是,这些小学往往校舍简陋,师资不足。而东北地区原有的许多中小学校,在解放前夕也惨遭破坏,百废待兴。在这种条件下,学校里的一砖一瓦、桌椅板凳,甚至经济收入,都是中小学教师努力经营起来的。例如,汪清县城第一中心小学校长春耕时亲自到学校的学田里深耕,学校的校舍也是他亲自修补,经过校长的不懈付出终于打造起了一所人民的小学。校长对于学校建设的无私奉献换来人民群众的一致称赞:“许校长天天忙忙碌碌,还不是为了咱们学校!”[22]对人民教育事业本身,东北解放区许多中小学教师表现出了心甘情愿为人民教育服务的无私奉献精神。例如,吉林省有教师自发组织运动,主张“一年不吃老百姓的饭”[23]!教师们“不拿人民薪俸”行为的背后蕴含的是东北解放区教师群体与人民群众情浓于血的关系,以及甘愿为人民教育事业奉献自身的教育理想。

站在人民解放事业的立场上,东北解放区的中小学教师表现出了大无畏的精神,同反动势力作斗争,为民主与和平奋战。1945 年末,美国联同国民党悍然发动东北地区的内战,并迅速扩展到对全国解放区的进攻。在反动势力违背大势、破坏和平的背景下,东北解放区的中小学教师愤怒地走上街头,高喊“在我全民怒吼之下,美军必将自中国滚回去”的口号。[24]并且,中小学教师群体表现出了为民族解放不怕牺牲的大无畏精神,宣誓“不解放毋宁死”[25],坚决与美军和国民党反动势力斗争到底。

(三)努力研究型

东北解放区努力研究型的中小学教师,体现的是东北解放区教育走向正规化的发展趋势。此时,东北解放事业大局已定,东北解放区的教育对中小学教师思想改造已基本完成。

此类中小学教师更加注重自身教师专业能力的发展,不断学习专业知识,提高教育教学能力。在专业知识层面,努力研究型的中小学教师注重对于学科知识的学习与剖析,努力完善自身的知识结构,并展现出了知识结构的区域性特点,即“立足东北,又红又专”。例如,在介绍高小自然课知识时,东北解放区的小学教师不仅让小学生了解各种金属与非金属,同时深入发掘自然课中潜在的思政属性,将金属矿物与东北的富饶矿产相联系[26],以此来激发东北解放区小学生对家乡的自豪感及对家乡的热爱。又如,在补充历史节日五一劳动节时,教师一方面详细准确介绍五一劳动节的来历及意义;另一方面将五一劳动节致敬劳动人民的精神与东北局和东北政委会发出的号召联系起来,呼吁东北解放区的知识青年把帮助劳动者提高文化当作自己的神圣责任和光荣义务。[27]

在教师专业能力层面,努力研究型的中小学教师重视自身的教学能力的提升。与以往教学中灌输知识不同,努力研究型的中小学教师开始关注教学法在授课过程中的应用。例如,哈市二中的教师在开展几何教学前,会反思以往几何教学中教师只赶进度不顾学生理解的不足,开展教学小组业务研究,进行观摩教学,并且分享几何教学中实验、实测、直观观察的方法。[28]哈市二中的教师展现出的积极研究学习、不断进步的精神面貌,是努力研究型中小学教师群体的独特缩影。在教学之外,努力研究型的中小学教师重视自身工作的育人的属性,积极探索多途径、全方位教育学生的方法。例如,有教师总结出教育学生的十六字要领“调查了解,联系家庭,劝告之后,又加鼓励”[29],呈现出努力研究型的东北解放区中小学教师专业成长过程中立足现实教育案例的特点。

可见,努力研究型的中小学教师群体的思想觉悟与政治素养已达到一定高度,能主动将思想政治觉悟融入教育教学之中,并积极探索教育教学的方法,完善自身知识结构。而由于此时中小学教师群体自身专业素养尚待提高,努力研究型的中小学教师,尚且处于具体经验的学习与探究阶段。但不可否认,此类中小学教师仍然奠定了日后东北地区中小学教育研究从具体经验上升到理论高度的实践基础。

(四)不思悔改型

此类职业形象的中小学教师,深受反动思想和落后观念影响,经思想教育后仍然无法与人民群众产生情感,民主平等的理想始终没能在其头脑中形成,腐朽观念仍然根植这些教师的思想之中。这类教师是中小学教师思想改造工作中的"顽固派""少数派",是要被清除出教师队伍的个别分子。不思悔改型的中小学教师,无法阻挡人民教育蓬勃发展的历史趋势,并且这类中小学教师也终将在人民的斗争中走向灭亡。但由于其客观存在,以致此类教师难免在个别地区给教育事业造成了一定的负面影响,成了东北解放区中小学教师职业形象中的"反面教材"。此类中小学教师思想反动、教育教学手段粗暴。例如,东北解放区某反动教员打击进步同学积极性,在升学考试中徇私舞弊,贩卖试卷谋取利益,录取标准唯亲唯利,在工作中"采取混饭吃的雇佣态度",经多次培训与教育仍不思悔改。[30]如此混世的落后工作态度与教育方式严重摧残着在其消极教育管理下学生的身心。但压迫便意味着反抗,此类教师往往会在与进步学生和进步教员的斗争中接受东北解放区教育行政机构的审查,最后难逃处分与罢免的结局。

此类中小学教员能够出现在相关刊物的报道之中,目的是告知广大教师何为负面、消极的教师职业形象,并起到警示作用,"有则改之,无则加勉",努力向符合新民主主义教育需要的教师职业形象发展。

四、东北解放区中小学教师职业形象建构的因素分析

在唯物辩证法的体系下,世界是普遍联系的有机整体。"在这个有机的统一整体中,任何事物、现象、过程,都是同周围其他事物、现象和过程相互联系着的。不仅事物之间,而且事物内部的诸要素之间,也是有机地联系在一起的。"[31]同样,教师文化的"共时性"亦要求关注教师文化生成时系统内部各要素之间,系统与外部文化环境之间的相互联系、相互作用。[32]作为一种特殊教师文化的东北解放区中小学教师职业形象,从内外部的联系与作用来剖析,其建构与东北解放区的政治、社会、教师群体,以及历史条件下的苏联教育的影响具有紧密联系。

(一)政治局势与政策的影响

教育与政治政策同为上层建筑,二者相互影响构成教育的基本规律。在东北解放区,新民主主义教育及东北解放区中小学教师职业形象的发展与其所处的政治形势密不可分。从整体上看,东北解放区的教育在形势影响下可以分为巩固改造阶段和正规化教育阶段。

东北解放区教育的第一阶段为1945年至1948年8月,即巩固改造阶段。随着抗日战争的胜利,以毛泽东为核心的中国共产党准确地判断了解放战争的局势。由是,1945年12月,毛泽东在《建立巩固东北根据地》一文中对中共中央东北局下达了最高指示,明确了东北解放区的任务。毛泽东指出:“我党现时在东北的任务,是建立根据地,是在东满北满、西满建立巩固的军事政治的根据地。”[33]这个任务是要密切联系人民群众,打造群众基础,紧密团结工人和知识分子并经历三四年艰苦斗争才可能形成的。毛泽东的论述预见了东北解放战争的走向,奠定了东北解放区的总任务。在发动群众、创立根据地、发展民主政治总任务的指示下,1946年东北政委会在《关于改造学校教育与开展冬学运动的指示》中指出,国民教育就应配合着协助发动广大群众参加保卫和建设东北解放区的斗争,中等以上教育应当适应当前斗争需要培养大批干部的情况[34],并且相关“指示”进一步表明教师需要不断向前进步,学习时事政治,研究业务。[35]1947年东北解放区第一次教育会议在哈尔滨召开。会议指出,“(当前的)新民主主义教育,是替新民主主义政治经济服务的。”[36]在政治形势及相关教育政策的方向规划与指导下,东北解放区着重宣传了一批积极自我改造、无私投身革命与教育的新民主主义模范教师,并成为东北解放区中小学教师群体学习的榜样。

东北解放区教育的第二阶段为1948年8月之后,即正规化教育阶段。此时,东北解放区巩固发展的任务已经完成,东北局势进入到解放军的战略反攻阶段,当时东北解放区的中心任务是生产建设支援战争。[37]为此,教育阵线需要提高质量,建设新型正规化教育。1949年,新中国即将诞生,全国面临一个除旧布新的建设时期。教育必然要紧跟时代的转变,把普及和提高人民文化,培养各种建设人才作为学校的任务,以适应经济建设和其他事业的需要,从而更好地为经济建设服务。[38]东北第四次教育会议提出,今后的教育方针是“适应东北人民经济与文化建设事业的需要,提高与发展东北人民教育事业,提高人民文化水平,培养建设人才与新的国民”[39],并要求在职教师加紧学习,“先学后教”“边学边教”[40]。由此,东北解放区中小学教师专业性建设提上日程。同时,为配合教师专业性建设,东北解放区也宣传了一批在教育教学过程中深入学习、积极交流研讨的学习研究者形象，引领整个东北的中小学教师职业形象的发展进步。

（二）社会现实与民众的需要

社会环境是教师文化形成的“土壤”。从教师形象与社会的关系来看，“教师文化往往与一定的社会阶层相联系”[41]。据此分析，解放前的东北地区中小学教师是受到官僚与地主裹挟的，大部分中小学教师出身贫苦，遭受着统治阶级的压迫。但同时，他们又需要依靠统治阶级提供的雇佣关系来维持生计。因此，在国民党统治下的教育中，东北的中小学教师不得不向剥削者妥协。在解放区，一方面教育真正为广大人民所享有，中小学教师的教育工作不再是为剥削者服务；另一方面，从 1947 年 12 月至 1948 年 2 月，东北解放区的绝大多数地区取得了土地改革的彻底胜利。[42]这意味着剥削压迫者在东北地区退出历史舞台，代表着东北地区广大人民群众的无产阶级取得彻底胜利。此时，绝大部分中小学教师能够察觉到，在社会的发展下，接受党的领导，依靠人民群众，服务人民群众是自身前途和中国发展唯一且正确的道路。正如教师所呼吁的，“人民民主力量在全国范围内的胜利前途明显，局势大定；今天除了倒向人民这一边，已在没有什么可依靠的了”[43]，东北解放区中小学教师展现出的职业形象也积极主动地向党和人民提出的标准靠近。

就教育内在关系而言，教师职业形象需要与教育发展及受教育者的需要相匹配，东北解放区社会阶级的变化从根本上改变了受教育者与受教育权。在东北解放区人民当家作主的历史条件下，广大工人、农民等过去无法接受良好教育的人民群众获得了接受教育的权利。工农及其子女表现出了对接受教育的极大热情，甚至有的民众为了兴办学校让子女接受教育宁愿“一天吃一顿稀饭”[44]。东北解放区的人民对教育拥有的更高期望，则要求有更多满足人民教育诉求的中小学教师，进而督促中小学教师群体树立起“作风朴素、接近群众，并忠心要给人民当一个好勤务员的”[45]良好职业形象。人民的需要成为东北解放区中小学教师职业形象建构的重要社会推动力。

（三）教师组织与活动的发展

从教师文化的构成来看，教师文化是教师个体文化构成的群体文化。东北解放区中小学教师的职业形象，不是个体职业形象的简单相加，而是东北解放区中小学教师个体职业形象有机结合形成的整体职业形象。对此，东北解放区中小学教师需要有整体的、系统的组织领导,东北解放区的各地教职员联合会及东北教取职员联合会承担起了这一重任。《东北教育》高度称赞以“东北教职员联合会总会”为代表的教职联组织,认为其“关系到整个教职员的福利事业、政治思想指导、业务学习,更关系着整个东北新民主主义教育建设事业的发展”[46]。在制度规范上,东北教职员联合会起草相关章程,对入会教师提供制度保障并规范、引导教师的思想、行为,提高东北解放区教师的专业能力。例如,《东北教职员联合会总会章程草案》提出,本会以团结全体教职员从事东北解放区的新民主主义教育建设事业,办理教职员之福利事业及指导政治思想与业务学习,保证教育任务之完成为宗旨。[47]在内部机构上,东北教职员联合会总会设立了福利部、学习部等部门,对教师待遇及教师思想业务进步展开系统完善的领导。并且,东北解放区的各级各类教职联,积极开展各式各样的活动,包括举办“模范教师”竞赛、开办教师研究班、组织民主政治宣传活动、召开教员大会等,在实践中引导着东北解放区中小学教师职业形象的发展。

(四)教师职业地位的变化

“所谓‘职业地位’,就是人们从事的某种职业在经济收入、社会地位和社会声望等方面的总体状况和相对位置。”[48]教师的职业地位关乎教师群体的职业认同与归属,进一步影响教师文化与职业形象的形成,良好的职业地位能够为中小学教师职业形象的建构带来积极的影响。据此分析,一方面,东北地区中小学教师社会地位经历了很大的变化。解放前,东北地区的中小学教师始终处于受压迫的社会地位。据东北解放区的小学教师回忆,在解放以前东北地区的小学教师明明是为统治阶级——地主、官僚资产阶级制造奴才,但却受冷眼歧视,以至于被人称为“下贱”。[49]但在党领导下的东北解放区,教师的社会地位发生了根本性转变。在东北解放区诸多关于教师的论述中,教师已成为光荣高尚的职业。例如,在解放区人民政府所设的学校中,由人民政府所聘用的教职员,在其工作期间,原则上都应认为革命职员,享受革命职员所应享受的待遇。[50]又如,在1948年《东北日报》的《为教育新后代而努力》的一文中,董纯才将革命的教师比作教育战线上的一个“战斗员”[51]。同年,中共东北中央局《关于知识分子的决定》指出,要将包括中小学教师在内的知识分子改造成甘心当人民勤务员的革命战士。[52]上述对东北解放区中小学教师的定性与隐喻,展现出中小学教师极强的进步性、革命性与斗争精神。由此可见,东北解放区的中小学教师是新民主主义教育的中坚力量,是人民教育事业中不可或缺的基础部分,其社会贡献得到了极大的认可,东北地区中小学教师受歧视的社会地位得以扭转。另一方面,在经济地位上,党领导的东北局及政委会十分重视教师群体的经济待遇问题。1949年

“东北仅中小学教育经费就由国家拿出廿三万吨粮之多”[53]。虽然自身条件本就艰苦，即便尽力保障中小学教师的福利待遇，东北解放区仍然有很多中小学教师生活清贫。但不可否认的是，东北解放区在中小学教师经济待遇方面的努力彰显着对于中小学教师经济地位的高度重视。东北解放区对中小学教师社会地位与经济地位的提升，一改解放前中小学教师受歧视的困境，深刻塑造东北解放区中小学教师群体对自身职业与解放事业的归属感与认同感，使其更加积极地向党和人民靠拢，形成思想进步、服务人民的新民主主义教师职业形象。

(五)苏联经验与成果的借鉴

20世纪40年代末和50年代初学习苏联教育运动就是从东北解放区开始的。[54]随着东北解放区教育的深入发展，苏联在教育建设中的经验受到官方重视。在东北解放区第四次教育会议上，林枫副主席明确指出：“苏联比我们先进三十多年，学习苏联办教育的经验，应该在我们的方针上明确肯定起来。”[55]同时，东北解放区受苏联影响成立了一系列苏联学校。例如，位于旅大地区的旅顺中学，率先成为东北解放区学习苏联教育思想的典型。[56]在学习苏联教育的号召下，1949年4月创刊的《东北教育》已经有意识地引入苏联教师的先进教学经验与案例，以供东北解放区的中小学教师学习。从具体经验借鉴来看，苏联的教育方针、师资问题、中小学教育任务、优秀苏联教师的教学方式、育人方法成了东北解放区学习借鉴的重点内容。例如，《东北教育》中分享了苏联小学教师斯卡特金的小学自然常识教学法，其中讲解苏联教师斯卡特金如何让学生自觉地学习，并且针对小学生的思维特点强调感觉的作用、观察的方法、描写的方法等多种多样的手段，帮助学生理解知识。[57]苏联教师教学育人的经验，成为东北解放区中小学教师深入学习，提升教师专业能力，打造职业形象的珍贵材料。

五、东北解放区中小学教师职业形象的历史作用及当代启示

历史研究的作用在于知晓“当前的我们”从何而来，洞悉时代现象背后蕴含何种历史规律。正如历史学家哈罗德·珀金所言：“什么是历史学家的独特贡献呢？他可以表明现代伦敦是怎样从历史上一步步发展演变而来的，表明一个人如果对伦敦的历史演变一无所知的话，他就不可能真正懂得现代伦敦的形式和结构。”[58]回顾东北

解放区中小学教师职业形象的发展历史,一方面可以记录并还原东北解放区教师群体的成长,并总结历史经验与作用;另一方面可以为当前中国式教育现代化背景下教师高质量发展与"四有"好老师、"大先生"的形象建设提供进一步的启示借鉴。

(一)历史作用

东北解放区的中小学教师职业形象作为教师文化,其历史作用可以从中小学教师群体自身的意义、对中小学教育的影响及对社会的作用三方面展开分析。

第一,对于东北解放区中小学教师自身而言,文化对于群体的影响是深远无形的。东北解放区宣传的中小学教师职业形象对东北解放区的教师群体具有漫长而持久的导向示范作用。树立具有榜样示范性质的中小学教师职业形象可以引领整个中小学教师群体职业形象的进步,提高中小学教师的整体素质,并提升中小学教师群体的社会地位及人民群众对于中小学教师的热爱与尊重。正如东北解放区有的教师所言:"今天新社会里的教员,不但不'下贱',不受到冷眼和歧视;相反却是光荣的、受到人民爱戴的。为什么呢?因为他是为广大人民群众服务,为新中国建设教育人才,培养主人翁的。"[59]由此观之,不仅仅是有什么样的教师地位便会有什么样的教师职业形象;反过来,教师职业形象对教师的地位同样有着举足轻重的作用。

第二,对于东北解放区中小学教育而言,首先,教师职业形象作为一种教师文化,可以促进东北解放区中小学生文化的良好发展。东北解放区的中小学教师通过高尚的道德品质与思想觉悟,在课堂教学活动和服务人民的社会活动中对东北解放区的学生进行道德与革命人生观的示范与引导,帮助中小学生形成爱国家、爱人民、爱劳动、爱科学、爱护公共财物、遵守纪律及为人民服务的思想。[60]其次,作为一种代表官方主流文化,东北解放区中小学教师职业形象实质上是东北解放区中小学教育制度性内容向习惯规范的转化。一方面,教育制度文化能够以中小学教师形象为媒介深入到教育一线;另一方面,具体生动的教师职业形象让宏观的教育政策有了贯彻落实的具体参考。最后,具备良好职业形象的东北解放区中小学教师,增进着东北解放区人民群众对于学校的信任程度。教师是学校教育的承担者,教师的社会声誉、社会信任程度、社会地位,直接影响着社会民众对于学校教育的态度。例如,解放区的"好教师"李忠心对学生认真负责,认真教学,密切联系人民群众,受人民群众认可,所以老乡们才会互相督促着说:"送孩子去念书吧,跟着老李学,没错!"[61]受人民爱戴的中小学教师职业形象在极大程度上促进了东北解放区中小学教育的发展与普及。

第三,对于东北解放区的解放事业与社会作用而言,一方面,具备良好职业形象的东北解放区中小学教师积极主动地投身到解放事业与社会建设活动之中,如亲身参与生产建设、参加劳军活动、投身农业生产。同时,中小学教师作为知识分子群体,在东北解放区具有社会感召力。在社会活动中东北解放区中小学教师的职业形象,无形中塑造着社会新风气,打造革命与解放的社会氛围。另一方面,东北解放区的中小学教师还是东北解放区社会教育的重要组成部分,十几万中小学教师承担起了当地农民、工人、失学儿童思想政治与文化教育的工作。中小学教师通过承担社会教育向人民群众宣扬民主观念、宣传土地改革、推广扫盲教育、普及生产常识,提高广大农民、工人的文化素质。在教育人民群众的过程中,东北解放区的中小学教师群体逐渐为社会认同,其职业形象展现出的进步性与革命性潜移默化间感召群众,为人民解放事业与社会进步打造了群众性的文化基础。

(二)当代启示

教育高质量发展离不开高素质的教师队伍,东北解放区中小学教师职业形象的建构同样可以为中国式教育现代化背景下教师队伍高质量建设提供启示与借鉴。

2018 年,中共中央、国务院《关于全面深化新时代教师队伍建设改革的意见》对教师提出了新的要求:在师德师风建设上要加强教师党支部和党员队伍建设、提高思想政治素质、弘扬高尚师德;在提高教师专业素质能力方面要加大对师范院校支持力度、建设一支高素质专业化的教师队伍等。[62]高素质专业化教师队伍建设要求需要对教师提出全新的标准。为此,习近平总书记强调,教师要成为大先生,做学生为学、为事、为人的示范,促进学生成长为全面发展的人。[63]2022 年,在给北京师范大学"优师计划"师范生回信中,习近平总书记再次表达对培育党和人民满意的"四有"好老师的殷切希望。[64]

"大先生"和"好老师"均与教师的职业形象有着密不可分的关系,并深刻影响着高素质教师队伍的建设。结合教师职业形象建构的历史经验,要建构当下教师群体"大先生""好老师"的职业形象:其一,需要明确教师职业形象的标准,通过完善相关教师政策,对教师职业形象的内在素质能力与外在行为举止提出明确的规范要求。其二,要打造榜样模范教师。教师群体职业形象的建构并非一蹴而就,需要经过长时间的发展与沉淀。为此,教育部门可以联合新闻媒体,对模范教师事迹展开宣传,打造一批先进模范教师,带动教师群体职业形象的发展。其三,要切实保障并提高教师的福利待遇,通过出台政策完善相关制度,完善教师群体的社会保障,提高工资待遇,明确教师责权范围,合理安排教师工作,为教师安心教书育人,塑造自身良好职业形象提供物质保障与制度基础。其四,要让社会形成良好的尊师风气与文化氛围,弘扬尊师重教的优良传统文化,国家和社会需要重视教师节等重要时间节点对社会尊师风气的积极作用,开展群众性尊师活动,提高教师群体的自豪感与自我认同感。其五,要不断提高教师培训的质量,重视师范教育与教师在职培训。师范院校要重视师范生技能训练与教育实习;教育部门进一步科学合理地对师范院校的人才培养进行评估;在职教师要定期进行教师培训,学习教育理论与教育政策。在职前与在职教师教育中不断发展教师群体的职业道德风范、专业知识与教师专业能力,使其能够满足人民不断提高的对高质量教育和高质量教师的需要。

总而言之,教师职业形象的建构背后隐含的是教师文化的建构。因此,教师形象的建构必然是复杂且漫长的过程。从东北解放区的历史经验来看,打造良好的教师职业形象,必须上下一心,需要党和国家宏观层面的领导,需要社会民众的积极呼吁,更需要教师群体的不懈努力。只有如此,才能在中国式教育现代化的趋势下打造出具有中国特色的现代教师职业形象。

参考文献

[1]陈柏华,林洋,严欣.何以为师:老中师眼中的乡村好教师形象——基于角色理论的质性分析[J].教育发展研究,2023,43(10):17-26.

[2]陈云奔,车筱萌."教师形象"研究的若干问题[J].教育评论,2010(03):32-35.

[3]习近平.做党和人民满意的好老师[N].人民日报,2014-09-10(002).

[4]中华人民共和国教育部.介绍中共中央、国务院印发的《关于全面深化新时代教师队伍建设改革的意见》颁布一年来全国各地贯彻落实情况及下一步教师队伍建设改革思路[EB/OL].(2019-02-15)[2023-12-21].https://www.moe.gov.cn/fbh/live/2019/50256/tpwd/201902/t20190215_369588.html.

[5]中华人民共和国教育部.教育部等八部门关于印发《新时代基础教育强师计划》的通知[EB/OL].(2020-04-11)[2023-12-21].http://www.moe.gov.cn/srcsite/A10/s7034/202204/t20220413_616644.html.

[6][54]全国教育科学规划领导小组办公室编.全国教育科学"八五"规划重点课题成果公报[M].北京:警官教育出版社,1998:96.

[7]张斌贤.教育史研究与评论(第6辑教育史研究的当代进展下)[M].北京:人民教育出版社,2019:1001.

[8]秦彧.现代教师职业形象的内在精神及其建构[J].教育探索,2006(02):123-124.

[9]实现新民主主义教育绥化召开教员大会[N].东北日报,1946-06-11(02).

[10]牡丹江市教联会确定今后工作方针改进教学方法创造模范教师[N].东北日报,1946-10-14(02).

[11][12][14][17][34][35][36][37][39][40][52][55][60]辽宁省教育科学研究所.东北解放区教育资料选编[M].北京:教育科学出版社,1983:169、173、126、155、3、5-6、97、115、150、155、17、132、242.

[13]哈市千余教育工作者成立职工联合会[N].东北日报,1948-06-07(01).

[15][16]长虹.模范教师[J].东北教育,1949(04):62.

[18]宁可.史学理论研讨讲义[M].厦门:鹭江出版社,2005:87.

[19]张庶樵.我的教学工作检讨[J].东北教育,1949(02):12-13.

[20]王世田.为新民主主义教育事业服务到底[J].东北教育,1949(03):15-26.

[21]曹清.生理教员[N].东北日报,1948-06-06(04).

[22]王韬.模范校长许世显[J].东北教育,1949(04):26-27.

[23][44]吉林教育厅国教科.江密峰完小介绍[J].东北教育,1949(04):23-24.

[24]哈市小学教师举行示威游行要求美国立即撤出中国[N].东北日报,1946-10-12(01).

[25]齐市中小学教职员通电全国争取和平警告美反动派与中国人民为敌[N].东北日报,1945-11-01(01).

[26]李煜.高小自然第三册补充解释[N].东北教育,1949(03):49-51.

[27]斐君."五一"劳动节[J].东北教育,1949(01):43-44.

[28]颜秉海.关于几何教学问题[J].东北教育,1949(04):45.

[29]李桂林.怎样改造坏学生[J].东北教育,1949(03):26.

[30]教员有过不悔改大家要求撤他职[J].东北教育,1949(03):25.

[31]湖北省辩证唯物主义与历史唯物主义编写组.辩证唯物主义与历史唯物主义[M].武汉:湖北人民出版社,1983:63.

[32]倪胜利.教育文化原理探究[M].重庆:西南师范大学出版社,2020:319.

[33]毛泽东.毛泽东选集 第4卷[M].北京:人民出版社,1966:1123.

[38][42]王鸿宾,向南,孙孝恩.东北教育通史[M].沈阳:辽宁教育出版社,1992:727、706.

[41]郑金洲.教育文化学[M].北京:人民教育出版社,2000:264.

[43]方俊玞.帮助原有教员进步[J].东北教育,1949(06):7-8.

[45][49][59]李尤坤.漫谈新旧小学教员[J].东北教育,1949(02):13.

[46][47]东北教职员联合会总会章程草案[J].东北教育,1949(01):53-54.

[48]王守恒,吴玲,葛金国,等.职业使命与教师文化建设[M].芜湖:安徽师范大

学出版社,2014:113.

[50]教员是否革命职员家属应否享受代耕[J].东北教育,1949(01):5.

[51]董纯才.为教育新后代而努力[N].东北日报,1948-06-06(04).

[53]张建.安心教育工作[J].东北教育,1949(01):8-10.

[56]余子侠,刘振宇,张纯.中俄(苏)教育交流的演变[M].济南:山东教育出版社,2010:158.

[57]斯卡特金.小学自然常识教学法(续)[J].东北教育,1949(02):26-28.

[58]克拉克.高等教育新论 多学科的研究[M].杭州:浙江教育出版社,2001:49.

[61]宋人鳌,王克.好教师——李忠心[J].东北教育,1949(02):12.

[62]中共中央 国务院关于全面深化新时代教师队伍建设改革的意见[N].人民日报,2018-02-01(001).

[63]本刊评论员.青年教师要立志做"大先生"[J].人民教育,2021(09):1.

[64]努力成为党和人民满意的"四有"好老师[N].光明日报,2022-09-10(002).

Liberation and education: construction of professional image of primary and secondary school teachers in Northeast liberated area—based on the investigation of Northeast daily and Northeast education

Liu Zhenyu　Zhang Shihao

Abstract: Teachers are "the foundation of education and the source of education", which is related to the growth of students, the development of education and the construction of national talent team. On the eve of the founding of the People's Republic of China, primary and secondary school teachers in Northeast liberated area undertook the historical mission of basic national education, social education, and training of revolutionary intellectuals in the liberated area. After the opening of the Northeast liberated Area, under the leadership of the Communist Party of China, the Northeast liberated area began to reform the ranks of primary and secondary school teachers. There are positive reflection type, and selfless fearless type, and hard research type of good professional image of primary and secondary school teachers, but there are also unrepentant type of negative professional image of teachers. This is closely related to the political situation, educational policy, social reality, popular needs, teachers' professional status, and the influence of the Soviet Union experience in Northeast Liberated area. At the same time, the professional image of primary and secondary school teachers established after long-term reform has a positive impact on the group of primary and secondary school teachers themselves, the people's cultural quality, and the cause of people's liberation in the Northeast liberated area, and lays a foundation and provides experience for the construction of the professional image of "four good teachers" for primary and secondary school teachers.

Key words: Northeast liberated area; primary and secondary school teachers; teacher professional image

国际比较研究

支持多样化的成功道路：新加坡新一轮中等教育分流改革动向*

杨茂庆　陈碧雯

摘要:教育分流是新加坡为国家可持续发展输送适应性人才的重要活动。为了顺应多样化人才培养的时代变革,扭转教育分流固化人才培养的价值取向,新加坡开展新一轮中等教育分流改革。以学生参与分流活动的进程为逻辑线索,新加坡中等教育分流上调非学术型升学的可录取比例并完善相关升学程序,弱化分流评价的等级性并推动学校实施分层录取,细化分流标准以提供具体到各科目水平的个性化教学。新加坡此轮中等教育分流改革行动使多样成就的升学价值得以提升,学校的生源结构趋向多元,学生的文化互动空间被拓宽。随着各项具体改革举措的持续推出和落地,新加坡需要回应公众关切,应对过度竞争扩散到非学术领域、分流评价附带价值预设、学校管理消极回应等可能影响改革有效性的问题与挑战。

关键词:新加坡;中等教育;教育分流;教育改革

作者简介:杨茂庆,广西师范大学教育学部教授,博士生导师,教育学博士;陈碧雯,广州商学院科研处,教育学硕士。

---

* 基金项目:国家社会科学基金“十四五”规划 2023 年度教育学重大课题:中国教育现代化的理论建构和实践探索研究(VAA230006)。

经济全球化和信息技术革新推动工业经济转向知识经济,在此背景下,加速传播的知识和技术、不断增加的跨文化交流和理解、全新的工作方式和组织结构等要素共同彰显出社会环境的动态性、复杂性和不确定性。这使教育系统意识到,需从各个教育层面出发,构建更加灵活和自主的人才培养模式,强调个性化发展和终身学习。其中,教育分流作为构建人才培养方向、引导人才发展的基础性教育制度,通过考试制度、入学制度、选拔制度等多项具体制度规划,为人才培养提供系统性和结构性支持。教育分流活动在教育资源有限的前提下,同时回应个体自我价值的实现与社会发展的需求,如何达成两者间的合理平衡,是全球教育系统一直关注并讨论的问题,而教育分流改革行动就是在具体实践中对此问题作出的回应。2018 年,新加坡正式发出新一轮教育改革倡议"为生活而学习(Learn for Life)",强调培养学生的自主学习能力和终身学习习惯,主张全面发展与个性化发展相结合,让学生为未来做好准备。[1]"为生活而学习"成为新加坡教育迈向终身学习阶段的开端,也是推动新加坡教育分流理念转向支持个性化发展的开端。2019 年,新加坡时任教育部部长王乙康宣布,专门针对中等教育分流开展改革行动,核心目的是让学校系统变得更灵活,让学生在每个学习阶段都有机会获得成长、取得成功、变得更好。[2]新加坡在改革过程中审视自身原有教育分流活动和新教育改革倡议之间存在的固有矛盾或冲突,积极规划有效的改革行动。

本研究以新加坡 2018 年新一轮中等教育分流改革为转折点,分析改革前中等教育分流的实际样态以及在具体实践中出现的问题,理解中等教育分流为支持学生的个性化发展和终身学习而规划的改革行动,讨论中等教育分流的改革结果及意义,再进一步指出新加坡中等教育分流在未来发展中需要予以回应的问题,期望对我国的教育分流相关活动和具体制度规划提供有益借鉴。

一、新加坡新一轮中等教育分流改革的动因探析

(一)规制不足的升学通道限制升学机会

全球教育目标已经指向培育多样性人才,若教育系统中的升学评价只注重学术型成就的价值,会阻碍人才结构多样化发展。新加坡在小升初阶段设有专门的非学术型升学途径"初中直入计划(Direct School Admission for secondary schools)",旨在提升非学术型成就的价值,以打破升学评价中将传统学术型成就作为唯一标准和导向

的局面。参与计划的学生可以凭借除学业水平成绩以外的才能展示与特长表现争取入学资格。参与计划的学校可以根据本校的教育资源和优势制定专门的非学术型学生甄选标准,在全国统一的学术型升学考试小学离校考试(The Primary School Leaving Examination)前,按照一定比例提前录取学生。但计划自推出后,长期未能面向全体学生和全体学校开放,且缺乏监督管理,在升学评价中,非学术型成就的价值无法充分体现,学术型成就仍占据绝对地位:一是参与计划的学校覆盖率有待提升,初中直入计划在2004年正式推出,直到2017年,全国仍有约25%的学校未纳入计划实施范围;二是可录取名额数量少,学校通过初中直入计划录取的学生人数必须控制在本校总录取人数5%—10%[3];三是实施过程中缺少明确清晰的操作标准,例如在申请程序上,有学校收取100—260元不等的高额申请费[4],学校间的申请渠道和申请流程不同且信息不共享,在考核内容上,有学校组织学术能力测试,让初中直入计划变成变相的学术考核,还有学校利用操作标准的模糊性达成不正当录取。

(二)转换困难的教育流向制约教育选择

在新一轮改革前,新加坡中等教育分流设有三个课程流向:快捷(Express Courses)、普通学术(Normal Academic Courses)、普通技术(Normal Technical Courses),三个流向的知识难度依次降低。不同流向的学生在中等教育学习结束后参与不同的升学考试,进入不同层次的中等后教育(Post-Secondary Education):快捷对接O水准会考,学生升入普通高中或直接就读大专院校;普通学术和普通技术对接N水准会考,学生升入高中层次职业院校,但普通学术流向的学生通过N水准会考后,有权选择多读一年以获得参加O水准会考的资格。从教育选择权的角度来看,新加坡中等教育分流的流向规划本身限制着学生享有最基本的自由选择。学生和家长为了能够在未来获得尽可能多的教育选择机会,通常不愿意进入难度较低的课程流向。此外,尽管存在不同流向间的转换通道,但是在教育分流实践中,实现转换流向的难度大。按照规定,学生若在学年阶段性评估中获得较好评价,可以申请转换流向。新加坡中等教育为四或五年制,以五年为一个周期,普通技术流向中约有9%的学生成功转入普通学术流向,普通学术流向中约有5%的学生成功转入快捷流向。[5]转换流向难度大的部分原因是不同流向间的课程内容和质量均存在客观差异,但教育分流只提供政策支持,不提供具体服务,即并不会为有潜能进入更高难度课程流向的学生提供协助或辅导类课程。学生在难度较低流向中表现突出、进步较大且有意追求更高难度流向时,若想稳定发展至更高流向的知识水平,需要在学校教育之外付出大量时间成本和金钱成本来自行弥补差距。整体而言,学生一旦进入中等教育分流的具体流向中,便很难更换流向,于是,在学生的初一阶段,便能够高度预测学生未来的教育发展路径。

(三)等级性较强的分流结果破坏教育和谐

新加坡学生主要依据小学离校考试的总成绩申请不同学校提供的课程流向,学生即便通过了初中直入计划,也需要参加小学离校考试并达到最低要求才能升学。每所学校会公布前一年本校最低录取分数线,这是学生和家长择校的重要参考。声誉好、最低录取分数线高的学校是热门申请对象,聚集大量优质生源。优质生源的良好表现是彰显学校教育实力的重要指标,反哺学校发展,稳固学校声誉。因此,学校的声誉通常相对稳定,不同学校间长期存在清晰的等级界线,如部分名校只招收快捷课程流向的学生。学校间的声誉差异本是历史发展、区位条件等多种因素共同作用下形成的现实结果,但教育分流活动制造的流向间差异进一步强化了学校间的声誉差异,学校间的声誉差异在教育分流活动中又发挥独立作用,二者共同维持、加固着中等教育分流的等级划分。至此,不同流向的含义突破了"不同发展道路"的语义,进一步表达出对学生个人价值的判断,学生就读的学校、进入的流向都演变为评定学生个人能力或价值的标签,导致带有等级色彩的价值判断贯穿学生中等教育全过程,进入相对较低流向的学生自尊心更容易受挫[6][7],需要在心理上应对更多的消极情绪和负面评价。[8]

在新加坡,处于相对较低流向的学生具有明显的群体特征,即学业弱势、家庭社会经济地位弱势和族裔弱势。学业弱势指新加坡教育存在长尾效应,学生在国际学生评估项目(Programme for International Student Assessment,PISA)测试中整体表现优异,但高分和低分群体间差距过大。[9][10]家庭社会经济地位弱势指在获得教育机会和优质教育资源的学生中,家庭收入高的学生具有绝对代表性,基于国际数学与科学趋势研究(Trends in International Mathematics and Science Study,TIMSS)2007—2015 年的调查数据,新加坡家庭社会经济地位优势和弱势群体间的成绩长期有着较大悬殊[11],且在家庭社会经济地位对成就不平等的影响作用中,教育机会不平等充当中介变量。[12]这说明具体的升学程序和分流教学加剧了教育不平等现象,而这两项活动均是新加坡教育分流的重要范畴。教育分流的弱势群体问题还和族裔问题交织。马来裔学生和其他族裔学生在学业成绩上长期存在差距[13],马来裔人口的整体受教育水平大幅度低于其他族裔。新加坡 2020 年人口普查结果显示,马来裔人口中接受过高等教育的比例为 27.7%,而华裔为 49.9%,印度裔为 56%。[14]在奉行多元文化主义的新加坡社会,马来裔的教育水平整体偏低使得其在社会阶层流动中整体处于劣势。教育分流存在的等级性问题同阶层和种族矛盾关联,使得教育分流有将部分矛盾合理化的嫌疑,具有破坏社会和谐的潜在风险。

二、新加坡新一轮中等教育分流改革的具体举措

新加坡中等教育分流改革按照教育分流的基本程序组织具体行动,在分流起点处重新规划升学制度,在分流过程中弱化等级评价,并最终服务于促进分流结果的多样公平。

(一)提高非学术型升学录取率,统一实施标准

首先,提高初中直入计划在升学活动中可录取人数的占比。2018 年起,全国所有初中学校均被纳入初中直入计划,且各校的可录取人数占比从本校总录取人数的 5%—10%提高至 20%。[15]初中直入计划推行至所有初中,强调了学校在各个流向之间、同一流向之内均具有同等地位。其次,确立非学术型成就的认可标准规范。新加坡教育部将课外活动课程(Co-Curricular Activities)下的项目评价嵌入初中直入计划,作为考察非学术成就和才能的统一指标,确保非学术型升学途径的考察规范,提升非学术型升学途径的可参与性和公平性。课外活动课程是新加坡倡导全面教育的核心课程,是基础教育的必修科目,其项目评价基于官方发布的国家标准。课外活动课程的项目评价共有体育、艺术、制服小组(Uniformed Group)和社团协会(Clubs and Societies)四个课程板块,囊括童子军、医疗队等多种活动组织形式,纳入摄影、演讲、人工智能等多种兴趣特长。[16]最后,施行全国统一的初中直入计划申请程序。2019 年,新加坡教育部搭建了用于实施初中直入计划的官方门户网站,建立信息共享平台。所有参与初中直入计划的学校全部集中于此开展招生,达成信息聚集与互通。各类学校不允许组织额外的学业水平考试,不允许开设单独申请通道,申请流程如发布招生计划、公开考试咨询、公布录取结果等均在官方门户网站完成;学生只需填写一份在线表格即可向多所学校提出申请,无需缴纳任何申请费用。[17]

(二)扩大等级评价的分数区间,推动分层录取

学生在小学离校考试中的考试结果是其竞争力的直接表征,决定其在中等教育阶段将接受何种教育。考试评分方式作为生成考试结果的中介,影响学生对分数结

果的意义解读。新一轮改革前，小学离校考试的评分方式属常模参照评价，基于全体考生的成绩情况，将卷面总分 300 分转换成区间为 0—300 的分数正态分布，最终向学生提供的考试结果反映的是学生个体在学生群体排名中精确的位置信息。这使学生必须十分关注他人表现，容易忽略自我成长和进步的价值。学生的精细化排名也是导致学校间长期存在精细化排名的重要原因之一。2021 年，小学离校考试正式采用新评分系统积分等级制(Achievement Levels)，将各科目的卷面分数 100 分划分成 AL1 至 AL8 八个等级(如表 1 所示)。[18]学生最终得到的考试结果是各科目等级积分的组合，最高评价为 4 分，最低评价为 32 分，共计 29 种考试结果。和原评价系统相比，积分等级制在评分方式上从常模参照转向标准参照，基于固定的评价标准，判断学生对知识的掌握程度。因此，积分等级制更反映学生个人的学习状态而非学生个体在学生群体中的相对位置，强调个人表现；同一等级评价下容纳多种分数结果，弱化个体间的精细化分数比较；基于评价等级生成的学校等级也得到弱化，学校的最低录取分数结果也被压缩为 29 种。此外，新加坡教育部进一步修改录取方式，从 2023 年起，学生在录取系统中被分为三个发布组(Posting Groups)：G1、G2 和 G3(如表 2 所示)。[19]学校需要分层录取不同组别的学生，并根据上一年的录取情况，分别提供三个组别的最低录取分数供学生参考。

表 1　小学离校考试科目分数对应的等级积分

等级积分	分数区间
1	≥90
2	85-89
3	80-84
4	75-79
5	65-74
6	45-64
7	20-44
8	<20

表 2　等级积分总分对应的发布组

等级积分总分	发布组
4-20	G3
21-22	G2 或 G3
23-24	G2
25	G1 或 G2
26-30	G1

(三)兼顾教学科目和水平差异,松解发展限制

学生最终经历何种分流教育是衡量中等教育分流活动价值的关键指标。在以学生为中心的教育理念下,以学术考试总成绩作为唯一分流标准的三级课程分流忽略了个体认知或能力发展的不均衡性,且不同流向对教育发展方向的约束限制了个体的学习权利。新加坡教育部宣布,从2024年起,不再实施以快捷、普通学术和普通技术为固定流向框架的中等教育分流,而是让学生进入混合班级,再根据学生不同科目的具体表现,为学生安排与其具体科目水平相适应的科目课程,提供组合式课程。改革后的中等教育分流模式被称作"全面科目编班制(Full Subject-Based Banding)",这是一种行政班教学和走班制教学相结合的教学模式。学校基于小升初阶段的分层录取结果,将不同录取层级的学生等比或按入学比例组成一个固定的行政班。在课程教学安排上,行政班承担品格与公民教育、艺术、设计与技术、食品和消费者教育、音乐、体育这六门科目的课程教学,这些科目不区分学习难度,约占所有科目总课时的三分之一;走班制提供其他所有必修科目和选修科目的分层教学,这些科目的分层教学分为G1、G2、G3三个学习难度(Grade)。在每学年结束时,学生有机会根据本学年的表现调整下一学年走班制的教学方案,可调整的对象细化到各个具体科目。全面科目编班制兼顾科目个性化和水平个性化,为不同学习需求、不同学习进度的学生提供更具个性化的学习体验。固定流向的取消也代表着学生可参与的考试类型不再受到流向约束,新加坡教育部宣布,2024级学生在统一接受四年制的中等教育后,将共同参加新设定的新加坡-剑桥中等教育证书考试(Singapore-Cambridge Secondary Education Certificate Examination)。

三、新加坡新一轮中等教育分流改革的结果特点

新加坡推动中等教育分流活动与时代发展重新契合,改革后的新加坡中等教育分流呈现出认可多样化教育成就、塑造生源结构均衡、拓宽文化互动空间三大特点,让中等教育分流更具灵活性与公平性,助推新加坡教育创造公平原则和非歧视原则的教育环境。

(一)多样成就价值提升,提振教育信心

新加坡早已提出全面和个性化发展的国家教育理念,并通过设立专门的非学术型升学途径让这一理念获得制度层面的合法性。但现实层面的个体行动并非凭空产生的,而是个体在已有认知和观念基础上做出价值判断后的具体实践。个体的价值判断过程是具有主观性和情境性的实然价值追求,受到固有思维方式和实际生活经验的牵制,同国家或社会发展层面下建立起来的、具有普遍意义和前瞻性的应然价值追求存在偏差。在教育理念对教育实践的影响力不断增强的过程中,必然离不开事物价值对个体实际生活经验影响力的增强。

初中直入计划要想发挥促进学生全面发展的作用,其认可多样化才能和成就的具体含义就不能只限于认可在非学术领域取得卓越成就的部分学生,而应是认可全体学生在非学术领域的投入。因此,初中直入计划录取人数占比的提高在实际意义上扩大了认可对象的范围,让初中直入计划的核心属性不再是特长生招生,而是更贴近技能认证,以支持更多学生积极探索多样化的技能或爱好。初中直入计划考察规范可参照可测量,则纠正学校在实施初中直入计划时发生的各类行动偏离,保障公平公正,让拥有非学术型特长和才能的学生不会在教育系统中被忽视或排斥,从而降低学生在参与初中直入计划时的不确定性,提振学生在非学术领域投入精力的信心。至此,教育系统中“成功”“优秀”的内涵得以扩充,不再单纯指向国家考试的高分成绩,还包括非学术型的努力与成就。[20]

(二)生源结构趋向多元,考验学校发展

学校内全体学生的整体学业表现通常被视为衡量学校教育质量的重要指标,但需要警惕优异学业表现的主要影响因素究竟为何:是学校的高质量教育,还是生源自身的高能力水平。新加坡中等教育分流改革致力于缩小学校间精细化的生源差异,促使学校回归有教无类、因材施教的教育本质,考验学校办学治校能力,让学校竞争的聚焦点从争夺生源转向比拼教学。学校生源均衡与教育资源均衡相辅相成,教育资源均衡是促成学校生源主动走向均衡的前提,学校生源均衡是推动教育资源均衡的重要动力,二者共同发力提升教育质量。

学生与学校的匹配是双向选择的过程,新加坡注重学生择校与学校建校两个向度的影响。一是为学生提供多维度择校空间。新的评分系统即积分等级制让更多学生获得相同的考试评价分数,引导学生拓展除学术发展外的择校维度,思考各校的办

学理念、特色课程等是否与自身兴趣、特长及未来发展愿望相契合。二是敦促学校注重提高自身教育水平。生源差异化的缩小意味着学校录取的学生存在更多异质性。于学校内部而言,优质生源带来的聚集效应被削弱;于学校外部而言,打破学校集体形成的马太效应,即优质资源和生源意向均向高表现学校倾斜,造成强校愈强,弱校愈弱。三是规避录取的过分随机化。过分随机的录取方式无法给予学生正面的学习反馈。新加坡在过分区分学生差异和过分随机分配生源间寻求平衡,在学校录取程序中采用“所选学校次序”这一参考因素,若二位以上的学生拥有相同考试评价分数且选择了同一所学校,但学校的可录取名额不足,则将此学校排列在更高次序的学生获得优先录取权,若其评价分数和择校次序都一致,才通过电脑随机抽签的方式决定录取人选。① 此举有助于择校群体在填报意向学校时做出理性决策。

(三)文化互动空间拓宽,增强群体融合

新加坡作为多种族国家,在多元文化背景下寻求社会和谐。不同家庭社会背景的学生若有更多互动机会,则能促进学生交流,助推和谐社会关系的发展。因此,新加坡中等教育分流改革为学生规划多重互动空间。

新加坡更改中等教育分流模式,取消基于学业总成绩的固定分流框架,摘除三个等级的优劣标签,引入基于学科的分流,转为科目间的组合标签,组成个体多样化的班集体。高度差异化的分流是一种等级制度[21],等级性和多样性之间有着本质区别。等级化的教育分流忽略学生在具体科目上差异性表现,削弱教育评价客观性,给学生贴上带有对比性的优劣标签,流向之间形成鲜明鄙视链,学生和家长承担着巨大心理压力。社会文化对不同流向的价值认同差异,使得进入社会认同相对较低流向的学生自尊心更容易受挫[22],自我效能感更低。[23]此外,具有等级性质的分流同时让学生进入相互隔离的流向教育中,不同流向间几乎没有共同学习和交流的机会,彼此间的隔阂不断加深。这些优劣标签在社会中同样得到广泛使用,学生获得的学业成就、所处的流向均和个人身份建立起紧密的联系[24],让群体隔阂从学校教育一直延续到社会生活中,演变为社会隔阂。改革后,以聚集多水平学生为组建班级的标准,以组合适应学生水平的科目教学作为分流标准,分班教育的“分”突出“分类”而非“分级”,同一科目班级内部有着除本科目之外的异质性,科目编班制之外的科目又施行混合教学,形成多个不同家庭背景和学习能力群体的互动场所。群际接触理论认为,不同社会群体间的积极互动可以改善群体间关系,减少偏见,促进融合,且直接接

① 新加坡政府规定,学生在择校程序中至多可填报六所学校作为意向学校。

触的效果优于间接接触。[25]青少年自身很难主动发展跨群体友谊,学校作为青少年成长的主要场所对促进学生群体间融合有重要帮助。[26]

四、新加坡中等教育分流的未来挑战

随着新加坡中等教育分流改革的整体布局和具体措施日渐清晰,学者和民众开始全面审视改革行动并不断追问其有效性。关注的问题集中在以下三点:一是担忧教育竞争借助教育分流从学术领域扩散到非学术领域;二是认为分流评价仍无法回避相互比较的价值预设;三是寻求督促学校落实改革的保障。这些问题需要新加坡作出进一步回应,也是新加坡教育分流相关研究后续需要持续关注的内容。

(一)教育竞争扩散到非学术领域

非学术型升学途径的价值提升扩大了学生的教育选择范围[27],也同步扩大了家长的教育选择范围。家长通过参与更多的教育决策扩大了施加个人影响的空间。在升学活动中,家长利用新设立的非学术型升学程序开展变相的学术竞争,不同社会阶层学生间可能面临差异程度和隔离程度加剧的风险。[28]教育市场化背景下,众多给予家长自由选择权的教育活动都将展现出文化资本的影响力。[29]一方面,家长积极投资校外教育资源,如课外补习、专长资格证书等,以提升学生竞争力;另一方面,处于更高阶层和知识水平的家长能更有效地利用教育规则,积极参与到教育决策中。[30]新加坡认可的非学术型成就类型中,无论是音乐、美术等审美文化,还是辩论、领导力等语言能力,都常被视为衡量文化资本的指标[31],拥有较高社会经济地位的学生更有可能通过非学术型升学途径获取教育机会。因此,新加坡中等教育升学途径虽然加强了对多样化成就的认可,但在多大程度上促进了教育机会的公平竞争仍有待考量。此外,初中直入计划逐步走向标准化和评分化,指标量化后,需要警惕陷入评价指标悖论,即学习和掌握技能的评价目的被分数竞争的评价目的取代,为了能够在标准化评价中获得优势,可能导致受教育者在取得高分上耗费大量精力和资源,而非注重掌握切实的技能。[32]在文化资本介入和评价指标规范化的双重影响下,非学术型教育活动可能成为一种新型的教育过度竞争领域,延续学术教育竞争中的局面,富裕的家庭将多样化的升学途径视为教育投资的多重备选,经济能力不足的家庭更倾向于投资传统的学术教育竞争。

(二)分流评价自身存在价值预设

新评分系统缓解过度竞争的作用有限。在分流活动中,小学离校考试本质是一次总结性评价,帮助学生完成教育决策并最终进入相应的初中阶段教育流向是其核心目的,提供学习反馈是次要目的。评分系统的改革举措是从常模评价转向标准评价,期望学生关注自身成长,这一举措和考试的核心目的存在冲突。积分等级制呈现的并非标准评价,而是常模评价和标准评价的融合。一是积分等级制并没有提供细化的评价标准,而和常模参照评价相比,标准参照评价的优点之一正是倾向提供细化的参考标准和评估内容。既定的目标激发学生内在的学习动力,引导学生开展自主学习,但真正起作用的并非目标这一概念本身,而是目标向学习者传达的信息,如难度、时限等,与模糊宽泛的目标相比,清晰具体的目标更有利于学生开展自我评价并取得更好的学习结果。[33]尽管新加坡考试局(Singapore Examinations and Assessment Board)声称,积分等级制拥有一套预先设定好的评分标准,作为试卷打分的固定指标,凡是达到预先设定的标准,每个学生都能获得好的等级评价。[34]但考试局并未公布标准的具体内容,而标准的具体内容正是帮助学生明确个人水平和目标之间差距的重要指标。二是积分等级制所设定的评分标准应该充分考量被评价学生群体的总体水平,标准过低或过高都会降低分数作为个人能力表征工具的有效性,折损教育机会公平。[35]因此,设立评分标准的前提是知晓群体的整体水平分布,而这需要借助常模参照评价来获取群体的分数分布。积分等级制在构建评分标准的同时,保留常模参照的评价方法,即参考过往的考试标准和群体得分情况,建立起新评分系统的评分标准,并根据每年离校考试的群体表现不断调整下一年的评分标准。于是,学生作为被评价者,不仅缺失明确的参考标准,且深知参考标准将由群体表现共同定义,依旧需要通过和他人比较来锚定自身水平,即不断和他人表现进行反复比较,相互竞争以追求没有上限的最高表现,才能稳固自身的竞争优势,以争取有限的教育资源。

(三)学校管理消极回应教育融合

学校是推动教育分流改革的重要场域,但目前对全面科目编班制的实施尚不充分,异质群体的融合有待进一步扩大。新加坡教育部在把全面科目编班制推广至全国中学的过程中,对学校提供课程的完整性以及招收各类学生的比例尚未做出强制要求。学校若能够切实提供所有层次课程,则可以基于学科的分流机制让学生获得更具个性化的教育,更重要的是可为不同学科、不同背景的学生创造共同学习的空间。来自不同学术背景的同龄人互相接触,有益于培养学生的社会情感,提高学习技能,打破群体间对彼此的刻板印象,减少冲突[36],从而在学校内部促进社会融合。但对于那些没有提供多层次课程的学校而言,这些积极影响不会发生。目前,只提供最高难度课程的“精英型学校”和只提供最低难度课程的“职业型学校”正处于学校教育的两个极端,两个学生群体间所处的社会环境和未来的职业机会存在巨大差异,而这些学校的学生是最需要互动平台的异质群体。新加坡教育部在2019年对此问题做出回应,声称允许部分学校采取全校同一等级的课程教育是对教育系统的一种补充。[37]“我们应该保持和平衡学校之间和学校内部的多样性,才能够更好地满足不同学生群体的教育需求和优势。”[38]此回应显然未能解释差异化最大的学生群体间缺少交流和过分隔离的不合理性。2022年,新加坡教育部针对这一不足释放行动信号,宣布三所当前只提供最高难度课程的“精英型学校”会在2024年的新学期提供G1至G3全层次的课程。[39]但招生的具体实施方案至今尚未公布,学校对新增层次的学生是否设有定量的入学名额,入学名额占总招生比例等问题都暂未明确。学校内部的多样性融合能在多大范围上得以落实,还有待进一步观察未来具体的教育实践。

参考文献

[1]Singapore Ministry of Education. Learn For Life-Preparing Our Students To Excel Beyond Exam Results[EB/OL].(2018-09-28)[2022-09-23].https://www.moe.gov.sg/news/press-releases/20180928-learn-for-life-preparing-our-students-to-excel-beyond-exam-results.

[2]Singapore Ministry of Education. Learn for Life-One Secondary Education, Many Subject Bands[EB/OL].(2019-03-05)[2022-09-23].https://www.moe.gov.sg/news/speeches/20190305-moe-fy2019-committee-of-supply-debate-response-by-minister-for-education-ong-ye-kung.

[3]Singapore National Library Board. Direct School Admission(DSA)[EB/OL].(2018-12-19)[2022-05-22].https://eresources.nlb.gov.sg/infopedia/articles/SIP_2018-12-19_094426.html? s=DSA.

[4]FARIS MOKHTAR. Revamped DSA Scheme to Give Students from Disadvantaged Families a Leg up[EB/OL].(2018-11-08)[2022-05-22]. https://www.todayonline.com/singapore/revamped-dsa-scheme-give-students-disadvantaged-families-leg.

[5]Singapore Ministry of Education. Parliamentary Replies-Transfer Rates Across Secondary Courses[EB/OL].(2018-07-09)[2022-05-22].https://www.moe.gov.sg/

news/parliamentary-replies/20180709-transfer-rates-across-secondary-courses.

[6][22]Van Houtte M, Demanet J, Stevens P A. J. Self-esteem of Academic and Vocational Students:Does Within-School Tracking Sharpen the Difference? [J]. Acta Sociologica,2012,55(1):73-89.

[7][23]Müller C M, Hofmann V. Does Being Assigned to a Low School Track Negatively Affect Psychological Adjustment? A Longitudinal Study in the First Year of Secondary School[J]. School Effectiveness and School Improvement, 2016, 27(2): 95-115.

[8]Duflo E, Dupas P, Kremer M. Peer Effects,Teacher Incentives,and the Impact of Tracking:Evidence from a Randomized Evaluation in Kenya[J]. American Economic Review,2011,101(5):1739-1774.

[9]Wang L Y. Levelling up Academically Low-Performing Students in Student-Centric Education in Singapore:Global Trend,Local Policies and Future Directions[J]. Educational Review,2021,73(3):374-390.

[10]OECD.TALIS 2018 Results(Volume I):Teachers and School Leaders as Lifelong Learners[M/OL].(2019-06-19)[2022-06-21].Paris:Organisation for Economic Co-operation and Development. https://doi.org/10.1787/888934029090.

[11]Broer M, Bai Y, Fonseca F. Socioeconomic Inequality and Educational Outcomes:Evidence from Twenty Years of TIMSS[M].Cham:Springer Nature Switzerland AG, 2019:61-62.

[12]Rolfe V, Strietholt R, Hansen K Y. Does inequality in Opportunity Perpetuate Inequality in Outcomes? International Evidence from Four TIMSS Cycles[J]. Studies in Educational Evaluation,2021,71:101086.

[13] Tan C. Narrowing the Gap: The Educational Achievements of the Malay Community in Singapore[J]. Intercultural Education,2007,18(1):53-64.

[14]Department of Statistics Singapore. Singapore Census of Population 2020[EB/OL].(2021-06-16)[2023-08-31]. https://www.singstat.gov.sg/publications/reference/cop2020/cop2020-sr1/census20_stat_release1.

[15]Singapore National Library Board. Direct School Admission(DSA)[EB/OL]. (2018-10-01)[2023-05-22]. https://eresources.nlb.gov.sg/infopedia/articles/SIP_2018-12-19_094426.html? s=DSA.

[16]Singapore Ministry of Education. Overview of Co-Curricular Activities(CCAs) [EB/OL].(2022-05-24)[2023-08-17]. https://www.moe.gov.sg/education-in-sg/

our-programmes/cca/overview.

[17]Singapore Ministry of Education. Direct School Admission for secondary schools (DSA-Sec)[EB/OL].(2023-05-03)[2023-05-22]. https://www.moe.gov.sg/secondary/dsa.

[18] Singapore Ministry of Education. PSLE SCORING SYSTEM FAQs: Scoring Changes[EB/OL].(2022-05-24)[2023-08-17]. https://www.moe.gov.sg/microsites/psle-fsbb/psle/faqs.html.

[19]Singapore Ministry of Education. Score Calculator:How the PSLE Score is Calculateds[EB/OL].(2022-05-24)[2023-08-17]. https://www.moe.gov.sg/microsites/psle-fsbb/resources/score-calculator.html.

[20]Tan J. Equity and Meritocracy in Singapore[M]//Equity in Excellence. Singapore:Springer,2019:111-125.

[21]HO L C. Sorting Citizens:Differentiated Citizenship Education in Singapore[J]. Journal of Curriculum Studies,2012,44(3):403-428.

[24]Tan K H K. Assessment Reforms in Singapore[M]. Education in Singapore. Singapore:Springer,2022:243-260.

[25]Beelmann A, Heinemann K S. Preventing Prejudice and Improving Intergroup Attitudes: A Meta-Analysis of Child and Adolescent Training Programs[J]. Journal of Applied Developmental Psychology,2014,35(1):10-24.

[26] Turner R N, Cameron L. Confidence in Contact: A New Perspective on Promoting Cross-Group Friendship Among Children and Adolescents[J]. Social Issues and Policy Review,2016,10(1):212-246.

[27]Boterman W R, Lobato I R. Meddling with School Choice:Comparing Education Policy Interventions and Their Impact on School Segregation[J].Comparative Education, 2022,58(4):470-488.

[28]Wilson D, Bridge G. School Choice and the City:Geographies of Allocation and Segregation[J]. Urban Studies,2019,56(15):3198-3215.

[29]Davies S, Rizk J. The Three Generations of Cultural Capital Research: A Narrative Review[J]. Review of Educational Research, 2018,88(3):331-365.

[30]Ong-Dean C, Daly A J, Park V. Privileged Advocates: Disability and Education Policy in the USA[J]. Policy Futures in Education,2011,9(3):392-405.

[31] Tan C Y. Conceptual Diversity, Moderators, and Theoretical Issues in Quantitative Studies of Cultural Capital Theory[J]. Educational Review, 2017, 69(5):

600-619.

[32]Chua V, Seah K K C. From Meritocracy to Parentocracy, and Back[M]//Education in Singapore. Singapore:Springer,2022:169-186.

[33]Schunk D H, DiBenedetto M K. Motivation and Social Cognitive Theory[J]. Contemporary Educational Psychology,2020:101832.

[34]Tan K H K. Assessment Reforms in Singapore[M]//Education in Singapore: People-Making and Nation-Building. Singapore:Springer,2022:243-260.

[35]Lok B, McNaught C, Young K. Criterion-Referenced and Norm-Referenced Assessments:Compatibility and Complementarity[J]. Assessment & Evaluation in Higher Education,2016,41(3):450-465.

[36]Zhai F, Raver C C, Jones S M. Social and Emotional Learning Services and Child Outcomes in Third Grade:Evidence from a Cohort of Head Start Participants[J]. Children and Youth Services Review,2015,56:42-51.

[37]Singapore Ministry of Education. Full Subject-Based Banding(Full SBB)[EB/OL].(2023-03-01)[2023-03-22]. https://www.moe.gov.sg/microsites/psle-fsbb/full-subject-based-banding/secondary-school-experience.html.

[38]Singapore Ministry of Education. MOE FY2019 Committee of Supply Debate Response by Minister for Education Ong Ye Kung[EB/OL].(2019-05-05)[2023-05-22]. https://www.moe.gov.sg/news/speeches/20190305-moe-fy2019-committee-of-supply-debate-response-by-minister-for-education-ong-ye-kung.

[39] Singapore Ministry of Education. Expanding Pathways&Opportunities Across a Life Course:Increasing Porosity and Flexibility[EB/OL].(2022-03-07)[2023-11-07]. https://www.moe.gov.sg/news/press-releases/20220307-expanding-pathways-and-opportunities-across-a-life-course-increasing-porosity-and-flexibility.

Supporting diverse paths to success: the new round of reform of secondary education streaming in Singapore

Yang Maoqing Chen Biwen

Abstract: Educational streaming is an important activity in Singapore to provide adaptive talent for national sustainable development. In order to respond to the changing times of diversified talent cultivation, and reverse the value orientation of educational streaming that solidifies talent cultivation, Singapore launched a new round of secondary education streaming reforms. The reform takes the process of student participation in streaming as a logical thread. Therefore, secondary education streaming in Singapore has begun to increase the proportion of non-academic type in admission and perfect related process, to weaken the hierarchical nature of streaming assessments and push the implementation of layered admission in schools, and to refine the streaming criteria providing individualized teaching at specific subject level. The characteristics of the reform action include enhancing the value of diverse achievement in streaming, diversifying recruitment structure of students, and expanding students' cultural interactive space. With the continuous introduction and implementation of various specific reform measures, Singapore needs to respond to public concerns and address issues or challenges that may affect the effectiveness of the reform, such as the excessive competition spreading to non-academic areas, value preconceptions attached to streaming evaluation, and negative school management responses.

Key words: Singapore; secondary education; streaming education; education reform

师爱为魂:斯普朗格"教育爱"思想及其对教育家精神的启示

王莹　任霞

摘要:世界上任何伟大的成就都离不开激情,教育事业的成功更离不开教育者内心对教育的激情。爱德华·斯普朗格(Eduard Spranger)是德国文化教育学重要代表人物,面对时代变化引发的文化危机,其从文化教育学说出发,并结合自身教学实践,提出了"教育爱"思想,是解决文化危机的方法。教育爱作为师生间精神上的施予之爱,主张通过爱学生的潜能与成长,实现其人格的完整发展,进而实现教育理想。与顺从式的爱不同,教育爱要求教育者具备纯粹的教育目的、高尚的道德情操、无私的付出品格与严格的育人要求。教育事业是爱的事业,教育爱作为教育家精神的重要内容,对一线教师践行教育家精神有着重要的启示作用。

关键词:爱德华·斯普朗格;教育爱;教育家精神

作者简介:王莹,华中师范大学教育学院副教授,主要从事外国教育史研究;任霞,华中师范大学教育学院硕士研究生,主要从事外国教育史研究。

教育事业是爱的事业,教育家精神着重体现教师的仁爱之心。教师作为教育事业发展的主力军,教育事业的兴盛自然也就离不开教育家精神的弘扬与传承。为大力弘扬教育家精神,促进教育事业的蓬勃发展,习近平总书记在2023年致信全国优秀教师代表时,对教育家精神进行了概括,即心有大我、至诚报国的理想信念,言为士则、行为世范的道德情操,启智润心、因材施教的育人智慧,勤学笃行、求是创新的躬耕态度,乐教爱生、甘于奉献的仁爱之心,胸怀天下、以文化人的弘道追求。[1]

德国教育家爱德华·斯普朗格(Eduard Spranger)基于文化教育学提出的"教育爱"(Pädagogische Liebe)思想,阐释了教育中爱的内涵及对教育者的要求。斯普朗格是德国文化教育学派、德国现代教育学的重要代表人物,曾获选普鲁士科学院院士,并担任柏林大学校长、德国研究联合会副会长等职务。其一生从事教育,并先后在莱比锡大学、柏林大学等任教，出版《人格类型》《青春期心理学》《文化与教育》《天生的教育家》等多部著作。

一、斯普朗格"教育爱"思想的形成背景

斯普朗格曾就读于柏林大学，受教于包尔生、狄尔泰等大师，奠定了其从事哲学研究的基础。作为德国文化教育学的先驱，斯普朗格不仅极大地丰富了教育哲学，其对于职业教育与国民教育的理念也促使德国教育学进一步发展。发端于文化教育学的"教育爱"思想，与斯普朗格自身丰富的教学实践、文化教育学说和前人的实践有着密不可分的关联。

（一）"教育爱"萌发来源：文化教育学说

斯普朗格"教育爱"思想的提出，既受到前人思想的启发，又与文化教育学说密切相关。

一方面，斯普朗格"教育爱"思想深受西方传统教学理念熏陶。这一理念的提出深受古希腊哲人与裴斯泰洛齐思想的影响。自古希腊时期，苏格拉底与柏拉图就曾提出教育中爱的概念。后裴斯泰洛齐指出"教育爱是伟大的活动，是教育的方法"[2]。裴斯泰洛齐认为尤其要在教育实践中去爱贫苦、品学兼劣、身心残缺的弱势儿童，要在现实的极度痛苦与失望中，发现儿童的天真与潜力，找到孩童的活力，在爱中帮助他们成长。在前人的基础上，斯普朗格进一步提出"在教育中，没有比教育爱更伟大的了，那年轻的生命就承受丰富的爱"[3]。主张在教育中用爱对学生进行教化，促进学生道德意识的形成。

另一方面，"教育爱"思想的成形与发展根植于其文化教育学说。斯普朗格受狄尔泰精神科学思想的影响，认为社会文化是在团体精神、客观精神、规范精神与个人精神的主客体的交融中实现传递与更新的。但自工业革命以来，生产效率极大提高，在其推动下，社会文化更加倾向于技术的发展与机器的创造，对于人的培养却视而不见。斯普朗格认为，如果不及时对这种情况进行纠正，最终将导致人类变成机器的附庸，人类文化也将面临传递与创新的危机。在斯普朗格看来，文化危机集中表征为教育危机，因而文化危机最终也只能通过教育来解决。[4]斯普朗格曾说："教育的秘诀在于它能加强受教育者的想象力，同时能帮助受教育者认识有关人性和人生的种种价值。可是，如果这个世界本身不再'生产'崇高的文化生活，我们要去哪里才能找到我

们当今世界文化崇高的代表呢？……我们将再度大声疾呼要求秩序、良心和深思，只有爱之所在，才会形成力量，获得胜利。所以我们应该更仔细地去思考一下亲子之间真正的爱，这样净化的过程就可以从双方同时开始了。”[5]为通过教育来解决文化危机，斯普朗格将教育目的分述为主观上促进个体人格的发展和客观上促进文化的传承与创新两个方面。为此，他提出了“教育爱”和“适性教育”的教育方法。

（二）“教育爱”发展沃土：丰富的教学实践

斯普朗格一生致力于教育事业，其人生跨越了德国历史上的四个时代，即保守主义的德意志第二帝国、软弱民主制的魏玛共和国、纳粹德国及德意志联邦共和国，见证了社会、政治和文化方面的许多历史变革和动荡。

1882年斯普朗格出生于柏林附近的利希特菲尔德。1900年，年仅18岁的斯普朗格进入柏林大学，师从狄尔泰、包尔生等人，成为狄尔泰的助手。1909年，斯普朗格在包尔生的指导下完成《威廉·冯·洪堡与人文主义》论文，顺利毕业，获博士学位，并受到狄尔泰和里尔的赏识，从而获得柏林大学讲师职位。自此，斯普朗格正式开始了其长达四十余年的教育生涯。[6]1911年，斯普朗格被莱比锡大学聘任为哲学和教育学教授。直到1920年春，在比特菲尔德的战火声中，斯普朗格离开了莱比锡，又重新回到柏林大学任教。1926年，斯普朗格与好友共同创办《教育杂志》（Die Erziehung），在此期间逐步形成“教育爱”思想。1933年纳粹党掌握政权后，斯普朗格不满其高等教育政策遂辞职。1936年前往日本交换教学，获得学生的热烈欢迎。1937年返回德国，后二战爆发，斯普朗格被征召为军队心理学家。至1944年，反纳粹分子刺杀希特勒失败，因为斯普朗格与部分同谋分子同是柏林“星期三俱乐部（Mittwochsgesellschaft）”的成员而作为嫌疑人被逮捕。出狱后斯普朗格继续为学生授课，直到1945年空袭毁坏学校，使得再也没有教室可供使用后才停讲。同年5月德国投降，俄军进驻柏林，斯普朗格拒绝担任科学院院长与柏林教育局局长的职务。但为了能加快重建柏林大学，他接受了柏林大学校长的职务任命，在这期间斯普朗格成功重建柏林大学的行政组织。后来，斯普朗格又因涉嫌与纳粹勾结，再次被捕入狱。被释放后，他前往杜宾根大学任教，直到1954年退休。

斯普朗格一生热爱教育与学生，人生虽起起伏伏，几经周折，但从未打击其热情。在社会环境动乱、疾病缠身的坎坷历程中，他始终秉持爱生之心，严谨教学，用行动践行着自己的“教育爱”思想。在传道、受业上，他虽然两次被捕入狱，但对教育的关注却从未停止。在他后期的众多作品中，《天生的教育家》（*Der geborene Erzieher*）无疑是最重要的作品，在这篇著作中，斯普朗格第一次明确且系统地论述了教育爱。正是斯普朗格对教育的不懈追求,对教学的热爱,令其逐步形成了“教育爱”思想。在解惑育人上,据斯普朗格曾经的学生胡生(Zakir Husain)①回忆,当他为毕业考试焦头烂额,一度要产生神经焦虑时,斯普朗格发现了他的焦虑,并耐心询问他考试的内容,帮助他做复习问答。复习时,如果他回答正确,斯普朗格便微笑点头表示认同;如果他回答错误,相较于失望与呵斥,斯普朗格仍然是用微笑来鼓励他。在斯普朗格耐心的帮助下,胡生减轻了焦虑,并顺利通过考试。斯普朗格那和蔼可亲与乐于助人的态度,使胡生铭心刻骨,留下终生磨灭不去的回忆与感激。除了胡生,在斯普朗格任教的多年间,他总是对学生的困难施以援手,每每学生遇到难题,他总是耐心引导,纵使与学生谈话时间不长,但总能给予学生丰富的启示,从而与众多学生建立了终生的师生关系。[7]

二、斯普朗格“教育爱”的主要内容

从解决文化危机的角度出发,斯普朗格尤其重视“爱”在教育中的作用,他认为只有通过爱才能唤醒人们的道德意识,才能促进个体意识的觉醒,促进人格的完整发展,进而实现文化的传递与更新。根植于文化教育学的“教育爱”理念,作为实现教育目的、解决教育危机的方法,又自成一个体系,具有其单独的内涵、目的、对象、旨归与特点。

(一)教育爱的内涵:精神上的施与之爱

斯普朗格在教育中最为重视师生关系,他主张师生关系实际上应该表现为一种爱,如同父母对子女的爱一般,因而其进一步指出师生关系就是一种爱的关系。虽然斯普朗格所提教育爱是以父母对子女的爱为原型,但其实质却超越了以血缘为纽带的爱,而指向一种师生之间精神上的施与之爱。

首先,这种精神上的施与之爱类似于柏拉图式的精神恋爱。柏拉图式的精神恋爱是反对古希腊时期畸形的同性恋所提出的,柏拉图认可古希腊少年爱中成年男性帮助青年男性成长的作用,却反对二者间性欲的发泄,因为他强调爱的是青年本身所具备的美,爱的是青年美丽的身体背后那美丽的灵魂。同样的,斯普朗格也主张师生之间的爱的关系是成人对青少年的爱,表现为成人对青少年美好青春与潜在美德的

① 印度人,曾任新德里大学教授与印度共和国副总统,曾跟随斯普朗格学习哲学与教育学。

追求与爱,侧重的是灵魂层面的交流。这种精神层面的施与之爱在教育中,就表现为教师爱学生、学生爱教师,教师爱教学、学生爱学习。

其次,教育爱作为师生间精神上的施与之爱还具备其自身独特的发展阶段。斯普朗格认为教育爱具有以下四个阶段:父母之爱;青春之爱;人道主义之爱;宗教之爱。[8]从发展阶段上看,教育爱最初以父母对子女的爱为基础,却又超越之。因为学生所能感受到的父母之爱是以血缘为纽带的,这是一种基于动物生物本能的爱,这种爱只是为保证幼崽的长大,一旦幼崽长大后即停止,但人类成熟时间相比动物就长得多,因而这种基于本能的爱并不足以支撑教师对毫无血缘关系的学生的关心与帮助。于是在此基础上,衍生出了教育爱的第二阶段,即成人对于青少年的美的一种热爱,这种青春之爱正如柏拉图所提的精神恋爱,其不为血缘、性别抑或是外界杂质所影响,只与青少年身上所散发出的青春、活力有关。不过第二阶段的青春之爱只能说明教育爱的来源或是表现,还并不能说明教育爱的意图。所以第三阶段的教育爱表现为成人对儿童的帮助之爱,即人道主义之爱,这是一种以延续社会文化为目的而帮助后来者成长的义务性的爱。最终,教育爱在这种义务性的爱的前提下向前发展,其最高阶段指向宗教层面的神爱。这是因为每一个灵魂都来源于上帝,而爱又来自上帝,且在上帝之中。

(二)教育爱的目的:实现人格的完整发展

斯普朗格认为真正的教育具有极高的层次,完整的教育也只有在爱的氛围里才可能实现,但仅仅爱学生是远远不够的,各式各样的爱都有自己的目的,教育爱也毫不例外。[9]在斯普朗格看来,教育是一种唤醒作用,要通过教育爱使人的内在性或内在能力发展出来,最终实现人格的完整发展与提升。

一方面,真正的教育存在于爱的氛围之中,因而教育的唤醒作用也唯有在教育爱中才能发生。斯普朗格认为教育的最终目的是要把人的创造力引导出来,将人的生命感和价值感唤醒,而非简单地传授已有的东西。他曾在其描述社会型人格的文章中写道:“知识往往使人骄傲,而爱则使人谦卑。”[10]故在斯普朗格看来,客观的知识的传授与教育爱的精神是相悖的,“尤其当人只是被冷静的研究和看待其客观事实时。在这种情况下,观察者看不到任何沉睡的本性,但这些本性可能会被爱的第一丝温暖气息唤醒”[11]。传授知识的人高不可攀,目空一切,而教育爱却要求教师谦虚谨慎,关注学生的内在品性与潜能。这恰好说明,如果教师只是作为外在的客观经验的传授者,机械地传递客观知识,无视学生的内在发展,那么除了知识量的增加,学生内在能力也就毫无发展的可能,更谈不上学生自我认知的发展。而斯普朗格所强调的真正的教育就是要用教育者的爱,发现受教育者的内在,用爱唤醒其沉睡的灵魂。

另一方面,教育爱所负有的唤醒功能,最终目的是要实现人格的陶冶与水平的提升。斯普朗格认为教育的目的在于实现人格的陶冶,陶冶的最高理想是追求最高的人格价值,但没有爱的人格却一文不值。[12]在斯普朗格看来,个体要追求更高的生活水平,到达更高水平的人格,就必然要走向自我,即要首先进行自我教育。因而教育者就需帮助个体进行自我教育,这要求教育者具备洞察与理解之爱,帮助个体自我发现,从而走向更高的生活,实现人格水平的提升。在这种爱的关系中,教育是作为教师对学生的发展的帮助而存在的,是一种爱的表现。而教师的心就是热望着学生生活在他的爱里,热望着依爱而生活,并保护着学生的人性,再度唤醒人性。[13]这是由于人具有可塑性的特点,教师将爱施于学生,当学生内心深处被爱唤醒,就会感受到教师的关怀,从而产生气质上的改变,完成人格的陶冶。在教师对学生施与爱的过程中,如果学生能受爱的影响,也爱教师、爱学习,一种宗教伦理的爱也就由此生发,最终能够实现人格水平的相互提升。

(三)教育爱的对象:学生的潜能与成长

在教育中有两个主体,一为教育者,另一为受教育者。既然教育爱是教师所应具备的美德,教育爱的对象似乎就是受教育者这一主体。但在斯普朗格看来,教育爱并不为特定学生所爱,而是热爱全体学生;同时教师热爱的也并不是具体的个体,而是热爱学生在学习中的潜能与成长。[14]因此,教育爱的对象包括以下两个方面。

第一,从整体看,教育爱是面向全体的、一视同仁的爱。斯普朗格在谈及教育伦理时提出,教育者应具备的美德之一就是正义感,因为他认为不论是个人还是群体,都要有正义感,而儿童的正义感又比其他道德价值观都更早觉醒。[15]在此基础上,斯普朗格尤为强调学生的道德教育,因为他相信当教师公正对待每一个学生时,将有利于学生逐步树立客观公正的社会道德观念。所以斯普朗格在教学中也不断强调公正性的教学,这就要求教师对待所有学生一视同仁。这是从伦理的角度出发,斯普朗格主张教育爱的对象要为全体学生,而不应局限在个别学生。

第二,从个体看,教育爱是对学生内在价值与成长的爱,爱的是新生人类所具有的可能性[16]。也就是说,教育爱的对象并不受学生的家庭、外貌、成绩抑或是任何外在因素的影响,而是爱学生在学习过程中所体现出的个性与能力的成长。斯普朗格曾在描述社会型人格时这样写道:“当他(即社会型人格的人)所爱的对象越是陷入困境和邪恶,越是肮脏和疾病,他的爱就越是有必要,对方就越能在他的爱的影响下开花结果。"[17]这是因为"他的爱不是为了对方的魅力或美貌,甚至不是为了对象灵魂的美貌,而是为了完全未成形的灵魂,因为它具有价值的可能性。"[18]学生作为社会的后来者,肩负着延续社会文化的使命,其本身蕴含的未来社会发展的可能性,是教育爱所关注的核心内容。需要注意的是,尽管教育爱期待个体内在的成长与发展的可能性,却"并不要求他人具有发达的价值构成。事实上,爱神之可以不顾对方的邪恶本性,给予他同情和鼓励,以增强他身上的价值"[19]。

(四)教育爱的旨归:实现教育理想的必由之路

教育爱作为文化教育学的方法之一,通过爱学生个人成长的潜能,实现唤醒学生灵魂,促进学生人格完整发展的目的,最终要完成社会文化的传递与更新。从这一层面来讲,教育爱是实现教育理想的必由之路。

从文化教育学角度来看,教育理想应是实现社会文化的传递与更新。对于教育理想,斯普朗格并没有对其进行明确的定义,但他认为教育理想应是一个人在身体、心理和精神这三个层面上发展的最终理想形象,它在有意识的教育工作中具有目标导向的作用。[20]即教育理想指向的应是未来,是对未来发展的想象,而非既存事物的描述。至于教育理想的来源与内容,斯普朗格提出"教育理想并不是由教育者决定的,而是从教育者自身所属的知识社会文化背景中生长出来的"[21]。不管是何种教育理想,都应包含着将宝贵的知识成果传递给下一代的意愿和与未来理想相对应的多种人格。因此,从文化教育学角度看,为解决工业生产对人性与社会文化的忽视,教育理想就应当要促进人格的发展与社会文化的传递。

教育爱之所以能成为实现教育理想的必由之路,主要有以下原因。首先,教育爱作为文化教育学的教育方法,指向的是未来。就教育理想而言,斯普朗格认为其指向的也应该是未来的发展。教育爱所爱的正是学生的发展潜能,爱学生未知的可能性。对于未来的发展,"单纯的教育本能和自然的父母之爱并不能达到这样的高度"[22]。即只有父母之爱,无法完成现代社会对新的教育形式的需求,这需要教育爱的存在。同时,"到了成熟的年龄,孩子们自己也开始意识到他们需要的远不止'保护性的温暖'"[23],而只有通过教育爱,他们才能获得这"更多的东西",发现自我,从而实现更高的价值。其次,教育爱是教育理想的生命所在。斯普朗格说:"真正的教育理念总是从完整的生活中产生的。"[24]如果一个教育理想所包含的内容的生命意志已经消退,那么它就不再具有任何鼓舞人心的力量。然而,这种鼓舞人心的力量恰好是教育爱所具备的,即教育理想的价值由教育爱所体现。

(五)教育爱的特点:义务性的利他之爱

教育爱的义务性表现在教育者施予爱的义不容辞与无条件上。一方面,面对未成熟的学生,教育者无法决定爱或不爱,也无法选择其所爱的对象。教育爱规定教育者必须热爱学生,别无他法。另一方面,斯普朗格提出“真正的爱在总体上是无私的,它不要求任何东西,只要求希望,同时也付出一切,它为了爱人而使自己努力帮助他人发展”[25]。故教师在施与爱的过程中是无条件利他的。

而教育爱之所以呈现出义务性的特征有以下两方面原因。一方面,教育爱的发展阶段决定了教育爱的义务性。教育爱的最终发展阶段表现为宗教之爱,而“基督教的爱所传递的信息正是帮助受苦受难的灵魂”[26]。从宗教层面看,斯普朗格认为教师对学生的引导和帮助,是对学生的一种“服务”,“这种服务有‘第三种力量’居于上,它等于是一种义务,这是因为教师与学生共同在追求真善美的教育理想”[27]。另一方面,教育目的也规定了教育爱的义务性。斯普朗格主张教育理想发端于教育者身处的社会文化背景中,这种教育理想中就包含着教师对学生所负有的(规范性的)义务。[28]从文化教育学的目的来看,教师要通过教育爱实现文化的传递与更新,解决文化危机。在此种目的下,这种振奋人心的奉献的爱是由上至下传递的,“后来者需要成熟者的爱的帮助;成熟者有责任确保年轻人找到‘他们的’正确的精神生活之路”[29],即教育爱蕴含的是利他的责任与义务。在这种情形下,“教育目的不仅是出于利益,更是出于对更高权力的义务的认识”[30]。

三、斯普朗格“教育爱”的实施:对教育者的要求

斯普朗格的“教育爱”作为文化教育学的教育方法之一,注重教师对学生的全身心付出的爱。教育者作为教育爱的施为主体,斯普朗格所提的教育爱思想自然也对教育者提出了相应的要求。作为一种全心全意为学生付出的爱,教育爱指向学生的发展,而不为自己所爱,这要求教育者要具有纯粹的教育目的、高尚的道德情操、无私的付出品格与严格的育人要求。

(一)教育者应具备纯粹的教育目的

目标作为行动的指南针,不存在无目的的行动,教育者也同样肩负着“使命”。教

育爱所追求的是人作为价值体的发展,如果说教育者的目的何在,那也仅仅是期望教育对象能获得发展,获得幸福。

在斯普朗格看来,不论是教育抑或是爱都有形形色色的动机。例如,有为了寻找理想的工作而接受教育的,这是经济动机;有出于生物本能而对子女给予照护的爱;也有出于社会动机对他人或团体给予的爱;等等。但就教育爱而言,其最终目的,是教育者要通过爱唤醒学生内在的成长,促进学生人格价值得到更高层次的发展。斯普朗格认为所谓“天生的教育家”一定是一个有作为的人,且是一个“能帮助新生人类掌握生活”的人,他会思考“如何(对学生成长)进行干预并有所作为”[31]。正如柏拉图所说美丽的肉体后都有着一个美丽的灵魂,斯普朗格也强调灵魂对于人格的重要性,这决定了教育家奋斗的目标就是灵魂的唤醒与塑造。在这一教学过程中,受教育者个体的价值被置于其他价值之上,教育家的追求也聚焦到受教育个体价值的成长而非任何利己要素中。

(二)教育者应秉持高尚的道德情操

教育爱面向的是全体学生,不为特定学生所爱,且强调通过热爱每一个学生,尤其是身处弱势的学生,来实现对学生的道德教育。这强调教育者自身需要具有高尚的道德情操。

第一,唤醒学生灵魂的使命要求教育家具备高尚的道德情操。斯普朗格主张如果要实现对心灵的成功教育,就离不开“超个人的精神力量”。而这种超个人的精神力量就是教育家心中的道德情操。对于受教育的青少年而言,其仍然以身边的道德权威为指导,“如果道德败坏,它就会助长腐朽;如果道德是纯洁的,它本身就是一种有影响力的教育力量”[32]。故对教育者而言,要通过教育爱的力量促进学生人格的高尚发展,就不得不具备高尚的道德情操,用道德的权威引导学生向善,因为“他将会在个人的道德规范工作中起到决定性的引导作用”[33]。

第二,教育爱的对象为全体学生,主张通过公平的爱引导学生内在道德的发展,这同样要求教育者具备高尚的道德情操。一方面,教育者不能因学生背景与条件的不同而给予不同的对待,因为“教育爱不为特定学生所爱,而是爱全体学生”。教育爱还要求教师要自我控制,不屈服于激情,不喜怒无常,不脾气暴躁,要言行一致,不要从一种教养方式掉入另一种教养方式。另一方面,教育者也不能因学生能力的高低而有所偏爱。不管是面对学生个体还是群体,都要有正义感,因为儿童的正义感比任何其他道德价值观都更早觉醒。[34]这强调教育者并非只爱学生人格中美的一面,更要爱其未成熟的、有所缺陷的一面。更重要的是,面对身处弱势的学生,教育者还应主动给予帮助,施予积极关注的爱,帮助学生获得发展。

(三)教育者应心怀无私的付出品格

如果说基于血缘关系的父母之爱是无私的,那么以父母之爱为原型,并以百分之百的关爱,期望个体人格的完整发展与能力的成熟与进步,却又不求任何回报的教育爱也对教育家提出了相应的要求。

一方面,无私的付出品格是由教育爱的义务性所决定的。不论是从教育爱的发展阶段还是从教育爱最终的目的来看,教育者肩负着文化传递的使命,就决定了其从事教育的过程中,必然要消除利己主义。另一方面,无私的付出品格要求教育者要具有社会意识的人格。[35]整个教育必须在"爱"的氛围中进行,这种爱是一种看得见的爱,一种理解的爱,一种积极的爱。要做到这一点,教育者必须先要消除利己主义和自我意识。[36]因此,教育者应具备社会意识的人格,要为他人而活,通过奉献自己,来促进他人的生活。这种社会意识并不仅仅是只从自我到他人的简单过渡,而是要"通过对更高自我的自我放弃,担负起普遍的重担,为一切能使人类高尚的事业而努力"[37]。

(四)教育者要坚持严格的育人要求

斯普朗格曾说:"天生的教育家是除政治家外,对未知的未来做出最有力规划的人。"[38]相较于父母对孩子有求必应的溺爱,教育爱是要"用爱播下种子,让爱发芽"[39],它要求教师以无限的激情与奉献精神培育学生,虽然教育爱并不要求从学生那里获得任何回报,却期望学生以自身成长作为爱的回馈。故教育爱还要求教育家在育人过程中坚持高要求。

严格的育人要求是由其教育目的决定的。斯普朗格认为"所谓教育,是将一人之爱移渡于他人心中的意志,而这意志则在使人的价值受纳性与价值创造性的全体从其自身内部得到发展"[40]。教育具有发展援助的特征,因为它针对的并不是无生命的物质,而是"有生命地发展自己"的存在。[41]教育爱的内容是学生的尚未成熟的可能性,指向未来的价值,而非当下,因此斯普朗格指出"今天必须严格要求自己,将来命运才不会降临在一个盲人身上"[42]。所以为了使学生在将来成为一个明智的、能承担命运、传承文化的个体,教育爱势必具备一定的要求性,为学生的将来做好准备。另外,正如"教育爱"其名,这种爱就是以教育他人为目的的。如果说只有放任式的、顺从式的教育才能与爱相联系,这就大错特错了。相反,斯普朗格主张在约束式的教育中,爱也是同样重要的,因为“约束是建立在对人的未来的预见之上的”[43]。为了学生的长远发展,教育爱也就免不得要对学生严格要求。在严格育人的基础上,教育者还要有严格的自律意识,因为“没有人能够成为人类的教育者,如果他首先不是一个有能力和渴望自我教育的人的话”[44]。教育者必须是一个会创造的人,这一点比任何说教才能都更重要。

四、“教育爱”对教育家精神的启示

教育是爱的事业,没有爱的激情,没有教育者内心承载的热情,教育事业是无法成功的。正因如此,教育家精神才在教育事业中如此重要。但事实上并非所有教育者都能成为教育家,那么普通教师如何践行教育家精神?斯普朗格所提出的“教育爱”,即作为教师对学生毫无保留的、全心全意付出的帮助之爱,其所体现的内涵及其对教育家的要求,对新时代一线教师践行教育家精神有着如下借鉴意义。

(一)仁爱之心:对待学生充满关怀与热情

教育作为爱的事业,没有爱也不会有真正的教育。教育家精神倡导乐教爱生、甘于奉献的仁爱之心,而师爱作为师德的灵魂,作为教师教学的热情源泉,这启示教育者对待学生要充满关怀与热情。

关怀要求教师要能理解学生的身心状况并给予倾听与陪伴。首先,教师要给予学生接纳包容之爱。斯普朗格主张的教育爱不为特定学生,而为全体,这强调教师在面对来自不同背景有着不同个性的学生时,要保持包容的态度,发扬“有教无类”的精神,公平地对待全体学生。其次,教师要给予学生尊重理解的爱。真正的教育不是机械的、冰冷的知识传授,而是要唤醒学生的灵魂,教会学生做人。倘若教师仅仅做高高在上的知识传授者,那他永远无法走进学生的内心。只有尊重学生,真心地爱护学生,教师才能获得学生的信任,实现育人目的。

热情是教师继续教育的动力,也是教师不断施与爱的动力。常言道,教师要给学生一杯水,教师就得先有一桶水。但在斯普朗格看来,教师只有一桶水是不够的,更重要的是教师能拥有水源,源源不断地给予学生。斯普朗格曾说“真正的教育家是热情的……他责任感很重,且是一个付出的人”[45],只有当教师有着无限的教育的热情时,他所施与学生的爱才会是无私的,不求回报的。唯有真心热爱教育、热爱学生的教师,才能更好育人。哪怕只有星星之火,或许也会变成燎原之势,终有一天点燃整个人。

(二)育人智慧:对待教学善于洞察与理解

“努力了解人,尤其是了解儿童,是教育者美德的一部分。”[46]斯普朗格认为真正的理解一定来源于爱,没有爱就不会有成功的理解。教育家精神强调在教学中要具备启智润心、因材施教的育人智慧。教育爱思想启示众多的一线教师在教学上要善于洞察与理解学生。

第一,教师要提前了解学生。在教学中,斯普朗格注意到每个个体的思维方式、心理变化、性格特征各异,无法使教育变成整齐划一的机械动作,所以他主张“适性教学”。教师要在教学前花时间去了解学生的心理世界,了解学生的气质以及如何变化其气质,针对学生的具体情况进行适当的教学,对其进行陶冶。因为尽管“天生的教育家已经对受教育者提出明确的要求,但也会根据受教育者进入了哪一年龄阶段而自动发生变化”[47]。在了解学生的过程中,教师要怀着对学生尊重与理解的爱,承认师生人格平等,抛开以教师为中心的传统观念,将学生放在教育的中心。

第二,教师要善于洞察教学过程。斯普朗格认为教学的过程就是一个简化的过程,“天生的教师和教育者一直在努力将大量混乱的精神世界内容还原为简单的模式,使之适应发展中的人各自的心理发展阶段”[48]。而这种简化的过程离不开教师在教学中的洞察能力,虽然所选的教育材料会对学生的发展水平做出规定,但教育爱既爱学生的内在发展,就要求教师在教学中能够时刻关注学生的发展变化,不断调整教学内容与进度,形成师生和谐的教学风格,更利于学生的内在价值的发展。

(三)躬耕态度:对待自我乐于反思与学习

教育家要具备勤学笃行、求是创新的躬耕态度,斯普朗格主张教育爱是一种精神激情,是为了实现自己的天职而在内心深处怀有的一种振奋人心的精神态度,既严格要求自己,又慷慨大方;既善于反思,又知觉敏锐。这启示广大教师要怀有乐于反思与学习的躬耕态度。

首先,教师要善于反思自我。斯普朗格认为教学活动难以像其他活动一样定性,自然教师在教学活动中施与教育爱就更为困难,教学活动以及教育对象的复杂性注定了教育爱无法像其他形式的爱一样简单地发光,其必然要与教师的反思相结合。教育爱不单单给予爱,更要通过反思、学习,给予学生正确的爱。因为“每个人都知道，即使是与个别人的相遇，也会对一个人自身本性的塑造产生决定性的影响”。真正的教育家应该是极具感染力的人，用斯普朗格的话来讲应该“是一位魔术师或魅力四射的人”，因而与学生朝夕相处，承担着育人使命的教师更应注重自身对学生的影响。[49]

其次，教师要乐于学习。在斯普朗格看来，“天生的教育家承认自己是教育家，并不是因为他已经做到了，而是因为他为了做到而在追求”。这说明真正以爱为中心的教育家是乐于学习的，他能够从施与教育爱的过程中不断提升自我，这种持续的学习与进步就是教师的生命力之所在。同时斯普朗格也指出：“育人能力必须被视为一种爱，它可能会，但不一定会自动产生”，这要求教育者必须对自己进行认真的教育。“真正的教育家是以其自我教育程度为生命的”，而这需要教育家的不断自律，唯有教师有源源不断的生命力，持续付出的爱，他身上这种振奋人心的力量，才会感染他人，吸引他人一同前行。[50]

（四）理想信念：对待教育坚持民族本心

教育事业决定着一个民族的今天，也决定着民族的未来。教育家在乐教爱生的本职上，更要具备心有大我、至诚报国的理想信念。教育者的理想信念直接关系到民族的未来，教师职业不仅仅是养家糊口的工作，从事教育工作定要不忘初心，方能不辱使命。

为民育人、为国育才应是教育者的初心。斯普朗格用亲身实践为后世树立了一个楷模。1906年，24岁的斯普朗格开始了他的从教生涯，直到1954年正式离开讲台，三尺讲台是他半生躬耕之处，方寸之间从未曾忘国忧。在斯普朗格任教的几十年间，他经历了两次世界大战，两次被捕入狱，他仍然坚守课堂，直到战争使得再无教室可供使用才停讲。战后面对进驻德国的俄军，斯普朗格拒绝俄方提出的邀请。但他认为自己有责任也有义务重建在战火中被毁坏的柏林大学，于是毅然接任柏林大学校长职务，寻找留在柏林的同事，共建柏林大学的行政组织。但后续因政治原因他被解除校长职务，辗转到杜宾根大学任教，一直到1954年因为视力衰退才退休。面对社会政治的动乱，斯普朗格大可一走了之，不必经受牢狱之灾，但其坚定的教育信念，心怀教育热情与教育爱，令其坚守在教学岗位。因而，在教育前线的教育者更应坚守理想信念，只有明确育人的民族本心，才能切实为中华民族培育优秀的接班人。

参考文献

[1]人民网.教育家精神:躬耕教坛的内在力量[EB/OL][2023-10-11]. http://edu.people.com.cn/n1/2023/1011/c1006-40092581.html.

[2][3][13][27][45]詹栋梁.斯普朗格文化教育思想及其影响[M].台北:文景出版社,1981:350,350,525,354,353.

[4][5][40]邹进.现代德国文化教育学[M].太原:山西教育出版社,1992:60,60-61,70.

[6]Benjamin Ortmeyer, Eduard Spranger und die NS-Zeit. Forschungsbericht[M]. Frankfurt am Main: Johann-Wolfgang-Goethe-Univ,2008:9.

[7]郑重信.师道[M].台北:国立教育资料馆,1998:694.

[8][12][15][34][35][36][37][46]Eduard Spranger, Erziehungsethik (1951) [A]. In: Bräuer, G. and Bähr, H. ed. Band I,Geist der Erziehung. Berlin, Boston:De Gruyter,1969:417,418,412,412,413,417,416,413.

[9]叶彦宏,施宜煌.探思 E.Spranger 教育愛理念對臺灣教師專業的啟示[J].臺中教育大學學報:教育類, 2017,31(2):33-52.

[10][11][17][18][19]Spranger E. Types of men: The psychology and ethics of personality[M]. M. Niemeyer, 1928:176,176,177,177,185.

[14]斯普朗格教育愛:關懷、洞察與熱情[EB/OL][2019-11-24]. https://tsungology.blogspot.com/2019/11/blog-post_24.html.

[16][29][31][32][33][38][39][42][43][44][47][48][49]Eduard Spranger, Der geborene Erzieher (1958)[A]. In: Bräuer, G. and Bähr, H. ed. Band I Geist der Erziehung[M]. Berlin, Boston: De Gruyter, 1969:330,332,286,303,304,315,331,331,331,286,294,295,296.

[20][21][24][26][28][30][41]Spranger E. Betrachtungen über Entstehen, Leben und Vergehen von Bildungsidealen[J]. International Review of Education, 1955(01):17-33.

[22][23][25][50]Spranger E. The rôle of love in education[J]. Universitas. A German review of the arts and sciences quarterly, 1958,2(03):536-546.

Teacher's love as the soul of education: Spranger's thoughts of "educational love" and its implications for the spirit of educationist

Wang Ying　Ren Xia

Abstract: Any great achievement in the world is inseparable from passion. The success of education is even more reliant on the educationist's inner passion for teaching. Eduard Spranger is an important representative of cultural education in Germany. In the face of the cultural crisis triggered by the changes of the times, Eduard Spranger puts forward the idea of "Educational Love" as a solution to the cultural crisis from the perspective of the doctrine of cultural education and combined with his own teaching practices. As a spiritual love between teachers and students, educational love advocates the realization of the complete development of students' personalities through love for their potential and growth, thus realizing the ideal of education. Unlike obedient love, educational love requires teachers to have a pure educational purpose, noble moral sentiments, selfless giving character and strict parenting requirements. The cause of education is the cause of love. As an important content of the spirit of educationist, educational love has an important role in inspiring front-line teachers to practice the spirit of educationist.

Key words: Eduard Spranger; educational love; the spirit of educationist